光の手 下

HANDS OF LIGHT

by Barbara Ann Brennan

バーバラ・アン・ブレナン
菅靖彦 訳

河出書房新社

目次

第四部　ヒーラーの知覚の道具

第五部　スピリチュアル・ヒーリング

第六部　セルフ・ヒーリングとスピリチュアル・ヒーラー　243

目次（上巻）

光の手（下）

第四部　ヒーラーの知覚の道具

「たとい主があなたがたに、乏しいパンとわずかな水とを賜っても、
あなたの教師はもう隠れることなく、あなたの目はあなたの教師を見続けよう」
「あなたが右に行くにも左に行くにも、あなたの耳はうしろから
『これが道だ。これに歩め』と言うことばを聞く」
イザヤ書　30章20―21（新改訳聖書）

イントロダクション　病気の原因

ヒーラーの視点から見ると、病気はバランスが崩れた結果である。なぜバランスが崩れるかと言うと、自分が何者であるかを忘れるからだ。自分の正体を忘れることで、不健康なライフスタイルにつながる思考や行動が生み出され、最終的に病気になるのだ。病気そのものは、自分が何者であるのかを忘れてしまったためにバランスを崩したことを知らせるシグナルである。それは、あなたがどのようにバランスを崩しているのかを教えてくれるだけでなく、本当の自分や健康を取り戻すためのステップを教えてくれる直接的なメッセージなのだ。この情報は、それを活用する方法を知っているなら、きわめて具体的なものだ。

病気はこのように、自分が何者であるのかを思い出すのを助けるために、自分自身に課された問題として理解できる。すぐにあなたは、そうした発言に対して、あらゆる種類の例外を思い浮かべるだろう。しかし、それらのほとんどは、今生の人生や肉体的な命しか含まない現実の認識に限られたものである。私の視野は、もっと超越的なものだ。上述の発言は、あなたがすでに自分自身を時間と空間の物理的な次元を超えた存在として受け入れている場合にのみ、健全な方法であますところなく理解できる。また、自分を全体の一部として、ひいては全体として含める場合にのみ、愛がこもったものとして感じられる。それらは、個性化と全体性が対立するものではないという考えに基づいている。つまり、先験的に、全体は個々の部分から成っており、個々の部分は、全体の一部であるだけではなく、ホログラムのように、実際には全体であるということだ。

私はカウンセラーとして成長するのに何年も費したが、カウンセラーとしてエネルギーフィールドの観察をしていたとき、人々の治療の仕方を劇的に変える二つの大きな変化が起こった。一つは、ヒーリングのセッションの最中、何をすべきかについて、霊的ガイドから指導を受け始めたことだ。さまざまなオーラのレベルに応じた具体的な情報を探したり、求めたりするようになったのだ。二つ目は、私が「内的視覚（internal vision）」と呼んでいるものを開発し始めたこと。つまり、X線の機械のように、人々の身体の中を見ることができるようになったのである。私は、ゆっくりとカウンセラーからスピリチュアルなヒーラーに変わっていった。

ヒーリングは最初、セラピーの延長となり、次に、すべてのセラピーの中核となった。というのも、セラピーで扱える次元をはるかに超えた魂と肉体のすべての次元に届くからだ。私は魂を癒し、病で忘れてしまったり、軌道から外れてしまった魂に、本来あるべき姿やどこに向かっているかを思い出させる媒体になった。この仕事は、私にとってとても充実したものとなり、高次元のエネルギーや癒しに来てくれる天使のような存在の体験など恍惚感《こうこつかん》に満ちていた。と同時に、ヒーラーがヒーリングをするためにある程度経験しなければならない、恐ろしい身体的病の痛みと向き合うのは、一筋縄ではいかない試練だった。私は、多くの人が抱えているとてつもないエネルギーと魂の不調和を目の当たりにしなければならなかった。人間は恐ろしい痛み、孤独、そして自由になりたいという深い憧れを携えている。ヒーラーの仕事は愛の仕事である。ヒーラーは、魂の苦痛にさいなまれる領域に入り込み、眠っている希望を再びそっと目覚めさせる。その魂が何者であるのかという古代の記憶を優しく思い出させるのだ。ヒーラーは身体の細胞一つ一つの中にある神のひらめきに触れ、それがすでに神であることをおもむろに思い出させる。すでに神であるそれは、健康と全体性に向かって、宇宙の意志と共に容赦なく流れていく。

次のいくつかの章で、霊的ガイドの視点から見た病とヒーリングの過程について取り上げたい。ヒーリングのセッションでの、私の霊的なガイダンスの経験をいくつか分かち合うつもりである。また、超感覚的知覚がどのように働き、どのようにすれば習得できるかも詳しく論じるつもりだ。さらに、ヘヨアンの現実の見方についても話したい。以上はすべて、第五部で紹介するヒーリングテクニックを学ぶために、理解することが大切である。

第14章　現実の分離

第4章で見たように、宇宙は分離した物質の構成要素から成っているという、ニュートン力学によって提示された考え方は、二〇世紀初頭には時代遅れになってしまった。現代の科学者たちによって提示された多くの証拠は、私たちが常につながり合っていることを示している。私たちは分離した存在ではない。個性化した存在なのだ。私たちが全体から切り離された存在だと考えがちなのは、古いニュートン的な思考習慣にすぎない。そういった考えはただ単に真実ではない。分離の観点から自己責任を解釈すると、どうなるかの例をお見せしよう。

たとえば、小さな子どもが輸血によってエイズに感染したとしよう。その出来事を分離の観点から解釈すると、「あら、かわいそうな被害者」となる。もっとも一般的な自己責任の立場に立つなら、「いや、あの子が病気になるようなことをしたのだ。だからあの子のせいだ」となる。しかし、全体論（ホーリズム）の見地に立つなら、「おお、あの勇敢な魂と家族は、より大きな真実から学ぶために、何と厳しい課題を選んだのだろう？　彼らを助けるために私に何ができるだろう？　どうすれば彼らをもっとも愛することができるだろう？　自分が何者であるのかを彼らが思い出す手助けをするには、どうすればいいのだろう?」と考えるだろう。このような姿勢で人生に臨《のぞ》む人はおしなべて、責任と愛との間に矛盾を見ないし、責任を取ることと自分を責めることがまったく異なることに気づいている。

個性化と全体論の見解は、他の同胞の人間が経験することは何でも尊重し、受け入れる。それに対して、「いいえ、あなたが癌になるようなことをしたのよ。私だったらそんなことをしないわ」というような発言は、個性化ではなく、分離の観点からなされるものだ。分離は恐怖と被害者意識を煽る。恐怖や被害者意識は、無力であるという幻想を後押しするだけである。責任と受容は、自分の現実を創造するための力、すなわち内なるパワーを促進する。なぜなら、もしあなたが無意識のうちに物事を今ある状態にすることに関わっていたとしたら、自分の望みどおりに物事を創造することができるからだ。では、本来の自分を忘れる過程をもっと鮮明に見てみよう。

子どもの頃は、私たちの内的体験のごく一部しか、周囲の人たちによって正しいこととして確認されない。このことが、自分を正当化することと他者から認められることとの間に、内的な葛藤を生み出す。子どもの頃、私たちは多くの承認を必要とした。学習段階にあり、その学習は外の世界から承認されることを基盤にしていたからだ。その結果、承認されない内的現実の多くを拒絶するか、秘密の空想の世界を創り、後の承認のために蓄えておく方法を見出した。このプロセスを別の角度から説明するなら、私たちがイメージ、思考、感情いずれであれ、自分の経験を遮断したということである。ブロッキングは少なくとも一時的には、効果的に経験の一部を遮断する。壁を作って自分自身を遮断するのだ。それが、自分が何者かを忘れてしまうことの意味である。私たちは第9章と第10章で、オーリック（オーラの）フィールド内のブロック（障害）について、広範囲に論じた。オーラの観点から見たとき、これらのブロックの影響は、オーリックフィールド全体のエネルギーの健全な流れを遮断し、ゆくゆく病気を引き起こす。これらのブロックは、ときどき「停滞した魂の物質」と呼ばれるものになる。私たちから切り離されたエネルギー意識の「塊」なのだ。では、その過程を壁の比喩を用いて説明してみよう。

あなたが違和感を覚えるときにはいつも、より大きな統合された自己と自分自身の一部との間に、あなた自身が築いた壁をなんらかの形で経験しているのだ。その壁は、その瞬間の経験に入ってきてほしくない自分自身の一部を押しとどめる役割を果たす。時間が経つにつれて、壁はより強くなり、壁に阻まれているのが自分自身の一部であることを忘れてしまう。すなわち、あなたはさらなる忘却を生み出しているのだ。そして壁に阻まれているのは外から来た何かであり、壁が外からの恐ろしい力を押しとどめているかのように見え始める。これらの内的な壁は、太古の昔からの何世代にもわたる魂の経験で作られている。それらの壁は長く立っていればいるほど、自分以外の何かを、自分から遠ざけているように見えてくる。また、長く立っていればいるほど、安全を生み出しているように見えるが、実はますます分離の経験を強固なものにしているのだ。

内なる壁を探るエクササイズ

自分の内なる壁を探るために、次のようなエクササイズをしてみよう。あなたにとってとりわけ不愉快な状況――たとえば、現在悩んでいることでもいいし、過去の未解決の問題でもいい――を思い浮かべる。その状況がどのように感じられたかを改めて体験してみる。頭の中でその状況を絵にしたり、その体験にまつわる言葉や音を聞いたりするのだ。その体験に含まれている恐怖を探し出す。恐怖は、切り離されているという感情である。そのような恐怖の状態に自分自身を戻すことができたら、恐怖の壁も感じてみよう。それを感じ、味わい、見、匂いを嗅ぐのだ。手触りはどうだろう、その色は？　明るいだろうか暗いだろうか、尖っているだろうか、硬いだろうか？　何でできているだろう？　壁になってみよう。何を考え、何を言い、何を見、何を感じているだろう？　あなたの意識のこの部分は、現実について何を信じているだろう？

ヘヨアンは壁について次のような説明をしている。

「壁は、あなた自身が内側の均衡を保つために作ったものだが、実際には、水位の高低差がある堤防や運河の閘門《こうもん》のように、外側の不平衡を維持することになる。それゆえ、あなたは壁の背後にいる自分自身を想像するかもしれない。大洪水や何らかの形の力によるすさまじい圧力が壁の外側にあって、あなたが内側にいると。あなたの壁は、内的なレベルであなたが自分に欠けていると感じるものを埋め合わせる。換言すれば、あなたに迫りくる巨大な力があり、それに対して自分は非力だとあなたが思っているということだ。そこであなたは、中世の時代、嵐から城を守るために城壁を造ったように、自分を守るために壁を作る。壁の中にいるあなたは、まずこの壁の本質を探らなければならない。というのも、壁はあなたをかたどっているからだ。壁はあなたの本質に沿って作られており、安全を保つために何をすべきかの情報に満ちている。素晴らしいのは、この壁があなたの本質をかたどって作られており、内部に力を含んでいることだ。その力は、内なる自己の力の土台として変換し、再分配することができる。あるいは、その力をすでに存在している内なる自己に至る階段とみなすこともできる。いずれの比喩が一番しっくりくるかによるが、それが壁について語るもう一つの方法である。したがって、あなたは安全の壁の後ろに座ると同時に、安全の壁の中に座っている。なぜなら、あなたがその壁だからだ。それは、壁としてのあなたが言うことと、守られている内部の人としてのあなたが言うこととの間に架けられた、意識の橋なのである」

あなたの壁を解体するエクササイズ

「壁としてのあなたと内部の人としてのあなたとの間で、会話をしてみよう。会話を徹底的にしたら、次にあなたと壁の向こうにあるものとの間で、さらには壁とその向こうにあるものとの間で同じような会話をし、その壁を通して会話が流れるようになるまで会話を続けよう。

今やあなたはこの壁を、精神力学的なレベルで象徴的に見ることができる。また、本来のあなたとあなたが考えている自分との間の壁を表すものとして見ることができる。というのは、あなたもまた、どのような形を取っていようが、壁の向こう側にある力そのものだからである。力は壁の外ではなく、壁の内部にある。壁は、力が外部にあるという信念、換言すれば、分離の力の信念を表している。それが、今の時代の惑星地球が抱えている最大の病の一つ――力が外にあるという病――である。もし自分の内や外に精神力学的なレベルだけではなく、霊的レベルや宇宙的レベルでもこうした壁の暗喩を見出すことができるなら、自己探求やヒーリングのツールとして活用できるだろう。また、自分が何者かを思い出すツールとして利用できるだろう」

ここでオーリックフィールドの観点から壁を見てみよう。先に述べたように、壁はオーラの中のエネルギーブロックとして見ることができる。壁の中に入って壁を体験し、壁を活性化しているうちに、あなたはブロックにも働きかける。オーリックフィールドの中に見られるブロックが動き出し、自然なエネルギーの流れを乱すのを止めるのだ。

これらのブロックはオーラのすべてのレベルに存在し、層から層へとお互いに影響し合っている。では、オーラの一つの層のブロック――その層の現実、すなわち思考、信念、感情の中で表現される――が最終的にどのようにして肉体的な病を引き起こすかを見てみよう。

第14章の復習

1．病気の原因は何か？

考えるヒント

2．あなたの内なる壁の正体は何か？

3．あなたの壁と会話をしてみよう。あなたの壁は何と言っているだろうか？　壁の背後に座っているあなたの一部は何と言っているだろうか？　壁の外に座っているあなたの一部は何と言っているだろうか？　壁はあなたを何から守っているのだろうか？　あなたが壁の中に閉じ込めている自分の力の性質は何だろうか？　どのようにしたらそれを解放できるだろうか？

第15章　エネルギーブロックによって引き起こされる身体の病気

エネルギーと意識の次元

従来よりも広い視点から自分自身を見てみると、私たちが物質的な肉体をはるかに超えた存在であることがわかる。私たちは何層ものエネルギーと意識の層から成っている。内的にそれを感じることができる。この章では、感情や思考の自己体験を図を用いて説明しよう。

私たちの日常意識を超えたはるかに高い現実の次元や進んだ意識の中に、内なる神のひらめきが存在する。私たちは日常意識であると同時にそうした高次の意識でもある。練習を積めば、その高次の意識に触れることができる。一旦コツをつかめば、驚くことではなくなる。「わかった！　私はずっとそれを知っていたよ」という感覚をもつ。神のひらめきは至高の知恵を携えている。その知恵は、日常生活だけではなく、成長や発達を促すためにも活用できる。

オーラは、より高い次元の現実の創造的衝動を物理的な現実へと結実させる媒体なので、私たちはオーリックフィールドを利用して、自分の意識を、（波動の形で）幾重もの層を通し、神我（Godself）の現実へと戻すことができる。そのためには、創造的衝動がどのようにして物理的な世界に伝わり、日常的な人生経験を生み出しているかを、具体的に知る必要がある。

まず、オーラとは何かをいま一度考えてみよう。それは媒体やフィールドをはるかに超えたものである。生命そのものなのだ。各層がボディであり、私たちの肉体と同じように現実に生きて活動している。それぞれのボディはある点で物理的現実に似ており、ある点で似ていない意識的な現実の中に存在する。各層はある意味で、独自の世界の中にあるが、これらの世界は相互につながっており、私たちが物理的現実を経験するのと同じ空間内に存在している。

図表15－1は、第7章で示したオーラの層ないしボディの一つ一つと相関している、私たちが存在する現実の段階を列挙している。物理的段階は四つのレベルからなっている。肉体、エーテルボディ、感情界、精神界のレベルである。アストラル段階は霊的レベルと肉体レベルの間に架けられた橋だ。霊的段階はその上にあり、内部に何層もの悟りの段階をもっている。第7章ですでに述べたように、私たちは自分の霊的ボディの中に、少なくとも三つの層――エーテルテンプレート・レベル、天空界レベル、ケセリックテンプレート・レベル――をもっている。

創造や顕現は、概念もしくは信念が高いレベルにある源から、より濃密な現実のレベルへと伝達され、物理的現実に結晶化するときに起こる。私たちは自分の信念に従って創造する。もちろん、より低い層で起こっていることも高い層に影響を及ぼす。健康や病を生み出す過程を理解するために、意識がオーリックフィールドの各層にどのように出現するかをもっと仔細に見てみよう。

図表15－2は、意識が各オーラの層でどのように自らを表現するか、また、どんな言葉を発するかを表にしたものである。肉体レベルでは、意識は本能、自律神経反射、内臓器官の自律機能といった形態を取る。ここでの意識は「私は存在する」という主張をする。エーテルボディのレベルでは、肉体的な

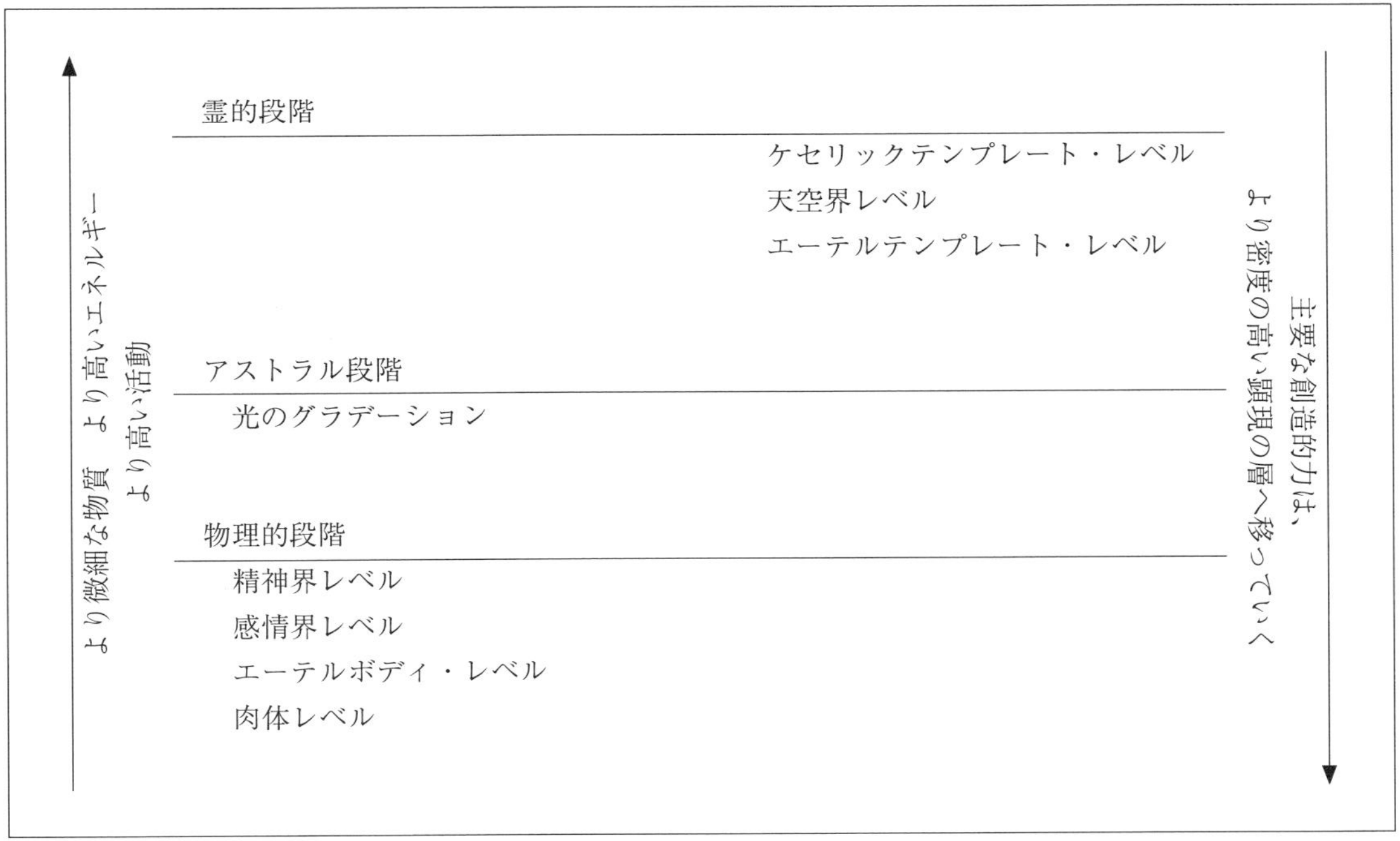

図表15－1　私たちが存在する現実の段階
（オーラの層に関係する場合）

快楽や痛みのような感覚に照らして表現される。寒さや飢えといった不快感は、エネルギーが調和して流れるようエネルギーのバランスを再調整するために何かが必要であることを示す信号である。感情界のレベルでは、意識は恐怖や怒りや愛のような基本的な原初的感情や反応の中で表現される。こうした感情の大半は自己に関わっている。精神界のレベルでは、合理的思考の観点から表現される。これは直線的な分析精神の段階である。

アストラルボディのレベルでは、意識は自己と他者を超えて広がり、人類を包含する強い感情として体験される。まったく異なる世界であるアストラル・レベルは、幽体離脱が起こる段階だ。その経験者が語っているように、この段階は以下のような点で物理的段階とは異なっている。物体は液状で、光は物体に当たって反射するのではなく、物体から放射される。アストラル旅行をするために必要なのは、行きたい場所に、集中して焦点を当て続けることだけである。方向は焦点と共に変わるので、あなたが焦点を変えると、方向も変わることになる。この局面では、集中力がきわめて重要なのだ！

物理的段階とアストラル段階との相違と類似性は物理学者にとっては驚くことではないだろう。なぜなら、アストラルボディを司る法則は、より微細な物質、より高いエネルギー、より高速の波動媒体を支配する自然法則に基づいているからだ。これらの法則は、言うまでもなく、私たちが物理的な世界で知っている法則と相関している。私に言わせれば、物理的な法則は、実際に、全宇宙を支配する宇宙的法則または普遍的法則の特殊な事例にすぎない。

霊的段階には、独自のリアリティをもった別の世界がある。私の限られた視界には、私たちの世界よりもはるかに美しく、光に溢れ、愛に満ちているように見える。第五層であるエーテルテンプレート・レベルでは、意識は高次の意志として自らを表現し、名前をつけたり、定義したりする力によって物事を存在させようとする。天空界レベルでは、普遍的な愛、すなわち、人間や友人を超えて、すべての生

図表15－2　各オーラ層の中での意識の表現形態

レベル	意識の表現	その意識から出る言葉
7 ケセリック テンプレート・ レベル	より高い概念	私は自分が誰かを知っている
6 天空界 レベル	より高い感情	私はすべてを愛する
5 エーテル テンプレート・ レベル	より高い意志	私はこうしたい
4 アストラル・ レベル	我と汝の感情	私は人間らしく愛する
3 精神界 レベル	考えること	私はこう思う
2 感情界 レベル	個人的感情	私は個人的に感じる
1 エーテル レベル	肉体的感覚	私は肉体的に感じる
肉体レベル	肉体的機能	私は存在する 私はそうなりつつある

命を愛する普遍的な愛のような、高次の感情として自らを表現する。第七のレベルでは、「知ること」や「信念体系」といった、高次の概念の中で意識は表現される。これは、最初の創造的な衝動が、単なる直線的な知識ではなく、総合的な知識から始まるところである。

基本的な最初の創造力は、もっとも高い霊的ボディの中で始まり、アストラルボディへと移動する。別の観点から言えば、霊的ボディの中のより微細な物質とエネルギーが、アストラルボディの中で調和のとれた共鳴を誘発し、それが下位の三つのボディの中で共鳴を引き起こすと言っていいかもしれない。この過程は、物質的な肉体の周波数レベルに至るまでずっと続く（調和誘導の現象は、あなたが音叉を叩くと、部屋の中で別の音叉が鳴るときに起こるもの）。それぞれのボディは、独自のレベルで意識的な現実に照らしてこの衝動を表現する。たとえば、アストラル・レベルへと移動する霊的レベルの創造的な衝動は、大まかな感情によって表現される。それが低周波数の層に移動すると、最初に思考で表現され、次に具体的な感情、そして身体感覚になり、肉体は自律神経系を通して自動的に反応する。肯定的な衝動を読み取ればリラックスし、否定的な衝動を受け取れば緊張するのだ。

健康の創造的プロセス

人間の霊的現実から生じる創造的な力が、普遍的または宇宙的な法則（図表15－3）に従って導かれているとき、健康が維持される。ケセリックテンプレート・ボディがより大きな霊的現実と足並みをそろえるとき、その現実の神聖な知識を明らかにする。それは「私は神と一つであることを知っている」という声明がなされるのだ。それは創造主と一体でありながらも、個性的であるという体験である。この現実が、その後、天空界ボディの中に普遍的な愛の感情を誘発する。神と一体であるというこの感覚

図表15－3　健康の創造過程

ケセリックテンプレート・ボディ	神の知識	私は自分が神と一体であることを知っている
		↓
天空界ボディ	神の愛	私は分けへだてなく人生を愛する
		↓
エーテルテンプレート・ボディ	神の意志	あなたの意志と私の意志はひとつ
		↓
アストラルボディ	愛すること	私は人類を愛する
		↓
精神界ボディ	明瞭な思考	愛と意志を反映するために用いられる明瞭な思考
		↓
感情界ボディ	真の感情	神聖な現実に対応する障害のない自然な感情の流れが愛を生み出す
		↓
エーテルボディ	私は在る	エネルギーの自然な代謝が、エーテルボディの構造と機能を維持する。陰と陽のバランスが「私たちは大丈夫だ」という感情を生み出す
		↓
肉体	存在する	化学的エネルギーの自然な代謝が身体組織のバランスを取り、肉体の健康を生み出す

は、エーテルテンプレートの中にある個人の意志を神の意志と連携させる。それがアストラル・レベルにおいて人類愛として表現される。人類愛の経験は精神界に影響を与え、精神界ボディの現実認識に影響をもたらす。次に、精神界ボディのこの波動が、調和誘導と交感神経の共鳴の法則によって、感情界ボディの物質とエネルギーに伝達され、感情として表れる。もし現実認識が宇宙の法則と一致していれば、その感情は調和し、受け入れられて流れることを許される。それらは堰き止められることはない。

この流れは、その後、エーテルボディに入り込み、自然な調和をもって反応する。その結果、快い身体感覚が生じ、宇宙エネルギーフィールドからのエネルギーの自然な代謝を促す。このエネルギーはエーテルボディを養い、その構造と機能を維持するために必要となる。エーテルボディの陰陽のエネルギーの自然なバランスも保たれる。このバランスによって、自然な感情の流れに由来する身体の自然な感受性が、身体感覚の自覚を高め、それが適切な食事と運動につながる。次に、健全なエーテルボディが健康的な肉体を支え、維持する。その結果、身体の化学系と物理系がバランスを保って正常に機能し続け、肉体の健康を永続させる。健康なシステムにおいては、それぞれのボディのエネルギーがバランスを保ったまま、他のボディのバランスを支えている。こうして健康が保たれる。つまり、健康がさらなる健康を引き寄せるのだ。

病気の力動的プロセス

病んだシステム（図表15－4）では、同じ段階を踏んで降りていくプロセスが働いている。けれども、原初の創造力が人間の霊的現実から出ていった後、歪められ、普遍的な法則に反する振る舞いをするようになる。このような歪みが起こるのは、原初の創造的衝動がエネルギーのブロックかオーラ内の歪み

図表15－4　病気の力動的プロセス

ケセリックテンプレート	私は自分を信じる	彼は人よりすぐれていると信じる ↓	第7層のもつれ、あるいは裂け目
天空界レベル	私は自分が信じるものを愛する	人よりすぐれていることを愛する ↓	弱い、あるいは遮断された天空の光
エーテルテンプレート	私は自分の信念を実現させる	人よりすぐれるように努力する ↓	エーテルテンプレートの歪み
アストラル・レベル	私は自分の信念に従うことを望む	人よりすぐれたいという望み ↓	アストラル・レベルのブロックが暗い形態となり、エネルギーが淀む
精神界レベル	私は自分の信念に従って、イエス／ノーを考える	私は人よりすぐれたことができると思う ↓	精神界ボディの形の乱れ。解離した思考形態
感情界レベル	私は自分の信念に従って感じる	恐れ → 怒り、悲しみ ↓	エネルギーの暗いブロックがエネルギーを淀ませ、消耗させる
エーテルレベル	私は自分の信念に従っていると思う	肉体的痛み ↓	エーテル層のもつれ、破れ、分裂（陰陽の不均衡）が太陽神経叢内の過充電を引き起こす
肉体レベル	私は自分の信念に従っている	病気	潰瘍のような肉体的病気

に突き当たるときである。原初の創造的衝動がオーリックボディのより濃密な層に浸透していく途上で歪められると、後に続くレベルに伝達されるときにも、歪められ続ける。私はオーラの第七層という高さにまで歪みが達しているのを見てきた。そこでは、裂け目やもつれた光の線のように見えた。これらの「霊的な歪み」は、今の生涯か過去の生涯（過去生）に獲得された信念体系に関係しているのが常である。よってそれらはカルマ的なものだ。私は、カルマをただ単に、信念体系によって生み出され、ある生涯から次の生涯へと持ち越された人生経験とみなしている。それらは無効にされて、より大きな現実と連携されるまで持ち越され続ける。

歪んだ第七層は、歪んだ信念体系に関係している。たとえば、「私は自分が優れていると信じている」といった信念だ。この歪みは、天上の愛をブロックして歪めることで、天空界の層に影響を及ぼす。すると、その人は自分が優れていることを愛するかもしれない。天空界レベルの光はごく弱々しく見えるかもしれない。それがフィールドの第五層に影響を及ぼし、歪める。当人は優位に立とうとするだろう。アストラル・レベルは、優位に立ちたいという願望に反応し、アストラルボディの中に、ブロックや淀んだエネルギーから成る暗い塊を生み出す。精神界ボディは、その人に、自分は優れているという考えを与える。幸いなことに、誰も自分をずっと欺くことはできないので、遅かれ早かれ、反対の考えが頭に浮かぶ。もし私が優れていないなら、劣っているに違いない。その人の中に、精神的な行き詰まりが生じる。それは精神界ボディの構造の歪みでもある。生命力が対立する二つの流れに分裂し、当人は二重の裂け目に落ち込む。こうした葛藤のもう一つの例は、「私はそれができない」けれども「私はそれができる」というものだ。このように、精神界ボディの中には精神的な袋小路が設定されているのだ。この袋小路はエネルギーと波動で表現される。この袋小路を本人が解決しないと、解離した思考形態となって無意識にとどまることもある。それが感情界ボディに影響を与え（先に述べたような誘導された波動を介して）、恐怖を引き起こす。この恐怖は非現実に基づいており、当人には受け入れられない。したがって、ブロックされ、しばらくすると、無意識になるかもしれない。感情界ボディの中にはもはや自由な感情の流れは存在せず、淀んだエネルギーや非常に弱々しいエネルギーの暗い塊が増えていく。この混乱は、光の力のもつれた線やちぎれた線の形でエーテルボディの中に下降する。これらは、肉体の細胞の成長を支える力の線、つまり格子構造なので、エーテルボディの問題は肉体に伝えられ、病気を引き起こす。

私たちの例（図表15－4）では、この恐れは太陽神経叢のエーテルボディを引き裂き、そのジレンマを解決できなければ、その領域に陰の過剰な充電（チャージ）を引き起こす。この混乱は、放置すると、肉体の化学的なエネルギー代謝を台無しにし、身体組織のバランスを崩すことで、最終的に病気を引き起こす。私たちの例では、みぞおちの陰の過充電で、胃の酸性度が高まり、最終的に胃潰瘍を引き起こす可能性がある。

このように、病気になったシステムでは、上位のボディの均衡を失ったエネルギーが、徐々に下位のボディに送られ、最終的に身体的な病を引き起こす。また、身体感覚への感受性が低下し、身体が必要とするものに鈍感となり、たとえば、不適切な食事となって現れることがある。その結果、均衡を欠いたエネルギーの悪循環が生み出される可能性がある。混乱させられた、あるいはバランスを崩されたそれぞれのボディは一段階上にあるボディにも破壊的な影響を及ぼす。病気はさらなる病気を生み出す傾向があるのだ。

私が超感覚的知覚を通して行った観察では、フィールドの偶数の層（第二、第四、第六の層）では、病気は本書で前述したブロックの形態――充電不足か過充電か詰まった暗いエネルギー――をとることを示している。構造化されたフィールドの層では、変形した外観、亀裂、もつれなどの形態をとる。すべての奇数のオーラの層の格子構造には、穴が開いているかもしれない。薬物はオーラに重大な影響を与える。私は、以前の病気のときに服用したさまざまな薬が肝臓に残って暗いエネルギーの形をしているのを見たことがある。肝炎は、病気が治ったと想定された数年後でも、肝臓に橙黄色を残す。私は、一、二ヶ月で消えると思われていた傷を診断するために、脊髄に注射された背骨を観察するのに用いられた放射性不透過性の染料を、その注射から一〇年後に見たことがある。化学療法は、緑褐色の粘液のようなエネルギーで、オーリックフィールド全体、特に肝臓を詰まらせる。放射線療法は焼かれたナイロンストッキングのようにオーリックフィールドの構造化された層をぼろぼろにする。手術は、フィールドの第一層に傷跡を残し、ときに第七層までずっと傷跡を残すこともある。これらの傷や変形や詰まりは、肉体が自らを癒すのを助けることによって癒すことができる。歪んだまま放置すると、肉体が自らを治すのがどんどん難しくなる。一つの臓器が取り除かれても、エーテルボディの臓器を再構築し、肉体の上位にあるオーリックボディの調和を保つ役割を果たさせることができる。いつの日か、オーリックフィールドや生化学の知識が深まれば、取り除かれた臓器を再び成長させることができるかもしれない。

チャクラは最大のエネルギーの採り入れ口なので、エネルギーシステム内でバランスを取るためのきわめて重要な焦点である。チャクラのバランスが崩れると、病気になる。バランスが崩れれば崩れるほど、病気は重篤になる。第8章の図表8－2に示したように、チャクラは、たくさんのエネルギーの小さな螺旋状の円錐から成るエネルギーの渦巻のように見える。大人のチャクラには保護膜がついている。健康なシステムでは、これらの螺旋状の円錐が他の螺旋状の円錐と同調してリズミカルに回転し、宇宙エネルギーフィールドから引き出したエネルギーを、体内に引き込んで利用する。それぞれの円錐は、身体が健康に機能するために必要とする特定の周波数に「チューニング」されている。ところが、不健康なシステムでは、これらの渦巻が同調しては働かない。これらの渦巻を構成するエネルギーの螺旋状の円錐は、高速のこともあれば、低速のこともあるし、途切れ途切れになったり傾いたりすることもある。ときどき、エネルギーパターンに裂け目が観察されることもある。螺旋状の円錐が、全面的または部分的につぶれたり、転倒したりしていることもある。これらの障害は、その部分の肉体の何らかの機能不全や病理に関連している。たとえば、脳障害のケースでは、シャフィカ・カラグラ医師が『創造への飛躍（*Breakthrough to Creativity*）』という著書の中で、王冠のチャクラの小さな渦巻の一つが、正常だと思われている上向きの状態ではなく、下に垂れ下がっていたと主張している。また、当人の脳内の基盤《マトリックス》にも、エネルギーが飛び越えなければならない「ギャップ」があった。この「火花ギャップ」は、外科的に除去された脳の一部に一致していた。ジョン・ピエラコス医師は、『壊れた心臓の症例（*The Case of the Broken Heart*）』の中で、狭心症と冠動脈性心疾患をもつ患者のハートチャクラの中に障害があるのを見たと報告している。チャクラは、明るく回転する渦巻ではなく、暗くてどろどろした物質で詰まっているように見えたという。

　図表15－5には、私が観察した歪められた形のチャクラの具体例がいくつか掲げられている。最初の例（図表15－5A）は、私が観察したすべての食道裂孔ヘルニアの形態を示している。太陽神経叢のチャクラは八つの小さな渦巻をもっている。身体の左側、左上腹部に位置する小さな渦巻は、バネが跳ね上がったような形をしている。この崩れた外観は、フィールドの第七層までずっと現れている。図表15－5Bは、引き抜かれた小さな渦巻の一つの根元を示している。私は多くのチャクラでこれを目撃してきた。それは、尾てい骨に何らかのダメージがあったとき、第一チャクラに現れる。また、深刻な心的外傷があったとき、太陽神経叢のチャクラに現れる。多くの場合、外科手術が行われた部位のチャクラに、手術後のトラウマとして現れる。図表15－5Cは、詰まったチャクラである。狭心症の人は誰もが

ハートチャクラに、詰まって暗くなったエネルギーをもっている。私が観察してきたエイズを患っている三人の患者は、第一チャクラと第二チャクラが詰まっていた。病気の進行具合によっては、七つのすべての層を含むフィールド全体が詰まっていることもある。図表15－5Dに示されているような、引き裂かれたチャクラは、すべての癌患者に見られた。ここに記載されている形状は、第七層にまで出ている。一つのチャクラが引き裂かれても、癌は二年以上後にならないと体内に現れないこともある。保護膜は、このチャクラから完全にはぎ取られている。きわめて深刻な癌を患っている人々の中に、第七層が、脚から第一、第二、第三チャクラを通って、ハートチャクラまで引き裂かれているのを見たことがある。第七層が破れていると、フィールドから多大なエネルギーが失われる。それに加えて、患者は、あらゆる種類の外的な影響にさらされ、心理的にだけではなく、身体的にも影響を受けやすくなる。患者のフィールドには、システムが吸収するには不健康なエネルギーが入ってくるが、それを撃退することができないのだ。図表15－5Eは、チャクラ全体が片側に引っ張られている例を示している。私は第一チャクラでそれをたびたび見てきた。そこでは人々が、主に片方の足を通して自分のエネルギーを地面につないでおり、もう一方の足が弱くなっていた。これは尾てい骨が片側に偏っている場合に見られる。

私は、チャクラの各渦巻が特定の臓器にエネルギーを供給していると考え始めている。膵臓に障害がある場合、食道穿孔ヘルニアに関連するチャクラのすぐ下にある、太陽神経叢のチャクラの左側の特定の渦巻にも障害があることに気づいてきた。一方、障害が肝臓にあるときには、同じチャクラ内の肝臓に近い別の渦巻が影響を受ける。

図表15－5Fはきついマラソン・セラピーで発生した外観の歪みを示している。この女性は、薬物依存の息子と一緒に集団セラピーで一週間過ごした後、太陽神経叢のチャクラの一つの渦巻が楔《くさび》状に開い

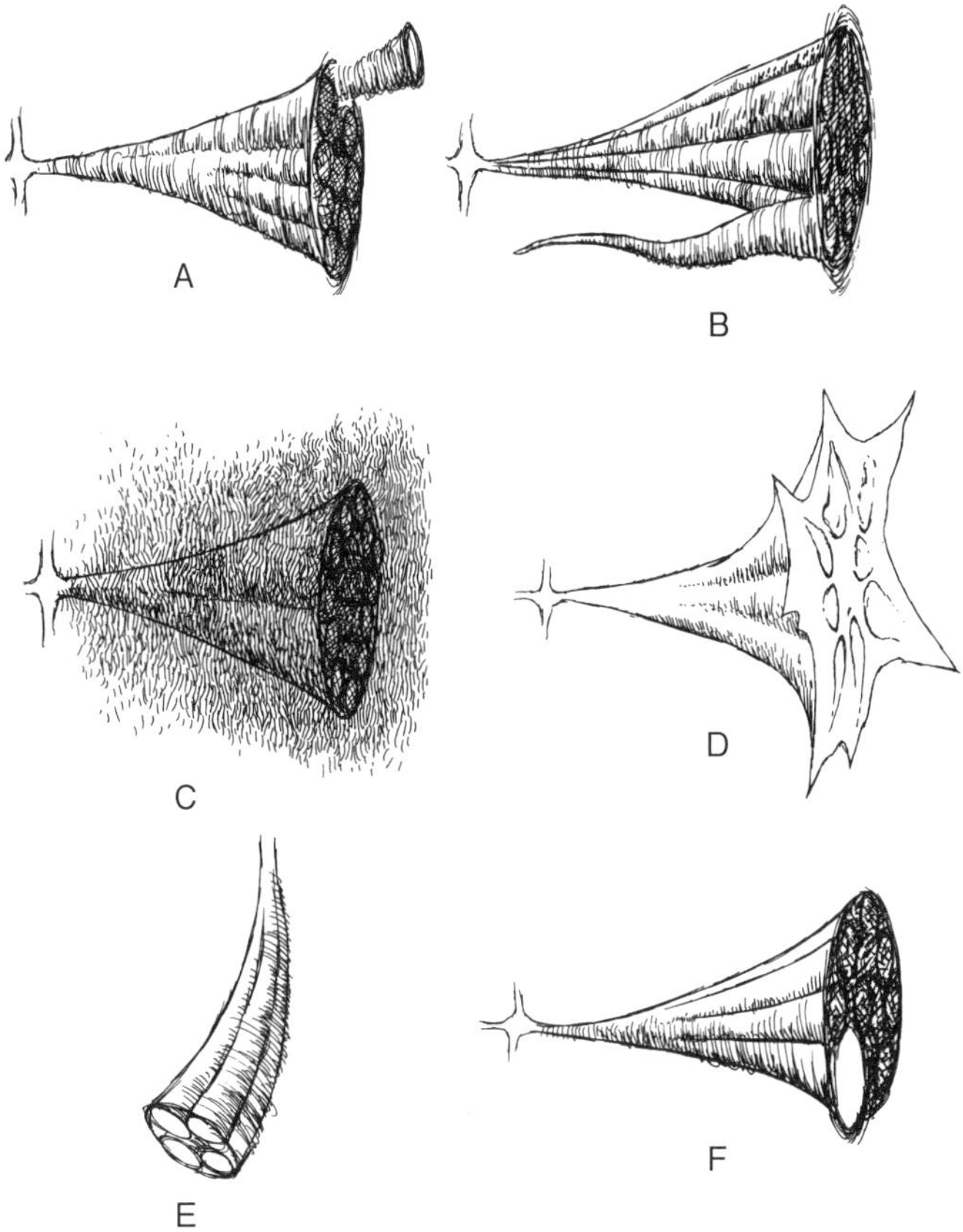

図表15－5　歪められたチャクラの形

た状態で帰宅した。それは青ざめており、ほとんど回転していなかった上、保護膜もなかった。私は体験の一週間後にその問題を見つけたので、それ以上のダメージが発生する前に、オーラを修復することができた。もし私が関与していなかったら、最終的にこの女性は、弱体化した渦巻に関連する臓器である肝臓に障害をもっていただろう。あるいは、どうにかして自分自身でそれを治していたかもしれない。

形状の歪みは、他にもたくさん起こりうる。あなたもご存じのように、その多くは単純な構造的な不整合である。私は実際に裏返されて、大幅に拡大したり、縮小したりしたチャクラを見てきた。すべては最終的に病気を引き起こす。そのすべてが、個人の信念体系のエネルギー意識や表現、さらには先に述べたような経験に関わっている。言い換えれば、フィールドのどの層の病気も、そのレベルの意識で表現されるということだ。各表現は、身体的、感情的、精神的、霊的いずれであれ、ある種の痛みの形を取る。痛みは、ある状況を修正するよう私たちに警告する、組み込まれたメカニズムである。痛みは何かが間違っているという事実に私たちの注意を向けさせ、何らかの手を打たせる。もし私たちが今まで自分自身の声に耳を傾けてこなかったなら、また、自分がしたいことや、しなければならないとわかっていることを無視し続けてきたなら、最終的に、痛みがそれをするのを助けてくれるだろう。痛みは助けや癒しを求めることを教えてくれる。だから、魂を教育する鍵になるのだ。

あなたの病気の個人的意味を見つけるためのエクササイズ

この癒しの教育の過程で鍵となるのは、「この病気は私にとって何を意味しているのだろうか？　私の身体は私にどんなメッセージを伝えたいのだろうか？　私はどのようにして自分が何者であるのかを忘れてしまったのだろうか？」といった疑問である。病気は、「この痛みは私にとってどのような役に立つだろう?」という問いに対する具体的な答えだ。

私たちは誰でも、たまには身体を壊す。元々の原因を振り返ってみると、それは常に自分が何者であるのかを忘れることに基づいている。個性化するためには分離する必要があると信じている限り、私たちは病気を生み出し続けるだろう。私たちは再び出発点――ホリスティックあるいはホログラフィックな宇宙観――に舞い戻る必要がある。

第15章の復習

1. 心身症とオーラの関係はどのようなものか?
2. 生体エネルギーフィールドから見た万病の根本原因は何か?
3. 病気がどのようにして生体エネルギーフィールドを通して生み出されるのかを説明せよ。

考えるヒント

4. あなたの身体の中で病気のプロセスがどのように発生するのかを、数分かけて瞑想してみよう。それを説明せよ。
5. 私たちの信念がどのように私たちの経験を形作ってきたのか、また、私たちの生体エネルギーフィールドはその創造プロセスでどのような役割を果たしているのだろうか?

第16章　概観　ヒーリングのプロセス

ヒーラーが患者や医師に提供しなければならないものが三つある。広い視野から見たさまざまな病気の原因と治療法、他の手段では得られないかもしれない生活や医療の状況に関する情報を入手する方法、そして患者の治癒能力を高めるための直接的なワークである。結果がどんなに奇跡的であっても、ヒーラーは実際に自然のプロセスを通して自分自身を癒すよう患者を誘導する。もっとも、ヒーリングに精通していない人たちにとっては、自然であると考えられているものを超えているかもしれないが。あなたの身体やエネルギーシステムは自然に健康に向かう傾向がある。ヒーラーは、健康を呼び起こす方法や手段をもっている。もちろん、医師もこれらの原則に基づいて医療を行っている。けれども、あまりにも多くの非人間的な症例を背負わされ、絶えず病気に直面しているため、多くの医師は、特定の症状の治療にのみ専念するようになっている。それがときに健康に取り組む態度に反することもある。ヒーラーにとって、健康とは、肉体的な健康だけでなく、生活のあらゆる部分でバランスや調和がとれていることを意味している。

ヒーリングのプロセスは、実際には、自分が何者であるのかを思い出すプロセスである。オーラ内のヒーリングのプロセスは、各ボディのエネルギーのバランスを再調整するプロセスだ。各ボディのすべてのエネルギーのバランスが取れているとき、人は健康になる。魂は、特別のレッスンを学んできたため、宇宙的真理により近づいているのだ。

今日のヒーリングには、大きく分けて二つのアプローチがある。一つは「内的」ヒーリングで、人間の身体的、感情的、精神的、霊的な側面や、人間がどのようにして自らの信念体系を作り出しているかに焦点を当ててじかに対処することで、その人のあらゆるレベルでのバランスと健康を確立する方法だ。もう一つは、「外的」ヒーリングで、宇宙エネルギーフィールドから蒸留されたエネルギーを適用することによって、身体システムを含むオーラのさまざまな層のバランスを再確立する方法である。「内的」ヒーリングはもっとも重要だが、ヒーリングのプロセスを補完するのに「外的」ヒーリングが必要だというのが私の考えである。

内的ヒーリングのプロセス

内的ヒーリングのプロセスは、それぞれのボディのエネルギーの不均衡に注目し、それを修正し、手当てによってオーラの適切な層を修復するものである。そうすることで、エネルギーのバランスを取り戻させるのだ（図表16－1参照）。各ボディのこの再調整は、他のボディのバランスを再確立する役に立つ。フルスペクトル・ヒーリングと呼ばれる内的ヒーリングは、第22章で詳しく論じるが、ここでは、簡単に説明しておく。

ケセリックテンプレート・レベルのヒーリングでは、間違った信条が意識に上らされ、正当性を問われる。ヒーリングはフィールドの第七層で行われる。このヒーリングは、主にこのボディを必要に応じ

図表16－1　内的ヒーリングのプロセス

ケセリックテンプレートボディ	第7層のヒーリング	間違った信条に挑む
天空界ボディ	第6層のヒーリング	宇宙的な愛に包まれて座る
エーテルテンプレートボディ	第5層のヒーリング	個人の意志を神の意志に再調整する
アストラルボディ	第4層のキレーション、愛	愛と許しを与える
精神界ボディ	キレーションと思考の形態の作り直し	二元論的思考形態に挑む
感情界ボディ	キレーションと感情の流れを変える	感情のエネルギーの流れを解放するために、遮断された感情と痛みを再び体験する
エーテルボディ	キレーションと構造の修理	エーテルボディのエネルギーの流れと振動を解放する。そしてそれを再構築する。それによってエーテル内のオルゴンエネルギーの代謝を再び釣りあわせる
肉体	マッサージ	エネルギーによって肉体に活力と栄養を与え、化学作用のバランスをもどし、肉体を再び健康的に調和させる

て修復し、再構築することから成っている。第七層の修復は自動的に第六層をより多くの天上の愛のために開く。

天空界レベルでは、ヒーラーは天上の愛や宇宙的な愛の中に座り、ただ患者にそれをチャネリングする。

エーテルテンプレート・レベルでは、オーリックボディが霊的な手術によって再調整される。これは、神の意志にヒーラーの意志を同調させる効果がある。

アストラル・レベルでは、キレーションと愛によってヒーリングが行われる。ヒーラーは人類愛の現実の中に座り、エネルギーを患者へと送る。それによって、精神界レベルがリラックスし、防衛の一部を手放し始める。

精神界レベルでは、ヒーラーが、そのレベルで不均衡を生み出している間違った思考プロセスに異議を唱える。これらの思考プロセスは、心的外傷を経験した子どものロジックに基づいている。大人がそれらを認識するようになると、簡単にその正体を見きわめ、より成熟した思考プロセスに置き換えることができる。ヒーラーは、クライアントが古い問題への新しい解決策を考え出す手助けをすることによって、オーリックフィールドのその層を再構築する。

感情界レベルでは、ヒーラーはキレーションの技法を用いて、クライアントが遮断された感情を明確にするのを支援する。ときに、クライアントは古いトラウマを追体験し、ヒーリングの最中に、遮断された感情のすべてを体験することがある。クライアントが気づかないうちに、トラウマが取り除かれることもある。

エーテルボディのレベルでは、層を再構築し、幸福感と強さの感覚を取り戻すために、矯正と修復が行われる。

身体的なブロック、たとえば、筋緊張、脂肪、脆弱さなどを取り除くために、肉体に直接働きかける手段として、運動、身体姿勢、声などが用いられる。

全レベルのヒーリング・プロセスでは、すべてのボディに一緒に働きかける。このプロセスは、個人セッションか、ヒーラーとのグループセッションで行われる。このプロセスでは、すべてのボディのバランスを整えた後、健康になるのが普通である。これは、一回のセッションで済むかもしれないし、一年間のセッションが必要になるかもしれない。

あなたは、ヒーラーがどのようにして、こうしたことのすべてを行うことができるのか、疑問に思うかもしれない。それは、彼らが拡大された意識状態を通して、膨大な量の情報にアクセスすることができるからである。

外的ヒーリングのプロセス

基本的なヒーリング効果を高め、促進させるために、外的ヒーリングの手法が用いられる（多くの場合、必要とされる）。間違った信念体系によって生み出された身体症状は、その信念体系が修正されるまで、放置できないからだ。ときには、その人の命を救うために、外的ヒーリングを行う必要があるのだ。けれども、「内的」ヒーリングも行わず、誤った信念体系も修正しなければ、現在の症状が取り除かれた後、再び身体に病の症状が現れるだろう。

ホリスティック医療の実践が進化するにつれ、多くの治療法が開発され、信頼できることが証明されつつある。多くの医師は、食事、ビタミンやミネラルのような栄養補助食品、運動、人々の健康を保つための運動や健康維持プログラムを強く勧めている。ホメオパス（同種療法の実践者）、カイロプラクター、鍼灸師、キネシオロジスト、マッサージ師、その他のボディワーカーのようなヘルスケアの専門家は、人々の健康維持を助けるために国中で実践にあたっている。人々は、運動による定期的なフィットネス・プログラムや、深刻になる前に悪くなる可能性がある病気の芽を発見するための定期的な健康診断を、以前より意識するようになってきている。手当てによるヒーリングは現在、多くの形態で全国各地で実践されている。

人々は、シャーマニズムやその他の古代から伝わるヒーリングの形態に興味をもっている。心霊術師が定期的にアメリカを訪れ、何百人もの人々と仕事をしている。私たちは、ヘルスケア革命の真っ只中にいるのだ。なぜだろう？

近代技術の出現と家庭医の消滅により、医療は没個性的なものになった。家庭医は、ときには何世代もの家族の歴史に精通することによって、家族の健康に責任をもっていた。今日の医師は、患者の数が多すぎて、患者の名前を覚えることさえできない。多くの命を救う素晴らしい技術が頻繁に使われるようになった今、医師は患者一人一人の健康に責任をもつことができなくなってしまった。その責任は、本来あるべきところ、つまり患者自身に戻ってきている。それがヘルスケア革命の根本である。多くの人が今、自分の健康にもっと責任をもちたがっている。この変化をスムーズなものにする最善の方法は、利用可能な方法を統合することである。そうすれば、ヒーリングは、過去の一時期そうだったように、再び個人の全人的なケアをするものになりうる。

ヒーラーと医師が共同で作業する方法

ヒーラーと医師が共同で治療にあたれば、最高の技術を活用し、それぞれの患者にこと細かな配慮をすることが可能になる。それがどのように機能するかを見てみよう。

ヒーラーはこの章の始まりで述べた三つの方法で医師を支援することができる。病気の原因となっている要因をより広い視野から見た見解を提供すること、現在の標準的な方法では得られない、あるいは必要な時間内に得られない情報を提供すること、そして、患者のエネルギーシステムのバランスを整え、ヒーリング効果を強化し、促進させるために手当て療法を施すことである。多くの場合、この最後の施術は、患者が自分の命を救うために必要な強さを得るのに役立つ。

臨床診療では、ヒーラーは医師や患者と直接共同して、問題を特定するための最初の診断を行い、エネルギーがどのようにバランスを崩しているか（つまり、問題がどれだけ深刻か）についての全般的な見方を提示することができる。そして、関与する病気の原因となる要因のより広い見方を提供し、患者と一緒に、その病が患者の人生にどのような意味をもっているか探ることができる。

ヒーラーの診断の方法は、次の章で説明するつもりである。ヒーラーは、超感覚的知覚の使用を通して、服用すべき特定の薬の種類と量、補足的なヒーリングの手法、食事療法、栄養補助食品、運動についての忠告をする。また、医師と一緒に症例をたどり、再び超感覚的知覚を通して、投薬量やその他のサプリメントの補給を、週毎や日々、あるいは時間毎にどのように変える必要があるかについての忠告をする。このような方法で、ヒーラーと医師は協力して、患者のケアにおいて以前は想像できなかった「微調整」のレベルに達することができるのだ。ヒーラーは患者のエネルギーフィールドを観察し、使用している薬やその他の治癒方法が患者全体にどのように影響しているかを告げることもできる。

私は医師との共同作業を少しやったが、とても効果的だった。私が出会ったヒーラーのミエテク・ウィルクスは、ポーランドのワルシャワにある「ＩＺＩＣＳ」医療協会に所属する診療所（こうした仕事をするために特別に設置された）で三年間、医師と一緒に診療にあたった。この診療所は大成功を収め、現在（一九八七年）も運営している。この診療所の記録によると、バイオエネルギー療法と呼ばれる手当て療法が、神経系疾患や偏頭痛の後遺症の疾患、気管支喘息、夜尿症、偏頭痛、神経症、心身症、胃潰瘍、ある種のアレルギー、卵巣嚢胞、良性腫瘍、不妊症、関節炎性疼痛、その他の痛みの治療にもっとも効果的であることが示されている。バイオエネルギー療法は、癌による痛みを和らげ、患者が服用する鎮痛剤や精神安定剤の量を減らすのに役立つ。良好な効果は聴覚障害児の治療にも観察されている。ほとんどすべての症例で、医師は、この療法による治療の後、患者がより静かになり、リラックスしたこと、痛みがなくなったり、緩和されたりしたこと、リハビリテーションのプロセス（特に手術や感染症の後）が促進されたことを発見した。我が国（アメリカ）では、多くのヒーラーが医師と一緒に仕事をし始めている。ドロレス・クリーガー医師は、数年前、ニューヨーク医療センターの看護師たちに手当て療法を紹介した。看護師たちは病院でそれを実践している。カリフォルニア州グレンデールのヒーリング・ライト・センターのディレクター、ロザリン・ブリエール牧師は、ヒーリングを実践するために多くの病院に登録しており、種々の病気への手当て療法の有効性を調べるいくつもの研究プロジェクトに関わっている。

もう一つの種類の研究は、超感覚的知覚を用いて、癌のように現在不治の病と思われている病気の原因と治療法を、研究者が見つけるのを支援するものである。次の章で説明する「内的視覚（internal vision）」を使えば、ヒーラーは体内で進行する病気のプロセスを観察することができる。研究を支援するなんと素晴らしいツールだろう！

ヒーラーは超感覚的知覚を使ってオーラへの効果を観察することによって、たくさんあるホリスティックなヒーリングの手法のうち、どれがそれぞれの患者に最適かを告げることができる。患者にもっとも効果的な手法に集中するよう勧めることで、癒しは加速される。たとえば、私の観察では、異なるオーリックフィールドのレベルに異なる手法やレメディ（液体状の療剤）が効果を発揮することがわかった。オーブリー・ウェストレイクは、自著『健康の型（*The Pattern of Health*）』の中で、どのバッチ・フラワーレメディがどのオーリック・レベルを癒すかを指摘している。私は同種療法のレメディのポーテンシー（レメディの希釈の度合）が高ければ高いほど、より上位のオーリックボディに影響を与えることを観察してきた。1M（一〇〇倍希釈を一〇〇〇回）以上の高いポーテンシーは、オーリックフィールドの上位の四つの層に働き、低いポーテンシーは下位のオーリック・レベルで効果を発揮する。高いポーテンシーは驚異的なパワーをもっているため、新人の療法士は常日頃、最初に低いポーテンシー（下位のエネルギーボディ）から使い始め、正しいレメディが見つかったら、上位のボディに働きかけるよう教えられる。多くのヒーラーは手当て療法を施す過程で、どのボディに働きかけるかを選択することができる。すべてのボディに働きかけることができるセルフ・ヒーリング瞑想にも同じことが当てはまる。ラジオニクスは、「振動率」や「波動周波数」を生成する機械を使用して、宇宙エネルギーフィールドから癒しのエネルギーを抽出する手法である。ラジオニクスは、ラジアテシア〔ラジオニクスと同じような手法〕と共に、施術者からかなり離れた場所にいる患者に、宇宙エネルギーフィールドを通してエネルギーを放射する。患者から採取した血液サンプルや髪の毛などが「アンテナ」として用いられる。施術者はどのオーラの層に働きかけるかを選択できる。

カイロプラクティックは、ハーブ、ビタミン、薬、手術と同様に、オーラの最初の三つのレベルを通って上のレベルまで確実に達する。もちろん、手当て療法、癒しの瞑想、「光、色、音、水晶」を使ったヒーリングによって、すべてがオーリックフィールドの上位レベルに到達する。私たちは研究を通して、最良の結果を得るためにそれらをどのように使ったらいいかについてもっと学ぶことができるだろう。

これらのタイプのヒーリングについては、多くの本が書かれている。参考文献として、以下の本をお勧めしたい。ジョージ・ヴィソルカス医学博士の『ヴィソルカス教授のサイエンス・オブ・ホメオパシー上・下』（秋山賢太郎訳　アルマット）、デヴィッド・タンズリー医学博士の『ラジオニクスの次元（*Dimensions of Radionics*）』、ジュリアス・ドンテンファス医学博士の『カイロプラクティック、健康への現代的方法（*Chiropractic, A Modern Way to Health*）』、ダイアン・M・コネリー博士の『伝統的な鍼治療、五つの要素の法則（*Traditional Acupuncture: The Law of the Five Elements*）』。

アメリカの医療は、主に肉体に焦点を当て、この分野、特に特定の臓器や器官系の疾患の専門家を輩出してきた。薬物療法と手術が用いられた主な手法である。治療で薬物や手術を用いる上での大きな問題点の一つは、副作用が非常に強いことだ。薬物は、肉体の機能に関する知識に基づいて処方されるが、高次の領域のエネルギーも含んでおり、言うまでもなく、上位のボディに影響を与える。ところが、薬物の治験を行うとき、上位のボディにどのような影響をもたらすかについて直接研究されてこなかった。これらの高次のエネルギーの影響は、最終的に肉体に兆候となって現れるときにしか見られないからだ。私は、薬を服用してから一〇年もの間、オーラの中に残っている薬の後遺症を見てきた。たとえば、かつて肝炎を治すために使われていた薬が、五年後には免疫不全を引き起こしていることがわかった。検査目的で脊柱に注入された赤い染料が、一〇年後に脊髄神経の治癒を阻んでいたこともあった。

ホリスティックな癒しのシステムを目指して

私は、未来のホリスティックな癒しのシステムが、伝統的な医療の膨大な「分析的」知識と、上位のボディのエネルギーシステムの「合成」された知識を組み合わせたものになるだろうと信じている。将来のホリスティックな癒しのシステムは、患者が必要とするすべてのエネルギーボディと肉体のための治療法を同時に診断して処方し、内的、外的両方の治療プロセスを合体させるものになるだろう。医師、カイロプラクター、ホメオパス（同種療法の実践者）、ヒーラー、セラピスト、鍼灸師などが協力して治療プロセスをサポートするだろう。患者は、真の自己、神我への帰還の途上にある魂として、病気は、旅人を正しい方向へと導く方法の一つとして見られるだろう。

そのためには、上位のボディの機能と構造に関する実用的な知識を得るために、医療専門家によって開発された分析的な手法を駆使して、上位のボディの謎を深く掘り下げて研究する必要がある。私たちは、現在の逆症療法的な科学的医療に加えて、上位のボディの治療法を検証し、足し合わせた効果を確認するための共同研究プロジェクトを必要としている。逆症療法の薬と同種療法のレメディはどのようにして一緒に働くのだろう？　どれとどれがお互いに調和し、治療をサポートし、促すのだろう？　お互いに相容れず、一緒に使ってはいけないものは何と何だろう？

私たちは、エネルギーボディを観察するための検出方法を見つけることに集中しなければならない。エーテルボディはもっとも粗い物質からできており、肉体に一番似ていて、おそらく容易に検出できるので、まずそれに集中すべきである。エーテルボディの格子構造の画像を作成して、エネルギーの均衡と不均衡を示すことができれば、どんなに素晴らしいツールを手に入れることになるだろう。この情報とさらなる研究によって、エーテルボディのエネルギーのバランスを取り戻すためのより実用的で効率的な方法を見つけることができるだろう。将来的には、上位のボディに適用できる方法を発見することに進んでいくだろう。

こうして、身体的な不調が病気として肉体に現れる前に、癒すことができるようになるだろう。

私がもっとも力を入れているのは、医療従事者、特に医師にフィールドを知覚する方法を教えることだ。そうすれば、医師たちも患者の体内で起こっている病気のプロセスを見ることができるようになる。すでに協力を求めている医師たちもいる。彼らはもっとも困難な症例を抱えている患者をヒーラーに送っている。それを密かに行うのが普通である。だが、公にして、チームとして公然と一緒に働くときがきている。

単に見るだけで、身体の内部のプロセスを見ることができる高度な訓練を受けた資格をもった人々の協力を得れば、どれだけ医学研究を推し進められるか想像してもらいたい。実験室で動物を観察することに重点を置くのではなく、実際の患者とその個人的なニーズに焦点を当てた研究ができるようになるのだ。患者が必要としている治療法に直接アクセスできる（「読める」）ようになれば、個々人の治癒のためのプログラムが、個人レベルで設計されるようになるだろう。

ヘヨアンは、「それぞれの個人にとって適切なときに、適切な量で与えられた適切な物質は、もっとも効率的な方法で、副作用もほとんどなく、可能な限り短い時間で健康を生み出す癒しの物質として作用する」と述べている。ここでいう健康とは、単に肉体的な健康ではなく、あらゆるレベルでの完全なバランスを指している。

そのような可能性を念頭に置いて、オーラのすべてのレベルの情報を獲得するためのさまざまな方法を見ていこう。

第16章の復習

1．内的ヒーリングのプロセスを説明せよ。
2．外的ヒーリングのプロセスを説明せよ。

3. 薬は生体エネルギーフィールドのどのレベルに作用するのだろうか？

4. 通常の医療行為では、生体エネルギーフィールドのどのレベルにおいて、薬の効果が検証されるのだろうか？

5. 同種療法のレメディのポーテンシーはオーラとどのように関係しているのだろうか？　どんなレメディがオーラのどのレベルに働くのだろうか？

考えるヒント

6. 生体エネルギーフィールドを通じて疾患プロセスを理解することが、医療行為に及ぼす主な効果は何だろうか？　適用、精神力学的機能、患者の責任、自己認識を含めて考えよう。

7. オーリックフィールドを通じたヒーリングは、どのようにして通常の医療に組み込むことができるだろうか？

第17章　情報を直接入手する（ダイレクト・アクセス）

通常の手段を超えた情報にアクセスすることは、ヒーリングの大きな助けになりうる。この方法を通して、必要なほとんどいかなる情報でも得ることができる。ダイレクト・アクセスとは、その言葉が意味する通りのものを指す。あなたは欲しい情報に直接つながり、受け取る。このプロセスは、超感覚的知覚（High Sense Perception）、透聴（crairaudience）、透視（crairvoyance）、超感覚（crairsentience）、またはサイキック・リーディング（超能力占い）などと命名されてきた。そのプロセスが何であるかをより明確に見てみよう。

あなたに送られてくる情報は、五感を通してやってくる。それらは、視覚、触覚、味覚、聴覚、嗅覚というレッテルを伝統的に貼られてきた。ほとんどの人は、情報にアクセスするために、これらの手段のいくつかを他のものより発達させてきた。神経言語プログラマーのリチャード・バンドラーとジョン・グリンダーが著書『王子さまになったカエル』（酒井一夫訳、東京図書）で述べているように、思考、感情、存在の内的プロセスは、情報にアクセスする方法と大いに関係している。あなたの内的経験は、特定の習慣的なチャンネルを通って去来する。あなたは主として、視覚と運動感覚的（身体の運動によって生じる感覚。筋肉の収縮、緊張が、関節、筋肉組織、腱にある感覚受容器を刺激して生じる）なプロセスの組み合わせか、聴覚と運動感覚的なプロセスの組み合わせ、または視覚と聴覚の組み合わせで機能しているかもしれない。どのような組み合わせも可能だ。異なる内的プロセスには異なる組み合わせを使用する。あなたは、自分が主に映像、音、フィーリングのいずれで考えているかを知っているかもしれない。それを見出すよう勧めたい。なぜなら、通常の感覚を通してアクセスする方法が、私がお勧めする超感覚的知覚を開発するための学習を開始する方法になるからだ。

たとえば、私は名前を与えられたら、まずその名前を聞いて、その後、その人物とつながりができたと感じるまで、あらゆる方向を運動感覚を使って探す。その時点から、聞いた名前の人物についての映像を見たり、情報を聞いたりするようになる。数年前はそのようなことはできなかった。

私が開発した最初の超感覚は運動感覚的なものだった。私は何時間も身体心理療法をして過ごし、人々やそのエネルギーフィールドに触れた。それから、私の識別力は「見る」ことに移り、自分が感じたことに相関するものを見始めた。たくさん練習を積んだ後、情報を「聞き」始めた。これらのアクセスの方法はそれぞれ、エクササイズや瞑想を通して学ぶことができる。心を鎮め、五感の一つに集中することで、それを高めるのだ。必要なのは練習だけである。難しいのは、穏やかな状態に入り、自分の目的に集中することだ。

知覚を高めるためのエクササイズ

運動感覚を高めるために、快適な瞑想姿勢で座り、体内の感覚に集中する。身体の一部や臓器に焦点を当てる。それが役に立ったら、焦点を当てている身体の部分に触れてみよう。あなたが視覚に頼る傾向があるなら、身体の一部を見たくなるかもしれない。聴覚に頼る傾向があれば、集中を保つため、呼吸や心拍音に耳を傾けたくなるかもしれない。

次に、あなたの周りの空間にも同じことをしてみよう。目を閉じて座り、自分がいる部屋を感じるのだ。部屋のさまざまな場所（床、天上、壁など）やさまざまな物体（テーブル、ソファー、絵画など）に集中したり、手を伸ばしたり、ビームを向けたりしてみよう。助けが必要な場合は、目を開けるか、部屋にある物に触れるかしてから、ただ座って感じることに戻る。次に、目隠しをして友人に見慣れない部屋に案内してもらおう。身体にチューニングを合わせたのと同じやり方で運動感覚を使ってその空間を感じてみよう。その部屋について何を学んだだろう？　目隠しを外して確認することも忘れずに。人や動物、植物にも同じことをしてみよう。

視覚的知覚を高めるために、再び座って瞑想し、目を閉じて、身体の内側を見てみよう。それをするのが難しい場合は、助けになる感覚を見つけよう。頭の中でイメージすることができるようになるまで、身体の一部に触れたり、体内の感覚に耳を傾けたりしてみるのだ。次に、部屋に対して同じことをしてみよう。まず、目を開けて、部屋の細部を調べる。そうしたら、目を閉じて、心の中で部屋をイメージしてみる。次に、見慣れない部屋に行って、目を閉じた状態から始めてみよう。何を「見る」ことができるだろう？

私たちが視覚的知覚について話していることを思い出してもらいたい。これは、自分が作りたいものを視覚化する創造的な行為である観想のプロセスとは異なる。

聴覚的知覚を高めるために、座って瞑想し、身体の内部に耳を傾ける。ここでも、この感覚に助けが必要なら、耳を傾けている部分に手を置いて感じたり、見たりしてみる。それから外に出て、あなたの周りのすべての音に耳を傾けてみよう。森の中でこれをすると、音が重なり合って交響曲を奏でるのが聞こえてくるだろう。さらに耳を澄ますと、他に何が聞こえてくるだろうか？　存在しない音だろうか？　もっと注意深く聴いてみてもらいたい。いつか、あなたにとって意味のあるものになるかもしれない。イツァク・ベントフは、『ベントフ氏の超意識の物理学入門』（プラブッダ訳　日本教文社）という本の中で、多くの瞑想者が耳にする高音のことについて書いている。それは通常の聴覚の範囲を超えている。彼はこの音の周波数を測定することに成功した。

私が「見る」能力を開発したとき、映像が二つの形態で訪れることを発見した。一つは象徴的なもので、もう一つは文字通りのものである。象徴的な映像の場合、「読み取る」人にとって意味のあるイメージを見るだけだ。たとえば、空に渦を巻いている星雲や、大きなチョコレートケーキなど。文字通りの映像の場合、人は出来事や物の映像を見る。患者は過去にした経験を目撃することができるのだ。象徴的なビジョンでも、出来事の「読み取り」でも、ヒーラーは目撃者の立場に立つ。つまり、出来事が発生した時間枠に入り込み、起こっている出来事をありのまま目撃するのだ。同じことが象徴的なビジョンにも当てはまる。ヒーラーは展開するビジョンを見、ありのままに叙述するのだ。私はこれを「受容的チャネリング」と呼んでいる。ビジョンが展開するとき、ヒーラーによって解釈されたり、乱されたりしないことがきわめて重要である。ビジョンがもっている意味は、ヒーラーと患者で異なるかもしれない。象徴的な映像、たとえば青い車が道路を走っているシーンを見るとしたら、あなたはすぐに、「何を意味するのだろう？」とは言わない。ただ車が道路を走っているのを見ながら、その光景が目の前で展開していくのに任せる。そうすることで、少しずつ情報を集めていき、ゆっくりと理解できる映像を組み立てていく。その映像が象徴的な意味をもっているのか、それとも文字通りのものなのか（つまり、実際に起こったことや起こるかもしれないことなのか）、後々までわからないかもしれない。このような情報の受信には、信じることが必要である。ビジョンを理解できるものに組み立てるのに三〇分から一時間かかるかもしれない。

一方で、自分の象徴を用いて、それに解釈を施すことによって読み取りをする人もいる。これは、練習をたくさん積まなければ機能しない。ヒーラーはまず情報を受け取ることができる一連の象徴を構築しなければならないからだ。

もう一つのタイプの文字通りの映像を見る場合、ヒーラーは、患者の内部器官の映像を見る。映像はヒーラーの心のスクリーン（マインド・スクリーンと私は呼んでいる）上に現れるか、ヒーラーが何層ものボディの層を通して、X線の機械のように内部の器官を見ることができるかのように、患者の体内にあるように見える。このタイプの見方を私は「内的視覚」と命名した。これは病気を説明するのにこの上なく強力なツールである。内的視覚では、積極的なダイレクト・アクセスを用いる。これは、手に入れたい特定の情報を追い求めることを意味する。たとえば、内的視覚を使うことで、体内のどこでも見ることができる。どこを、どの深さで、どのオーラのレベルで、どんな解像度で、マクロからミクロまでのどんなサイズで見るかを決めることができるのだ。

遠距離知覚

ダイレクト・アクセスは、相手があなたと同じ部屋にいても、離れた場所にいても、機能することがわかった。私が行った一番遠距離のオーラ・リーディングは、ニューヨーク市とイタリア間の電話での会話の最中だった。現時点では、私の遠距離リーディングはかなり正確のように思えるが、ヒーリングは患者と一緒に部屋にいるときほど強力ではない。

ダイレクト・アクセスと予知

人々が、私の霊的ガイド（ヘヨアン）に未来について質問することがたびたびあった。彼はいつも、絶対的な未来の現実ではなく、ありうべき未来の現実について話すことはできると言って応じる。というのも、誰でも、将来、自分が欲しいものを生み出す自由意志をもっているからだ。ヘヨアンはまた、未来は予測しないと言いながら、何度も先回りして、質問されたことに答える。これまでのところ、ありうる未来のほとんどが起きている。たとえば、ヘヨアンはある女性に、もしかしたら国連に関わることに興味を抱くだろうと告げた。それ以来、彼女は国連と関わりをもつようになる二通の招待状を受け取った。別の人は、メキシコの外交官勤務に関わることができると言われ、ポルトガルで休暇を取っているときに連絡を取るよう言われた。その予言も的中した。引っ越しをすることになるから、片づける必要がある物事を終わらせるようにと告げられた人たちもいる。彼らは、それまでは考えもしなかったのに、現在、引っ越しをしている最中だ。私は、あるヒーリングを始めたばかりのとき、クライアントが癌にかかっており、まもなく亡くなるだろうと告げられた。実際に彼女は告げられた通りになった。彼女がヒーリングにやってきたときには、癌を疑われることすらなく、大体四ヶ月後、四回のＣＡＴスキャン（コンピュータＸ線体軸断層撮影）が終わるまで発見されなかった。ＣＡＴスキャンの結果は、私が内的視覚で見たのと同じ形と大きさで、悪性腫瘍があった場所も同じだった。もちろん、私はこの情報に触れたとき、とても動揺した。クライアントには伝えず、すぐに主治医のところへ行くように言った。残念ながら、私はその医師と面識がなかった。このような経験は、ヒーラーの責任はどこにあるのかという問題を浮かび上がらせる。それについては本書の後の方で論じたい。

情報へのダイレクト・アクセスについての研究でもっとも有名なのは、スタンフォード研究所のラッセル・ターグとハロルド・プソフによって行われた遠隔透視の実験である。彼らは、スタンフォードの地下研究室にいる透視者が、あらかじめ決められたさまざまな地点に送られた、目標となるチームの人々の位置を、かなり正確に地図に描くことができることを発見した。ターグとプソフは、有名な超能力者を使って実験を始めたが、その後、彼らが選んだ誰でも、懐疑的な人も含めて、それができることを発見した。私は、ヒーリングにしか適用できないが、自分がやっていることも、きわめて似ていると信じている。

要するに、ほとんどの人が日常生活の中で、情報を直接入手する何らかの方法を使っていると私は信じている。あなたの仕事をよりよくこなす助けになるのはどんな情報だろう? おそらく、あなたは自分の超感覚的知覚を用いて、それを知覚することができる。換言すれば、人間は、求めさえすれば、あるいは、心を開きさえすれば、情報や導きを受け取るための多くの方法をもっているということである。

情報への直接のアクセスは、私たちの将来にとって重要な含みをもっている。証拠が示しているように、もし私たちが種として、情報にアクセスする方法を学んでいるとするなら、直接的な情報の入手は私たちの教育システム全体のみならず、言うまでもなく、私たちが生きる社会にも影響を与えるだろう。私たちは、演繹的推論や帰納的推論を学び、情報を収集し、記憶力を高めるためだけに学校に通うのではなく、知りたいことに瞬時にアクセスする方法を学ぶためにも学校に通うようになるだろう。物事を暗記することに何時間も費やすのではなく、宇宙エネルギーフィールドの「記憶」にすでに貯えられている情報にアクセスする方法を学ぶだろう。神秘学では、この情報の記録はアカシック・レコードと呼ばれている。これらの記録は、これまでに起こったこと、あるいはこれまでに知られたことすべての宇宙的なホログラムの中に固定されたエネルギーの刻印である。この種の脳機能では、情報は心の中に保存されるのではなく、ただ単にアクセスされるだけだ。また、思い出すということは、自分自身の心の中を探って情報を取り出すのではなく、宇宙的なホログラムにチューニングを合わせ、情報を読み取ることを意味する。

この情報は、上巻の第4章で示したように、直線的時間の限界の外に存在している。ヒトラーが歴史に登場する約二〇〇年前に、ノストラダムスがヨーロッパにヒトラーという独裁者が台頭すると予言したように、私たちはある程度未来を読み取ることができるようになるだろう。

第17章の復習

1. 情報にダイレクト・アクセスする方法にはどのようなものがあるだろうか？
2. 視覚、聴覚、運動感覚を強化する方法を述べよ。
3. 運動感覚に優れている人の場合、どんなタイプの瞑想とダイレクト・アクセス法が最適だろうか？
4. 積極的にオーラを見ることと、オーラを象徴的に知覚することとの違いは何か？
5. 情報へのダイレクト・アクセスは、遠くからでも可能だろうか？　どのくらい離れていても大丈夫だろうか？　物理学を使って、この現象をどのように説明できるだろうか？
6. 情報の能動的なチャネリングと受動的なチャネリング、あるいは情報への能動的なアクセスと受動的なアクセスの違いは何か？

考えるヒント

7. あなたは視覚、聴覚、運動感覚のいずれに優れているだろうか？

第18章　内的視覚

私の最初の内的視覚の体験は、ある朝早くに起こった。私はベッドに横たわり、隣に横向きに寝ている夫の、首の後ろの興味深い筋肉と骨の構造を観察していた。筋肉の頸椎とのつながり方がとても興味深いと思った。突然、自分が何をしているのかに気づき、すぐに「見る」のをやめた。私は、すべて自分が作り上げたのだと自らに言い聞かせ、しばらくの間、そのレベルの現実に「戻」らなかった。もちろん、最終的に、それは戻ってきた。私はクライアントの内側を「見」始めた。最初は面食らったが、内的視覚はしつこく続き、私もそれについていった。内的視覚で見たものは、患者や医師から得た患者についての他の情報と一致していた。

内的視覚は、X線や核磁気共鳴（NMR）プロセスの人間版であり、同様に洗練されている。内的視覚には、見たいと思うどんな深さと解像度（一定の範囲内）でも、体内を見る能力が含まれている。それは、物事を知覚する新しい方法である。もし臓器を見たければ、その臓器に焦点を当てる。臓器の内部や特定の部分を見たいと思ったら、そこに焦点を当てる。体内に侵入している微生物を見たいと思えば、それに焦点を当てる。すると普通の映像と同じようなビジョンを受け取る。たとえば、健康な肝臓は、通常の視覚で見るときと同じえんじ色をしている。もし肝臓が黄疸《おうだん》にかかったことがあるか、現在、かかっているなら、不健全な黄褐色に見える。その人が化学療法を受けたことがあるか、受けている最中なら、肝臓はおおむね緑褐色に見える。微生物は顕微鏡で見るのと同じに見える。

最初に自然発生的に起こった私の内的視覚の経験は、後により制御できるようになった。そのような見方をするためには、第三の目（第六チャクラ）が活性化され、心の残りの部分が比較的穏やかで集中力があり、とりわけ開かれた状態でなければならないことを私は理解し始めた。その後、そうした状態をもたらす技術的なテクニックを発見したので、そのような精神的、感情的な状態に入ることができれば、好みのままに身体の中を見ることができるようになった。けれども、疲れている場合は、それができないこともあった。疲れると、集中したり、心を鎮めたりするのが難しいからである。疲れると、波動率を上げるのも難しい。目を開いているかどうかは、目を通して入ってくる追加の情報による干渉を除いて、ほとんど関係ないこともわかった。この追加情報は集中するのを助けることもあれば、妨げることもある。たとえば、私はときどき、見ている場所に心を集中させるために目を使う。他方で、注意をおろそかにさせる他の情報を遮断するために目を閉じることもある。

内的視覚の例

内的視覚の例が図表18－1に示されている。左上は正面外部のオーラの様子、右上は内部の様子を示している。下の図は背面の外からの眺めを示している。この症例では、友人が氷の上で転んで肩を痛めた。彼女の治療をしたとき、エネルギーを失っている肩の前面に「オーラの出血」を見ることができた。僧帽筋に沿って背中のエネルギーのラインが絡まっていて、絡まりを解く必要があった。私は出血を止

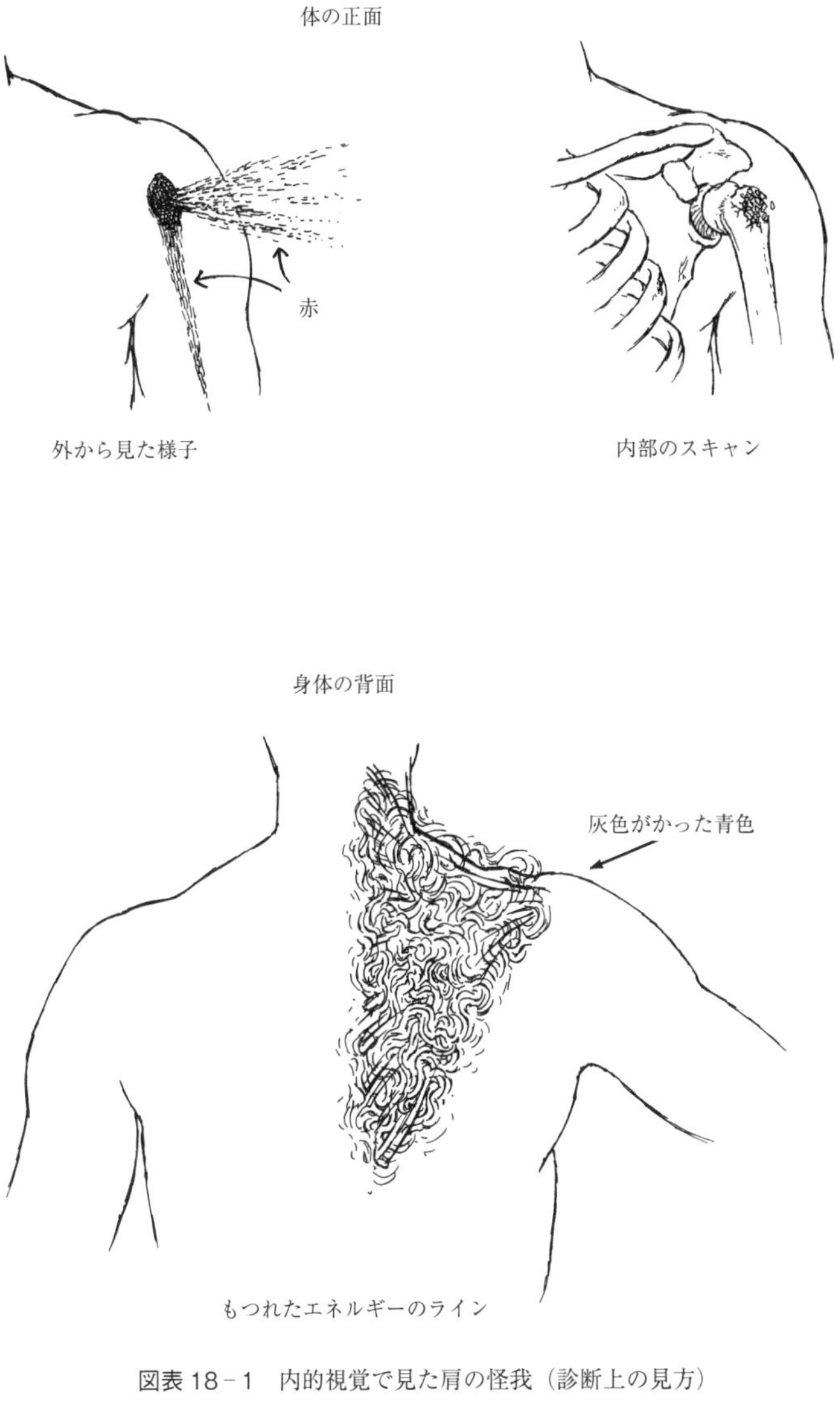

図表 18－1　内的視覚で見た肩の怪我（診断上の見方）

めるために右手をその上にあてがい、背中のもつれをほどいた。それをしているとき、上腕骨の端が潰れているのが見えた（後にレントゲン写真で確認された）。この「短い」（三〇分）セッションは、オーラの出血とエネルギーのもつれを治し、砕かれた骨の治癒を速めることに貢献した。

図表18－2に示しているもう一つの例は、私が観察した直径七センチのテニスボールほどの大きさの卵巣嚢腫である。一月三日（図表18－2A）には、暗い灰色がかった青色に見えた。この嚢胞はすでに医師の診断を受けていたが、オーラにえんじ色として現れている骨盤内炎症性疾患は診断されていなかった。一月一五日（図表18－2B）までに、嚢胞は四センチに縮小し、骨盤内炎症性疾患も医師に確認された。一月二一日（図表18－2C）までには、二センチに縮まったが、どんどん黒っぽくなり、奇妙な渦巻状の形が出てきてそれにつながった。この患者は浄化食を食べていたので、それが問題を解消したのだ（この時点で、私は治療を行っていなかった。ただ経過を見守っていただけだった）。一月二九日（図表18－2D）、生理の始まりと共に、嚢胞は二五セント貨のサイズである三センチまで成長した（嚢胞にはよくあること）。けれども、二月六日（図表18－2E）までに、一センチにまで縮小した。三月三日（図表18－2F）には、完全に消滅し、いたって健康な生理前のエネルギーに取って代わられた。これらの嚢胞の大きさの観察はすべて、骨盤検査による医師の観察と一致していた。

一月二一日、オーラの中の嚢胞の外観が暗かったので、医師も私も、この女性に抗生物質の服用を勧めた。この種の病気、骨盤内炎症性疾患は、私たちが感染症を取り除くことで防ぎたいと思っている癌に、長い時間をかけて（このケースでは三年）、発達するものとして知られていた。患者は治療期間中も、ずっと浄化食を続けていた。彼女は抗生物質がなくても、完全に感染症から自由になっていたかもしれないが、私たちは運に任せたくはなかった。私の内的視覚では、嚢胞はほとんど黒く見えた。初期段階の癌は、暗い灰色がかった青色に見える。進行すると、オーラの中で黒くなる。その後、黒の中に

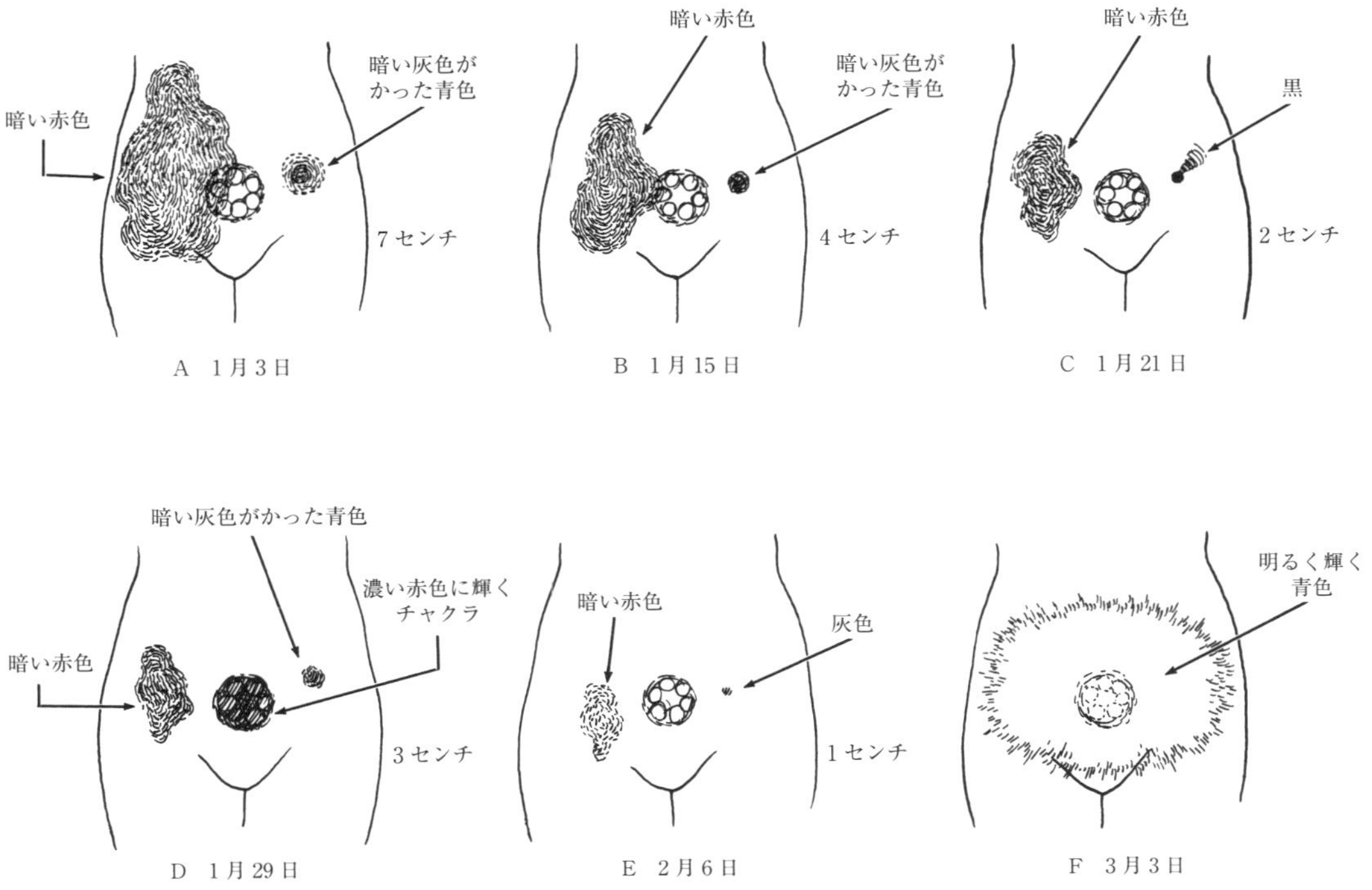

図表18－2　炎症を起こした骨盤と卵巣嚢腫（内的視覚による診断上の見方）

白い斑点が現れる。白い斑点が火花を散らして火山のように噴き出したら、癌は転移したことになる。この症例では、浄化食だけでは治療に必要な効果が得られないほど、嚢胞が黒くなっていた。

図表18－3A（カラー口絵参照）は、骨盤内炎症性疾患、卵巣嚢腫、子宮筋腫の別の症例を示している。ご覧のように、超感覚的知覚を使えば、嚢胞は、フィールド内に赤褐色として現れる子宮筋腫と容易に区別できる。

図表18－3B（カラー口絵参照）は、遠隔内的視覚の使用例を示している。ある授業の終わりに、一人の学生に、二つの子宮筋腫をもつ友人のヒーリングを頼まれた。頼まれたとたん、私は彼女の友人の骨盤領域の内的ビジョンを見、それを黒板に描いた。二ヶ月後、その患者にヒーリングを施したとき、私の描いたものが確認された。私が見たものが、医師の診断で確認されたのだ。彼女には二つの比較的小さな子宮筋腫があり、オーラの中で赤褐色に見えた。右側のものは高い位置にあり、子宮の外側にあった。それに対し、左側のものは低い位置にあり、一部が子宮の中に埋め込まれていた。遠隔では見ていなかったが、ヒーリングの最中、前面の第二チャクラにひびが入っているのを観察した。おそらく、左の卵巣を摘出したことにも原因の一端があるのだろう。このチャクラは、卵巣が取り除かれる前に乱れていた可能性が高く、そもそも機能不全を引き起こしていた。手術がそのチャクラをさらに傷つけたと確信する。手術によるトラウマに加え、女性たちは普通、卵巣を摘出した部分からエネルギーを引き揚げる。卵巣を失ったことによる感情的な痛みを感じたくないからである。この種のブロックは、身体のその部分の自然治癒のプロセスを阻止し、最終的に、トラウマを悪化させるだけである。

内的視覚による予知

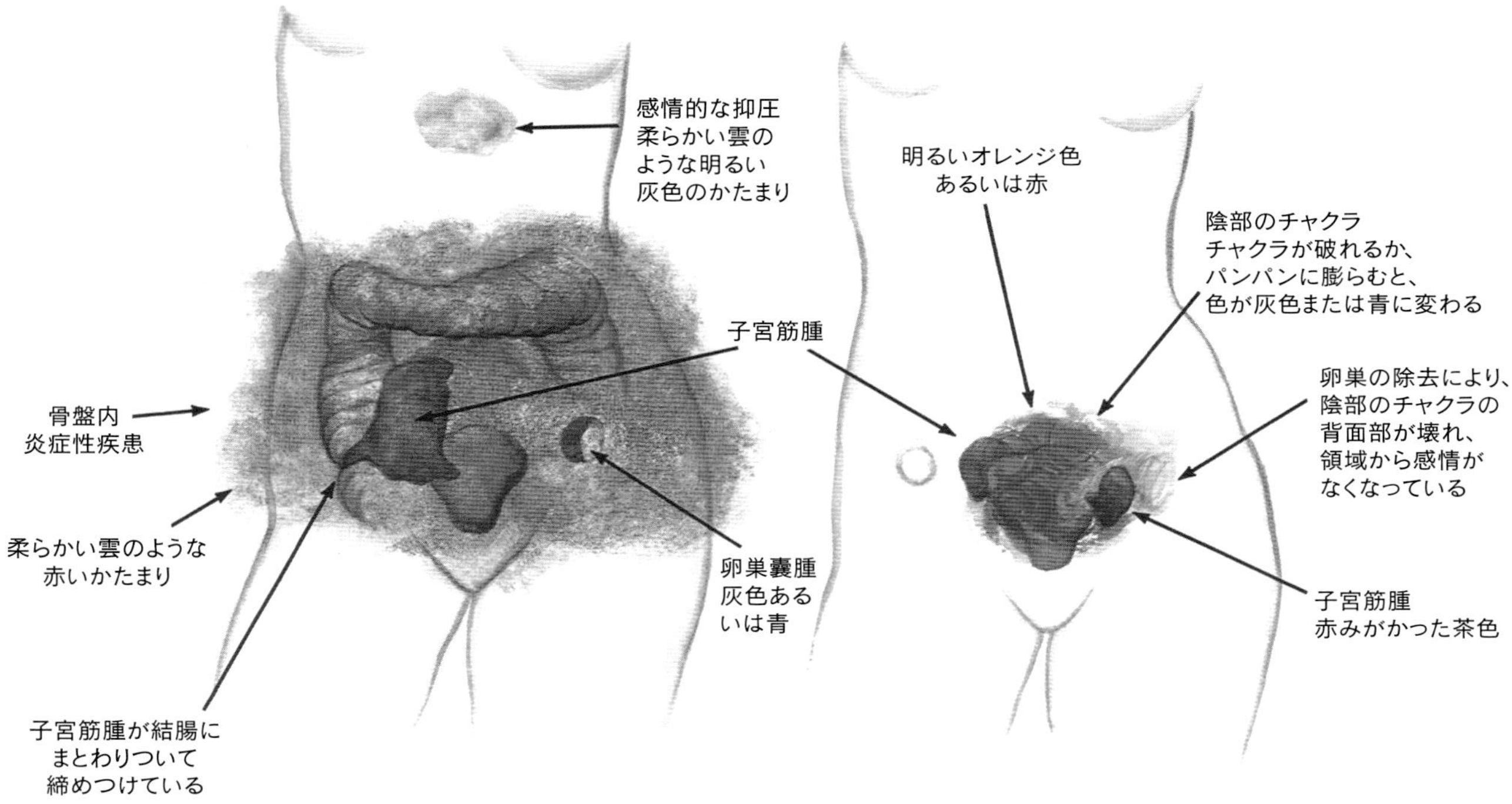

A. 骨盤内炎症性疾患、卵巣嚢腫、子宮筋腫　　B. 子宮筋腫と変形したチャクラ

図表18-3
内的視覚（診断上の見方）

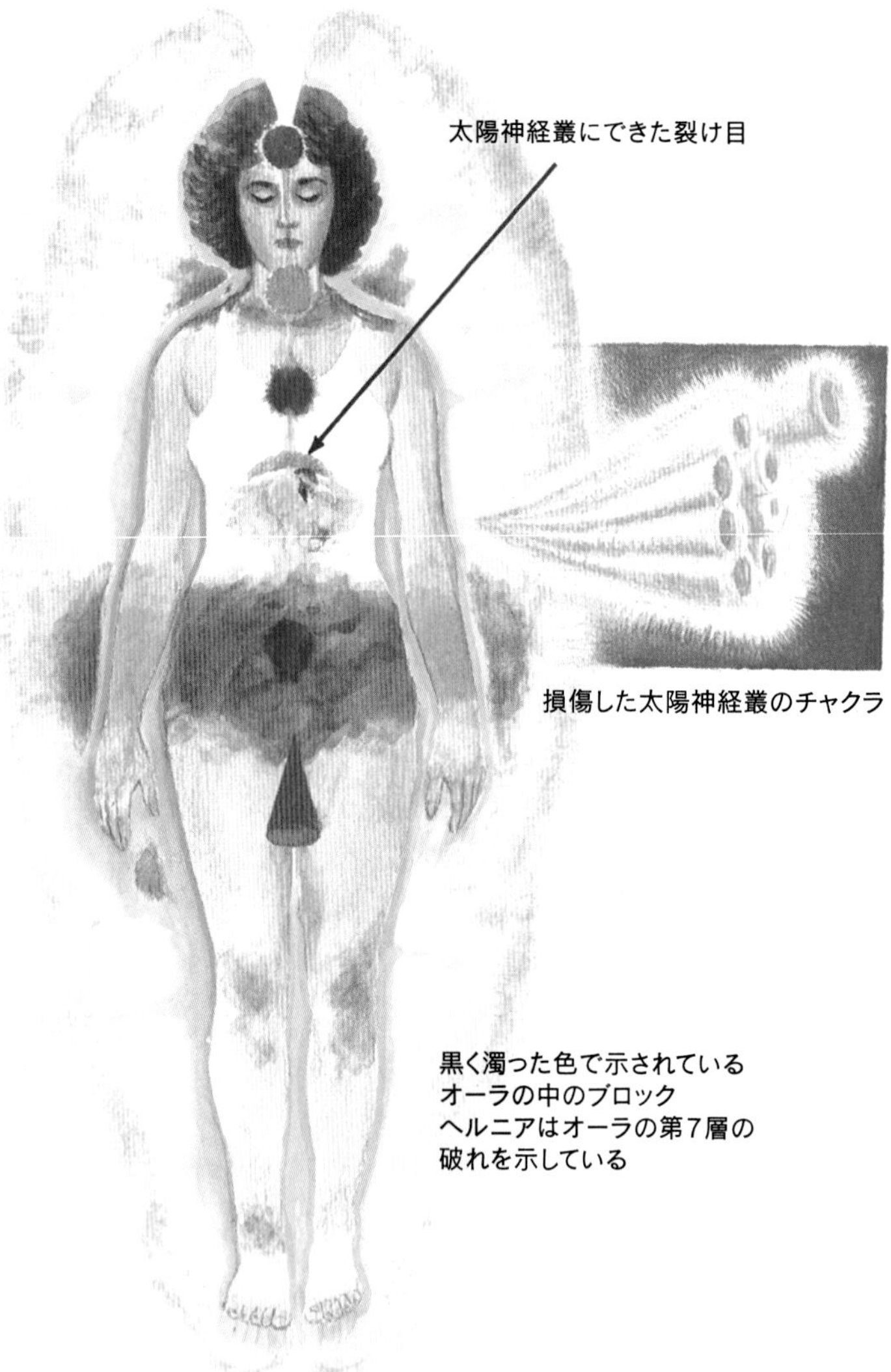

図表22-4
損傷した太陽神経叢のチャクラのヒーリングを受ける前の患者のオーラ

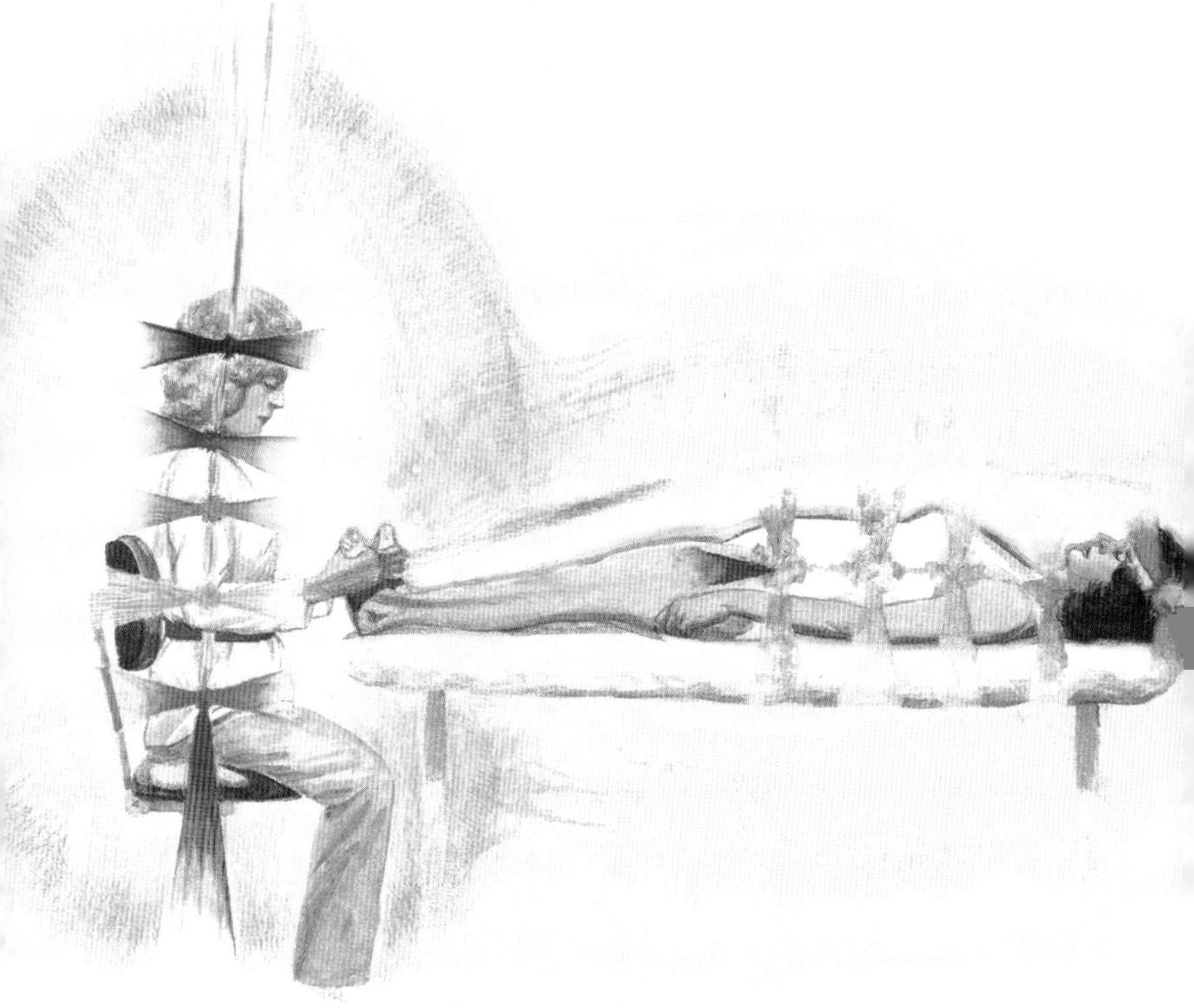

図表22-6
患者のオーリックフィールドのバランスを調節するヒーラーと
そこに流れこむ宇宙エネルギーフィールド

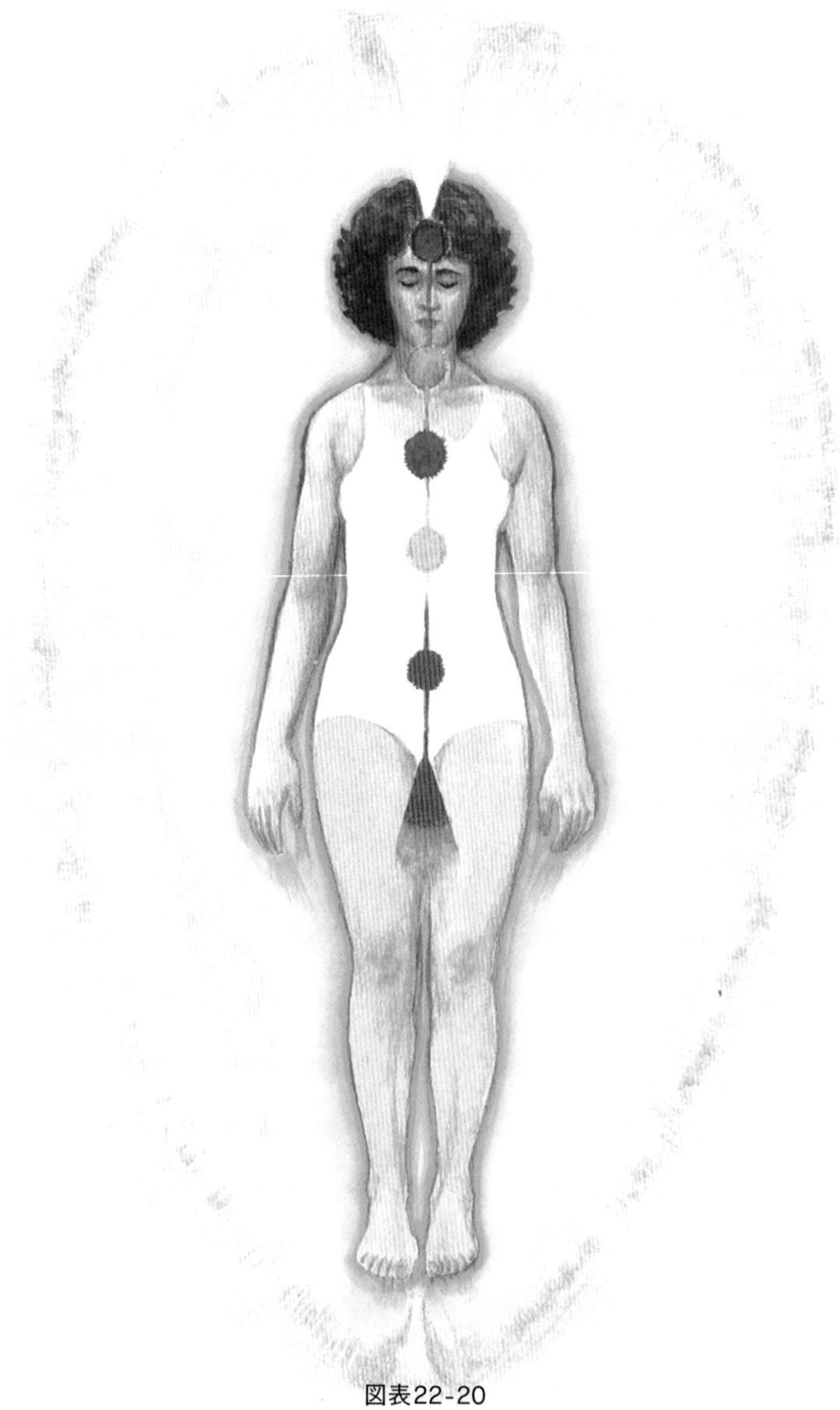

図表22-20
ヒーリングを受けた後の患者のオーラ

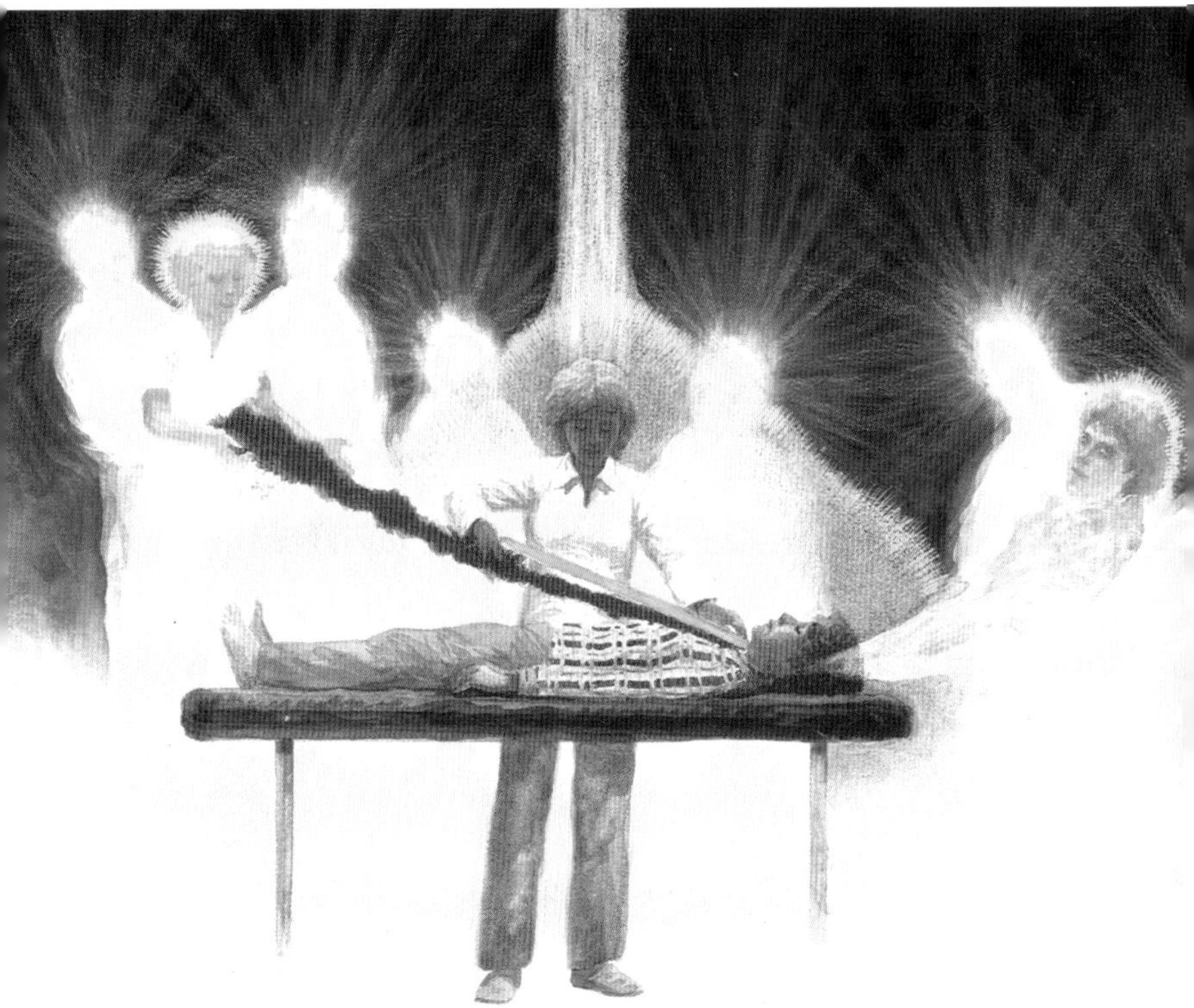

図表22-21
第8層のシールドの設置が患者の首のところに挿入された
青いシールドとして示されている。患者は肉体から出て、
向かって右側に、そして、患者の死んだ母親が左に現れている

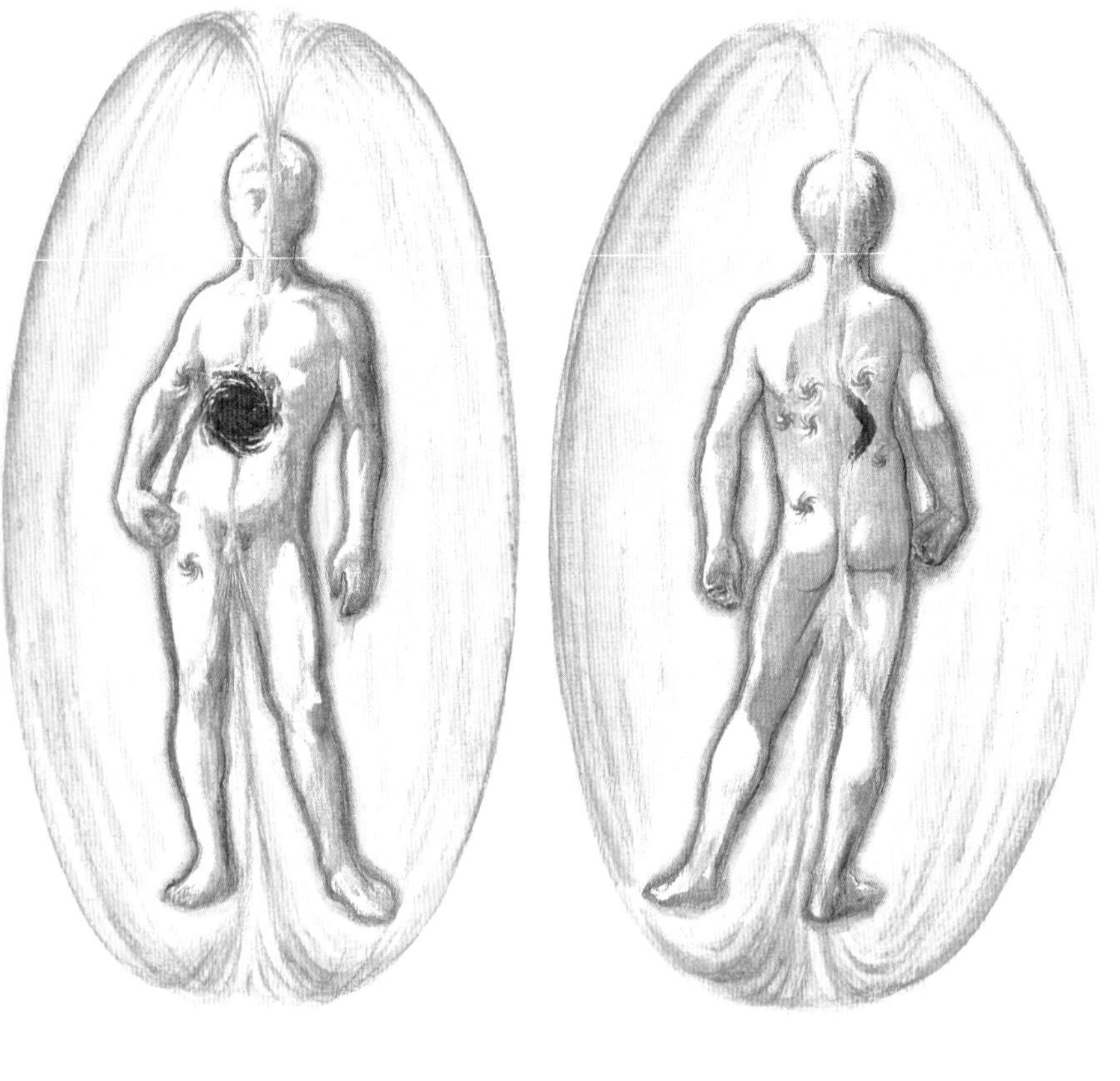

図表24-1
左はオーラの中に暗赤色の傷として現れている過去生のトラウマ
右は、傷の箇所をそれた垂直流

図表24-2
水晶で、オーラに溜まった淀んだエネルギーを取り除く
水晶が、粘塊を引っかけて取り除いていく

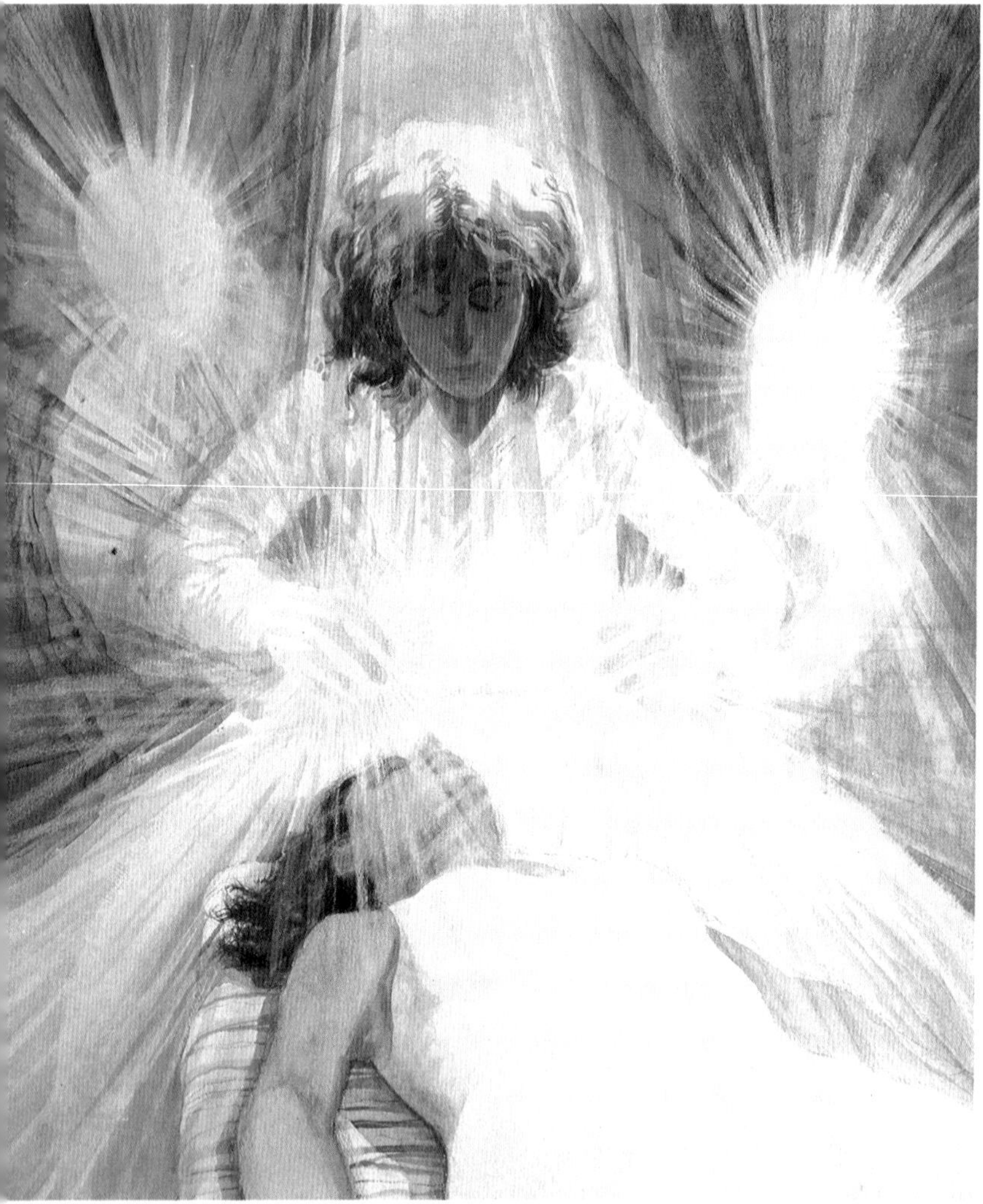

図表24-6
光の手

霊的ガイドからの予知もしくは警告の例は、ある日、私が友人を訪ねようとしていたときに起こった。友人の事務所から三ブロック離れたところで、私は、彼女が事務所にはいないだろう、心臓発作を起こして、私にヒーリングの施術をしてもらう必要があると告げられた。事務所に鍵がかかっていることを発見した私は、彼女のアパートに行き、左腕で身体を抱え痛みをこらえている彼女を見つけた。彼女は午前中、心拍動記録器をつけて緊急救急室で過ごしていた。図表18－4は、私のビジョンが明らかにしたものを示している。喉と太陽神経叢に感情的な痛みと恐怖が居座り、心臓のあたりに停滞したエネルギーが滞っていた。停滞したエネルギーは全身に浸透し、ハートチャクラの背面までストレートに達していた。胸椎五番は左にずれていた。この椎骨は心臓を支配する神経とは関係ないが、ハートチャクラの根元に位置している。また、心臓のすぐ上の大動脈も弱っていることが観察できた。私たちが協力して心臓の周りの停滞したエネルギーを浄化するとき、友人は、痛みを私と共有して泣くことによって、喉と太陽神経叢のあたりに溜まっている感情を手放した。暗いエネルギーが浄化され、胸椎五番が所定の位置に戻った。彼女はとてもよくなったと感じた。私が去るとき、大動脈の弱さがまだあったが、時間の経過と共にかなりよくなっていった。

微視的な内的視覚

図表18－5AとBは微視的な内的視覚の二つの例を示している。図表18－5Bはハンセン病に似た伝染病と診断された人の肩から腕に充満する小さな棒状の微生物を示している。私は、これらの微生物が筋肉や骨にまで浸透しているのを見ることができた。私たちがヒーリングに取り組んでいると、すこぶる強力なラベンダー色の光が、そして次に銀色の光が体内に流れ込み、感染した部分を満たした。光は

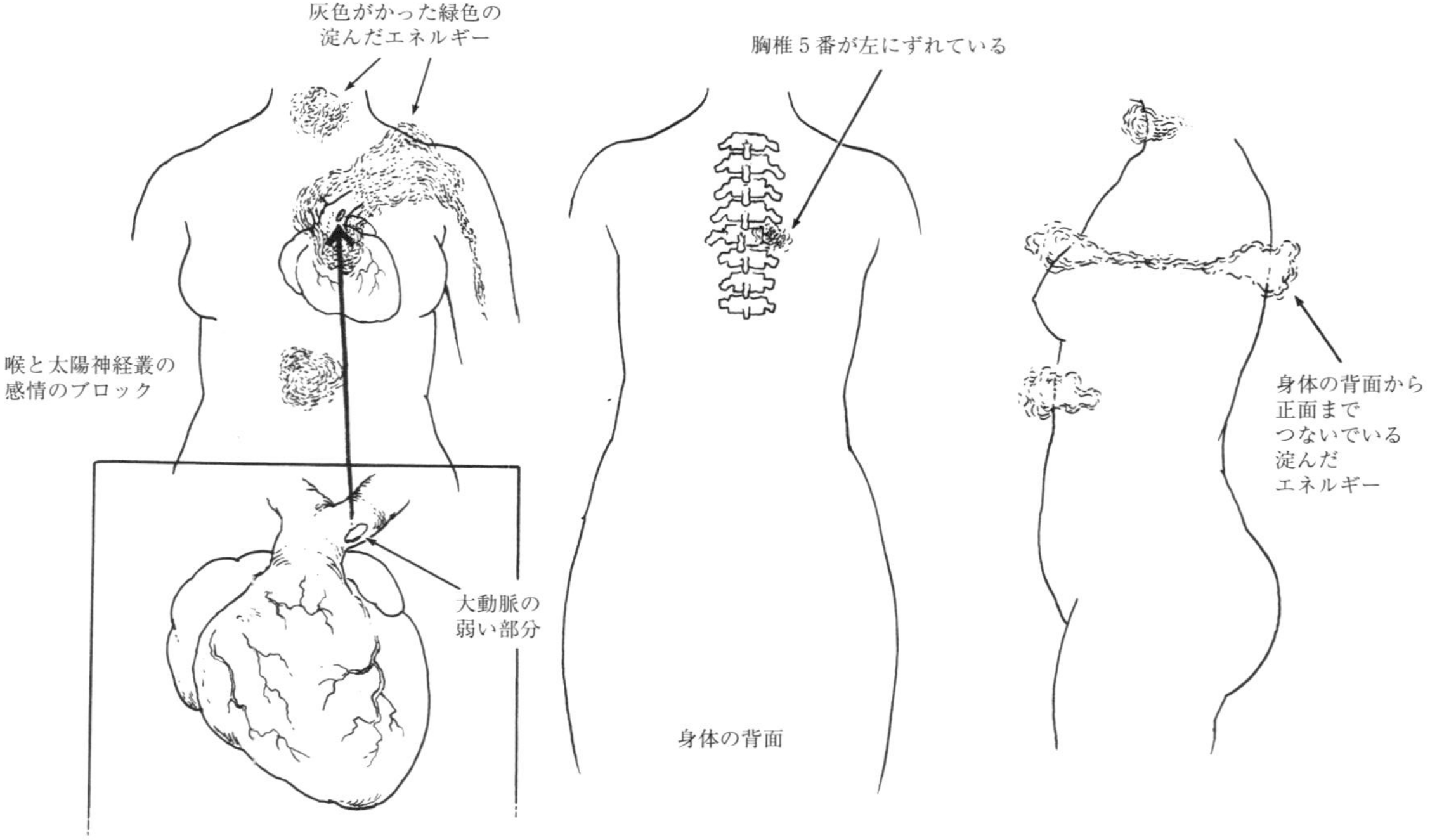

図表18－4　心臓の障害の内的視覚
（診断上の見方）

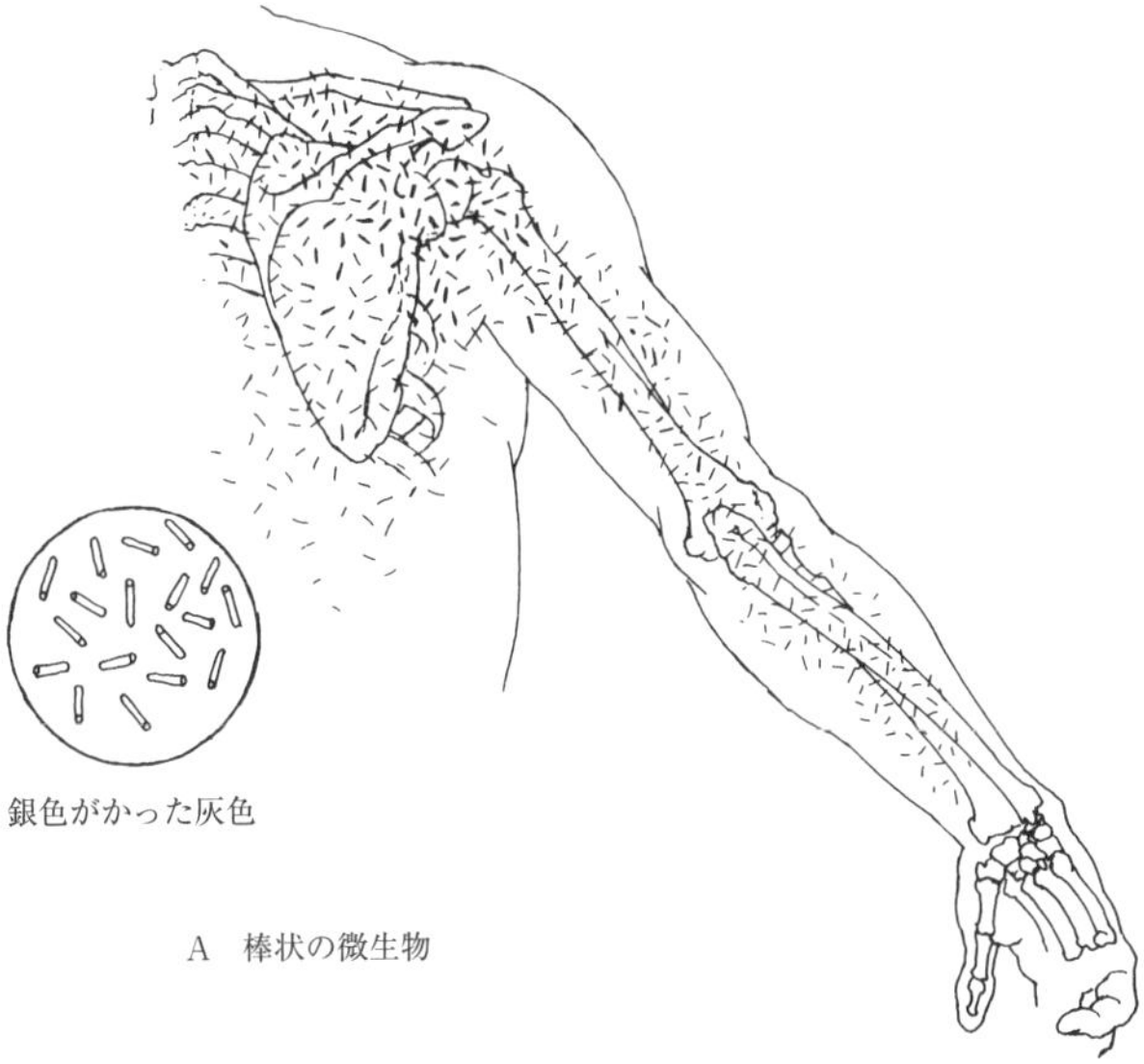

A　棒状の微生物

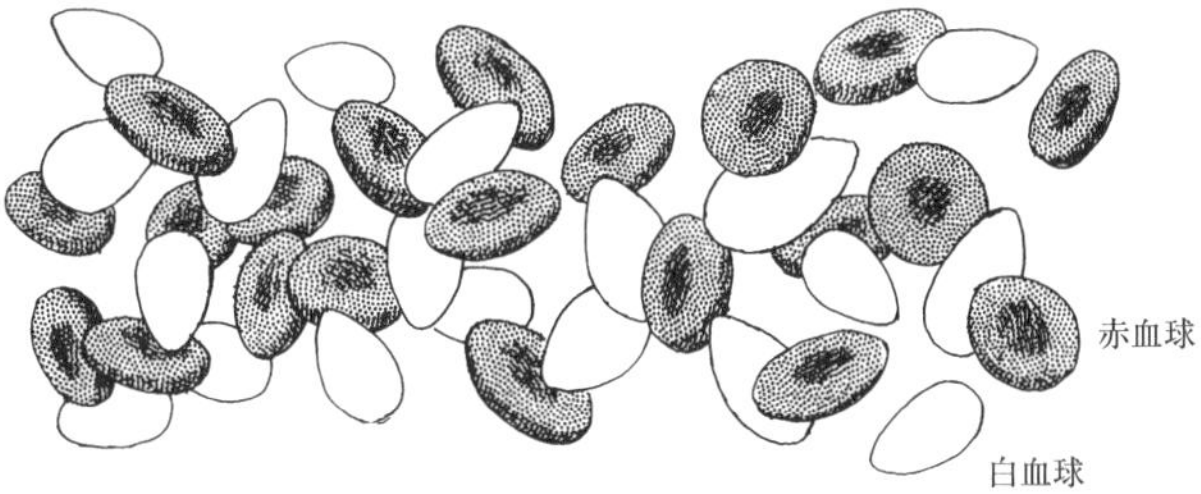

B　白血病患者の血液

図表18－5　微視的な内的視覚

微生物を高速で振動させた。まるで微生物たちをバラバラにしているようだった。その後、エネルギーの流れが一転し、身体から微生物を吸い出した。

化学療法を受けていた急性骨髄芽球性白血病のローズという名の患者の場合、赤血球を押しつぶしているように見える、奇妙な形をした、平らで白い種のような物体が見えた（図表18－5B）。私のところに来る約一年前、彼女は複数の医師から、おそらく二週間以内に死ぬだろうと言われていた。そのとき、彼女はすぐに集中治療室に入れられ、化学療法を受けた。余命二週間と告げられたとき、彼女は部屋の中で白金色の光が見えて、自分は死なないとわかったと言う。入院中に摂取した化学療法を含むすべての液体の瓶のラベルに、彼女は「純粋な愛」と書いた。化学療法の副作用はなかった。そして、寛解（病が快方に向かうこと）に向かった。

外来患者となり、化学療法を継続した彼女は、エマニュエルという名前の霊的ガイドと交信する私の友人、パット・ロデガストのチャネリングセッションも始めた。エマニュエルはローズに、化学療法が病の原因になっているので、やめるように言った。医師たちは、化学療法を停止したら、すぐに死ぬだろうと言った。彼女の血液検査は、彼女がまだ寛解期にあり、完治していないことを示していたからだ。難しい決断ではあったが、彼女は化学療法をやめる決心をした。この時点で彼女は私のところにやってきて、私は彼女の血中に種のような物体があるのを見た。最初のヒーリングの間に、種のような物体は、初めはラベンダー色の光の噴出で、次に銀色の光の噴出で叩きつぶされ、その後、すべて吸い出された。その後の血液検査では、血液が完璧に浄化され、診断以来初めて正常であることを示していた。

私が彼女をヒーリングしたわけではないことは明らかである。私の役割はサポートと血液を浄化することだった。内的視覚のおかげで、私は彼女の血液に何も異常がないことを保証してやることができた。これは、私と会って、サポートを受けることがもはや重要ではないと私たちが判断するまで、継続的に血液検査によって確かめられた。彼女にとって、真実のために立ち上がるのは容易なことではなかった。彼女が私のサポートを必要としていたのは、当時の医師たちが、もし化学療法をやめたら彼女はすぐに死んでしまうのではないかと真剣に恐れ、折に触れ彼女にそのことを話していたからだ。私は医師たちを批判するつもりはまったくない。医師たちは彼女の命を救うためにできる限りのことをしていた。けれども、この症例では、医師たちが気づいていない他の要因が働いていた。私はヒーラーとしてその情報にアクセスする方法をもっていたが、彼らはもっていなかった。これは、霊的なヒーラーと医師との開かれた共同作業が、患者の役に立った一例である。私たちは癒しのプロセスを支援するためにお互いに与えることをたくさんもっている。

内的視覚のプロセス

内的視覚がどのように働くかについて、私は次のように説明する。私は、内的視覚で体内に入ってくる光の通り道を観察してきた。私が見たものは次のようなものだ。光が第三の目と肉体の目、両方を通して入ってきて、図表18－6に示すように視神経に沿って流れる。この光は、可視光線よりも高い振動数をもち、皮膚を通過することができる。光は視神経交叉を通過し、視神経交叉の右後ろにある脳下垂体の周りを回る。その後、二つの経路をたどる。一つは通常の視覚のために後頭葉へと向かい、もう一つは眼球運動制御のため視床へと向かう。私が観察したところでは、特定の瞑想法や呼吸法を使えば、脳下垂体を振動させ、金色のオーラの光（または恋をしている場合にはバラ色の光）を放射させることができる。この振動と金色の光は、視床領域に分け入っていく光の量を増加させる。私の見たところでは、このオーラの光は脳梁の底を弧を描くように通過し、内的視覚の検知器として働く松果体へと向かう。脳下垂体の反対側にある上顎の軟口蓋に強く息を吹きかけるようなやり方で呼吸すると、脳下垂体を刺激し、振動させることができる。こうした瞑想的な呼吸は、心を集中させ、鎮めるのにも役立つ。また、金色の光を背骨の背面に根元から照射させ、バラ色の光を背骨の前面に照射させる。この二つの流れは、視床領域で互いに弧を描く。これが、私が見ている額の中心と脳の中心部に、より多くのエネルギーをもたらす。このタイプの視覚で主観的に感じるのは、何か（エネルギーや情報）が頭の第三の目の領域に入ってくるのを許しているという感覚である。このタイプの視覚は、細胞やウィルスのレベルまで、広範囲の解像度で、自分の選んだ深さまで走査することを可能にする。

頭の中にスキャナーがあるような感じ、それが私の主観的な感覚である。スキャナーは第三の目の背面、五センチぐらいの脳の中心部にある。第三の目から背面にまっすぐ引いた線が左右のこめかみの間に引かれた線と交差するところだ。これがスキャナーの心臓部のようだ。この地点から、頭を動かさずに、自分で選んだどの方向でも見ることができる。けれども、普通はスキャンしているものを直視するのが役に立つ。

患者が私のところにやってくると、私は注目すべき領域を選び出すために、ごく一般的な全身のスキャンを行う。すると注意を必要としている身体の部分に引き寄せられる。次に、その部分により細かく波長を合わせ、より緻密な解像度でその部分をスキャンする。細かいスキャンを行うために、ときどき問題の領域に手を置くこともある。このような方法で見た方がやりやすいのだ。

別の方法を使うこともある。ただ、問題が何であるかのイメージを見せてくれるよう求めるのだ。すると、その状況の心的イメージを受け取る。

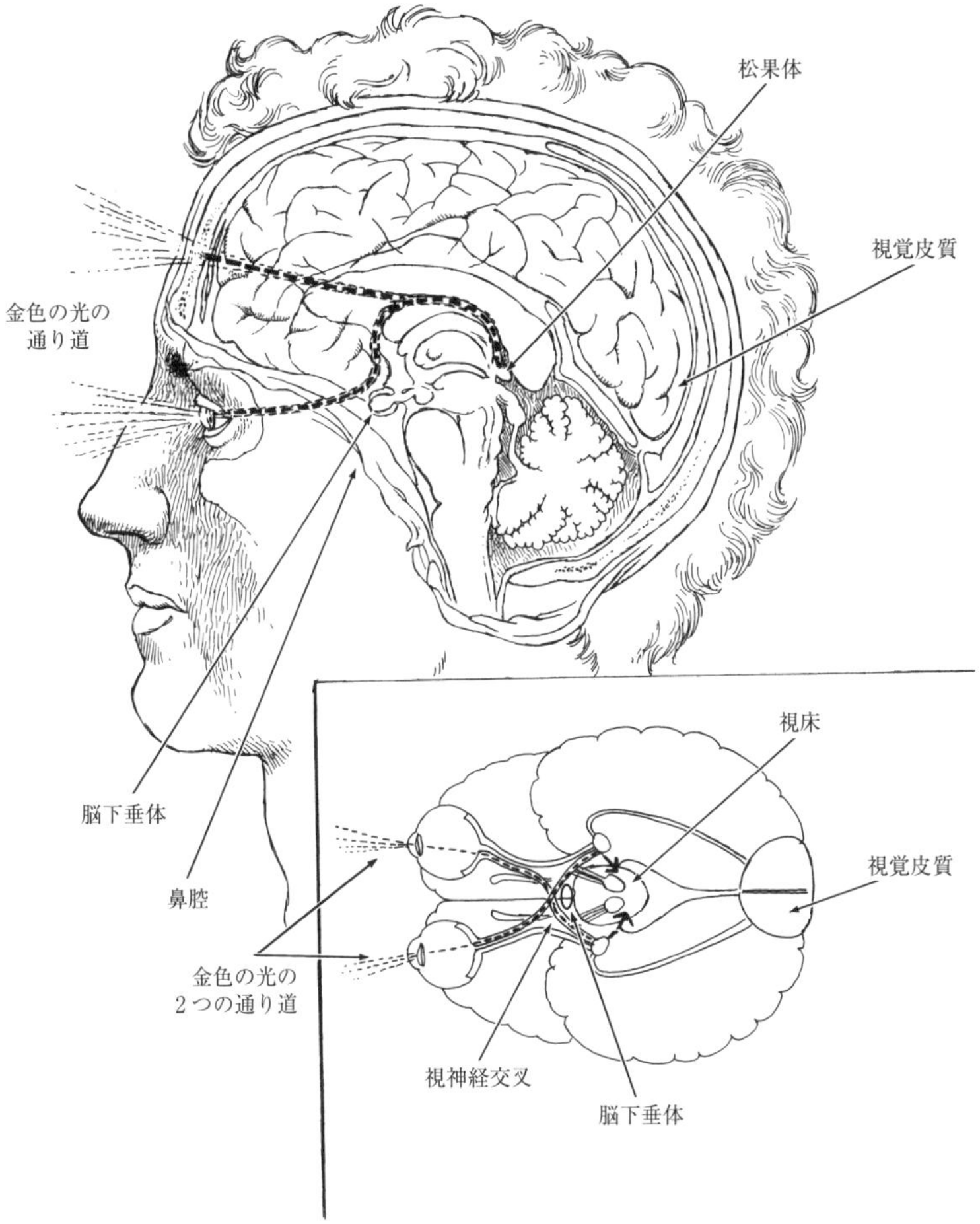

図表18－6　内的視覚の解剖学的構造

内的視覚を確立するためのエクササイズ

1．体内旅行

内的視覚を学ぶのに最適な方法は、体内旅行と呼ばれるものを含む深いリラクゼーションのエクササイズをすることだ。

まず、仰向けに寝そべり、身体を締め付けている衣類をすべて緩めよう。深く息を吸い、全身の力を抜く。もう一度やってみよう。今度は深呼吸をして、できるだけきつく全身を緊張させる。呼吸を止め、息を吐き出しながらすべての緊張を解き放とう。もう一度、緊張と呼吸のエクササイズを繰り返すが、今度は、先ほどの半分程度まで全身を緊張させる。それから、息を吐きながら、緊張を解く。

次に、深呼吸をして、全身の力を抜いて緊張を解く。身体を緊張させずに三回それを繰り返そう。あなたの皮膚を流れ落ちるドロッとした蜂蜜のように、緊張があなたの身体からにじみ出ていくのをイメージする。心臓の脈動が心地よいゆっくりとした健康的な速度に減速するのを感じよう。

それでは、自分自身が光の点のように小さくなり、自分の体内の、自分で選んだ場所に入っていくのを想像しよう。たとえば、あなたの小さな分身は左の肩へと流れていき、肩の緊張をことごとくほぐしていく。左腕を流れ下ったあなたの分身は、手の中に流れ込み、わずかにチクチクするような感覚と温かさやエネルギーを伴ってすべての緊張を緩めていく。あなたの左腕は重くて温かくなる。

次に、あなたの分身は左腕を上昇して左脚へと流れ下り、そこにある緊張をすべて解きほぐす。その後、左脚を上昇して右脚へ流れ込み、右腕へと戻っていく。全身が重く、温かくなる。ここで、あなたの小さな分身は自分の身体組織を探求し始める。まず心臓に入って、体中を流れる血液の流れに従おう。

組織は調子よさそうに見えるだろうか？　健康な感じがするだろうか？　次に、肺の中を旅し、肺の組織を見てみよう。消化器官の中に入り、食べ物が身体の中に入ってくるときに取るコースをたどろう。口から食道を通って胃に入る。それはどのように見えるだろうか？　十分なエネルギーを得ているだろうか？　必要な消化酵素の量はバランスが取れているだろうか？　食べ物が胃から出て、胃の下部へ、小腸へ、そして大腸へと移っていくのを追いかけよう。すべて順調に機能しているだろうか？　今度は、上方の肝臓、膵臓、脾臓へと戻ってみよう。すべて正常に機能しているだろうか？　性器の中も旅してみよう。ふさわしい愛情のこもったケアをされているだろうか？

もしあなたの身体の中で気になる場所があれば、その場所に愛とエネルギーを込めて小さな自分の分身を送り込んでみよう。その部分をよく見てもらいたい。何かが欠けているなら、分身に何かをしてもらおう。浄化をする必要があるなら、浄化しよう。エネルギーが必要なら、分身にエネルギーを送らせよう。

自分の身体の探求と愛情をこめた世話に満足したら、小さな分身が普通の大きさに成長して、本当の自分と合体するのを許そう。

あなたはいつでもこのタイプの自己探求に戻ることができる。

自分自身を通常の意識状態に戻しても、深くリラックスし、自信と気づきをもち続けよう。あなたは自分自身の身体をスキャンし終わったばかりなのだ。

2. 友人をスキャンする

椅子に友人と向かい合って座る。一人は観察者となり、もう一人は観察される側になる。心を鎮めるために瞑想する。そっと友人に焦点を合わせていく。目は閉じたまま。自分の体内を旅したときの感覚を思い出そう。今、あなたは友人の身体の中を視覚的に旅をする準備ができている。今回は身体の外からスキャンしているので、少し違った感覚になるだろう。

まず、身体をスキャンして、気になる部分を見つける。最初は手を使っても構わないが、友人には触れないようにしよう。後に、手を使う必要がなくなるだろう。友人の身体の一部に直感的に引き寄せられたら、ただそこにもっと集中しよう。そのあたりの臓器に焦点を当ててみるとよい。自分が見たものを信じよう。色や触感、鮮明な感覚、あるいは漠然とした何かの感覚などが得られるかもしれない。頭の中でイメージしてみよう。

探り当てたものに満足したら、身体の別の領域に引き寄せられるのを待ち、同じことを繰り返す。身体の別の部分に引き寄せられない場合は、身体のスキャンを始めればよい。

身体を部分部分に分け、順次スキャンしていってもいいが、もしあなたが解剖学（ヒーラーになりたいなら、学ぶべきである）に精通しているなら、器官系をスキャンしてみよう。あなたが心の中で見たものはメモしよう。

自分の探求に満足したら、ゆっくりと自分自身に戻り、目を開ける。

この探求であなたが得たものについて、友人と議論しよう。あなたが得たものは、友人が自分自身について知っていることと、どのように関係しているだろう？　相関していないものは何だろう？　その理由を説明できるだろうか？　多分、答えはあなたの仮定の中にある。問題はあなた自身の身体の中にあるのかもしれない。おそらく、あなたは正しく、あなたの友人は、あなたが「見た」状況を知らないのかもしれない。役割を交代して、友人にあなたを観察してもらおう。友人が観察しやすいように、心を開いたままでいよう。

3. 第三の目というスキャナーを開ける瞑想

私の先生の一人、C・B師（二年間学んだ先生だが、名前を出すのを控えた）によって提案されたエクササイズは次のようなものだ。仰向けに横たわるか、背筋をまっすぐに伸ばして座る。快適であることを確認する。鼻から深呼吸をする。まず下腹部を空気で満たし、次に胸の中心部、胸の上部を満たす。今度は、口をできるだけ大きく開ける。舌の裏を喉の奥の方に密着させたまま、軟口蓋付近の喉の奥の上部に息を強く吹きかけることで、松果体に刺激を与える。その際に漏れる音はゴロゴロという音ではなく、細い音でなければならない。このとき、頭を後ろに反らさないように。背骨の上端に直接頭をのせているかのような姿勢を維持しよう。そうしたら、空気をゆっくりと身体から抜いていく。最初に下腹部の空気、次に胸の中心部の空気、最後に、胸の上部の空気、すべての空気を吐き出そう。出し終わったら、息を吸って、全身の力を抜く。そして、また同じ呼吸を繰り返す。コツをつかんだら、次のようにイメージしてみよう。

息があなたの身体から出ていくとき、黄金の光の流れが骨盤の背面のあたりから始まって背骨を駆け上がり、脳の中心部に入り込むのをイメージしよう。光の流れがピンク色に見える。空気を逃がす呼吸を三回繰り返し、今度はあなたの身体の前面に集中する。身体の前面では、空気を逃がす呼吸を三回繰り返し、二つの光の流れが弧を描いて脳の中心部に入っていくのに気を配ろう。

このエクササイズを覚えたら、身体の前面と背面で三〜四回以上の呼吸をしないようにしよう。さもないと、ひどい眩暈《めまい》に襲われるかもしれない。この最後のエクササイズはとてもパワフルなので、敬意をもって行ってもらいたい。すべてのことをゆったりとしたペースで行おう。あなたの進化を無機質な方法で加速させることはできない。ほとんどの人はうまくいくことを願うが、決してうまくいかない。

ヒーリングの最中、私は、自分の波動やエネルギーを高める役に立つ素早い呼吸のエクササイズを行う。そうすれば、よりよくオーラを見たり、より高いレベルのオーラを見たりできるようになる。また自分のフィールドを介して、より高い周波数を送信することもできる。それをするために、私は喉の奥の上部に強く息を吹きかける、非常に短くて早い鼻呼吸をする。そうしたエクササイズを何度もやったので、今では簡単にできるようになった。また、ときどき、長くて安定した、均一の呼吸を休みなく行い、喉の奥に強く息を吹きかけて、集中力を高め、心を浄化し、エネルギーフィールドのバランスを整えることもある。私は、この呼吸法をナーザルラスプブレスと呼んでいる。

超感覚的視覚が超感覚的聴覚と結びつくと、受信する情報は、もっと役に立つものになる。

病気の原因を見つける：時間を逆行させる

私は特定の身体の不調の原因を「読む」方法を発見した。それは二つのテクニックを組み合わせる。一つ目は、通常の記憶を呼び起こす方法である。あなたが若かったときのことをただ思い出すのだ。今、特定の年齢や住んでいたことのある場所を選んで、思い出してみよう。では、もっと前の年代のときのことを思い出そう。記憶を呼び起こす内的なプロセスはどのようなものだろう？　どんな感じがするだろう？　自分の過去の何かを思い出すとき、私は特定の方法で心を用いる。それがどのような感じか私は知っている。私は感情や絵や音で記憶を保持している。時間的に「後戻り」するのは簡単だ。私たちは全員それをする。だが、ほとんどの人は、それができるのは自分のためだけで、他人のためにはできないと思っている。それは単なる思い込みにすぎない。私は、病気の過去の歴史を「読む」ためには、この「時間を逆行させる」という内面的なプロセスが必要であることを発見した。

第二のテクニックは、運動感覚的なつながりと内的視覚を用いるものである。まず、自分の運動感覚を用いて、問題になっている身体の箇所とつながる。次に、現在の状態を説明するために、問題の部分のイメージを獲得する。そして、つながりを保ったまま、時間を遡り、過去を読み取り、身体のその部分の歴史を目撃する。過去に戻って目撃し続けているうちに、最終的に、問題の原因を「読み取る」のだ。たとえば、患者の人生の早い時期に、ある身体の一部に外傷が発生したのを見る。その後、さらに早い時期に、別の外傷が発生するのを見る。ほとんどの重篤な病気は、連綿と続くそのような外傷に起因する。私はただ身体のその部分に外傷が発生する前の時期まで遡り続けるだけである。最初に発生した外傷が、現在の問題の発端となっている。

第18章の復習

1. 内的視覚を用いて何を見ることができるだろうか？　身体のどこを見ることができるだろうか？　どのくらいの深さまで？
2. 内的視覚によって、どのくらいの大きさの範囲までのものが知覚できるだろうか？
3. 内的視覚は離れた場所でも使用できるだろうか？
4. 内的視覚を学ぶためのエクササイズを三つ挙げよ。
5. 内的視覚のセンサーとなる内分泌腺は？

考えるヒント

6．視覚化することと知覚することの違いは何だろうか？

第19章　超聴覚的知覚と霊的ガイドとのコミュニケーション

私が聴覚で受け取った情報は、最初は一般的なものだったが、練習を重ねるにつれて、具体的なものになっていった。たとえば、ヒーリングを受けにきた人への愛と保証の言葉をよく聞いたものだった。後に、この情報は、人の名前や患者がかかっている病気、そしてときには、患者にとって有益な食事、ビタミン、レメディ、薬など具体的なものになった。これらの口頭での指示に従うことを選んだ多くの人々はよくなった。

超聴覚的知覚を高めるために私が知っている最良の方法は、ガイダンスを得るために座ることだ。ペンと紙を持って、快適な瞑想の姿勢で座り、自分の内面に集中し、意識を高める。頭の中で質問をできるだけ明確に練ろう。どんな答えであっても、その質問についての真実を知りたいという思いに集中しよう。その後、紙に質問を書く。手の届く距離にペンと紙を置いておくと便利である。集中して、心を鎮め、答えがやってくるのを待つ。しばらく沈黙の中にいると、答えを受け取り始めるだろう。その答えは、イメージ、フィーリング、一般的な概念、言葉、あるいは匂いの形でやってくる。どんな形であれ、答えを書き留めよう。質問とは関係ないと思うかもしれないが、書き続けよう。情報がどのような形で入ってくるかはさまざまである。とにかく集中して書き続けてもらいたい。書くことで、やがて入ってくる情報が音に適応し始める。自分にやってくる言葉を直接聞くことに集中しよう。練習、練習、練習があるのみだ。あなたの頭に浮かんでくるものをすべて書き出してもらいたい。何も書き漏らしてはならない。書き終わったら、少なくとも四時間は紙を脇に置いておこう。後で、紙に戻って、あなたが書いたものを読もう。それが興味深いことに気づくだろう。その目的のためにメモ帳を保管しておこう。

三ヶ月の間、毎朝、日の出とともにこれを行った結果、言葉による情報があまりに素早くやってきたので、それに合わせて十分に速く書くことができなかった。その声はタイプライターを買うよう勧めた。すぐに、声のペースに合わせてタイプを打つことができなくなった。その声がテープレコーダーを買うよう勧めたので、そうした。最初は、書くことから大きな声で言葉を話すことに移るのが難しかった。私の声の音は、冷静な私の邪魔をしたが、そのときまでに、心の中に保てるようになっていた。練習を積むと、再び明確に言葉にできるようになった。次のステップは、他の人のために、それを行うことだった。その次には大勢の人たちの前で。これが特にやっかいだった。というのも、言葉によるチャネリングでは、チャネラーが聞くことができるのは、言われようとしていることの最初の数語だけだからだ。文章の発端を捉えてその流れに飛び込み、未知の文章が流れ出るままに任せるには、かなりの信頼感が必要なのだ。

言語的な情報を入手する経験は、必然的に「誰が話しているのか？」という疑問に導く。私は確かに声を聞く。それは私がでっちあげた声なのだろうか、それとも、別の源から発せられたものだろうか？ それを突き止める最適な場所は？ その声に聞け！ 聞いてみた。すると、「私の名前はヘヨアン、あなたの霊的ガイドだ」と言った。

「ヘヨアンとはどういう意味ですか？」

「何世紀にもわたって真実を囁き続けている風である」

「どこから来たのですか？」

「ケニアだ」

以前、霊や天使のビジョンを見たことがあるのは事実だが、それらをビジョンとして分類していた。今、彼らは私に話しかけていた。すぐに彼らの感触を感じられるようになった。ときどき、部屋の中で彼らを見たときには、素晴らしい香りがした。単なる比喩なのか、それとも現実なのか？　私の個人的な現実のすべては、五感を通してやってくる。感覚が拡張した今、私にとってより大きくて広い現実が存在する。拡張された感覚知覚をもつ他の人もそれを経験している。私にとって、それが現実である。あなたは自分の経験からしか判断できない。

ガイドから情報を受け取ることは、自分よりも賢く、より進化した存在から情報を求めるという比喩の中に入るというのとは異なっている。ガイドからの情報はあなたの理解を超えているが、それが入ってくるのを許していれば、追い追い理解できるようになるだろう。ガイドのチャネリングは、直線的な心を超えた情報をもたらし、人々のとても深いところに触れる可能性がある。人間の限界を超えて、魂に届くのだ。普通、リーディングを始めるにあたって、まず私のガイドであるヘヨアンが話す。つまり、私は受身の直接的な接触をしているということである。そして、ある時点で、ヘヨアンは、患者が疑問に思っていることを明らかにするために質問するよう勧める。それが最善の順序であると私は思う。なぜならガイドは、大方、問題が実のところどこにあるのかについて、私たちよりも多くのことを知っているからだ。ガイドは個人の防衛の真下をくぐり抜け、問題の核心に入り込む。したがって、ヘヨアンがリーディングを開始すると、私たちは時間を無駄にせずに、私たちを支援してくれるより深い情報にたどり着く。

リーディングの間、私はヘヨアンに質問もする。いつもは黙ってそれをやっている。その状況の映像や身体の特定の部分の画像を求めることもあるし、特定の問題の説明を求めることもある。「これは癌ですか?」というような質問さえする。大体、かなり具体的な答えが返ってくるが、いつも簡単にいくとは限らない。特に、どんな答えなのか不安に思うときはそうだ。そのようなときは、情報が入ってくるのを遮断する。その後、チャネリングを続けるために集中しなおさなければならない。さて、今度はあなたが試してみる番だ。

霊的ガイダンスを受けるためのエクササイズ

背筋をまっすぐ伸ばして座り、瞑想の姿勢を取る。背もたれがある椅子に座ってもいいし、足を組んで床に置いたクッションの上に座るヨガの姿勢を取ってもよい。とにかく自分にとって快適な体勢であることが大切。

1. もしあなたが運動感覚的タイプであれば、目を閉じて、身体に出入りする呼吸をひたすら追いかけよう。ときどき、「呼吸に従って身体の中心へ」と自分に言い聞かせてみよう。心の目で、呼吸を追って、身体の中に入り、身体の中心までついていくのだ。感覚が高まり、全身を巡るエネルギーの流れをたどり始めたくなるかもしれない。

2. あなたが視覚的なタイプであれば、オーラの主なパワーが流れている背骨を上下する黄金の管を想像しよう。あなたの頭上に白金色のボールがあるのをイメージする。あなたが穏やかに呼吸していると、そのボールがゆっくりと管を通って身体の中心部へと沈下していき、太陽神経叢に入っていく。次に金色のボールが太陽神経叢の中で太陽のように成長していくのを見つめよう。

あなたは太陽神経叢の金色のボールを成長させ続けたいと思うかもしれない。まず、金色の光であなたの身体を満たそう。それから、金色の光であなたのオーリックフィールドを満たす。あなたがいる部屋を金色の光で満たすために拡張し続けよう。あなたが円陣を組んだ人々の中で瞑想しているなら、彼らの金色のボールが拡大して金色の輪を生み出し、部屋を満たしていくのを見ていよう。金色のボールが広がって部屋よりも大きく成長し、あなたがいる建物の大きさになり、建物の外の地域一帯にまで広がり、町や都市、州、国、大陸、地球、そして宇宙へと広がっていくのに任せよう。ゆっくりとやってもらいたい。意識を動かして、金色の光のボールを月や星々にまで広げていこう。宇宙を明るい金色の光で満たすのだ。自分自身を宇宙の一部とみなそう。宇宙と一体であり、それゆえ神と一体であると。

今度は、光を、あなたが送り出したのと同じように、明るいまま、一歩一歩、手元に戻していく。あなたという存在をすべての光と宇宙の知識で満たすのだ。ゆっくりと、一歩一歩戻ってくるのを確認しよう。今や、あなたのオーリックフィールドが、とてつもないエネルギーに満たされているのを感じよう。あなたはまた、自分が創造主と一体であるという知識を、フィールドにもち帰ったのだ。

3. あなたが聴覚的タイプであれば、瞑想中、簡単な呪文を用いたくなるかもしれない。オーム（OM）、サットナム（Sat-Nam）、イエス（Jesus）といった神聖な言葉を呪文として使ってもいいだろう。あるいは、「心を鎮めて、私が神であることをかみしめよう」と唱えてもいいだろうし、音を鳴らすのもいいだろう。私は日によっては、自分自身に集中するのにより多くの努力が必要であることに気づいているので、雑念を鎮めるために、上記の瞑想を組み合わせて使用することもある。必要なのは簡単な呪文だけという日もある。

心を鎮めて自分を受け入れる状態に入り込み、感受性を高めるためのさらなる瞑想や実践については、ジャック・シュワルツ著『自発的制御（*Voluntary Control*）』の中で紹介されているエクササイズを強くお勧めする。この本には、西洋人の好みに合わせた一連のエクササイズが収録されており、非常に効果的である。

自分自身を取り戻し、心が鎮まった今、あなたは霊的ガイダンスを受け取るために座る準備ができている。

ガイダンスを得るために個人的な霊的ガイドをチャネリングする

人にはそれぞれ、転生を繰り返す多くの人生の間、自分と一緒にいて、導いてくれる数人のガイドがいる。さらに、特定の学習の時期に選ばれて学習の手助けをする教師兼ガイドがいる。たとえば、あなたがアーティストになることを学んでいる場合、インスピレーションを授けてくれるアーティストタイプのガイドを数人、周りにもつようになる。あなたがどのような種類の創造的な仕事に取り組んでいようが、霊界でそのような種類の仕事に関わっているガイドによって鼓舞されると私は確信する。霊界におけるフォルム（形）は非の打ちどころがないほど美しく、私たちが地球上で表すことができない。

あなたのガイドに接触するには、あなたが神と一体であること、あなたという存在のどこを取っても、そこに神のひらめきが宿っていること、あなたが完全に安全であることなどを平和な気持ちで冷静に理解し、ただ座ればよい。そうした態度が、ガイダンスを聞くことができる内なる静寂の状態に到達させてくれるのだ。

一般的に、ガイダンスを聞くために、持ち上げられた意識状態に入るとき、私は次のような内的体験を経る。

まず、光と愛に満ちたガイドの存在を感じるので、興奮を覚える。それから、頭上に白い光線があることに気づき、その中に自分自身を持ち上げ始める（私は心の目で、その中に上がっていくと言ってもいいかもしれない）。ピンク色の愛の雲が私の上に降りてくることに気づくと、私の興奮は薄れていく。私は、愛と、安全だという感覚に満たされる。すると、自分がより高い意識状態に持ち上げられていくのを感じる。この時点で、私の身体は、骨盤をもっと下に湾曲させたり（前傾姿勢に）、背骨をよりまっすぐにしたりと、いくつかの調整を行う。喉のチャクラが開くのを助けるために思わずあくびをすることもある（ガイドの声を聞くのは、喉のチャクラを通してである）。

さらなる上昇の後、私は神聖な静けさの状態に入る。その後、ガイドの声を聞き、ガイドの姿を見るのが普通だ。リーディング（読み取り）を始めても、私は上昇し続ける。通常、私を導いてくれるガイドは三人ほどいる。私に助けを求めてやってくる人は大体、自分のガイド（一人か複数）を伴っている。

ガイドとのつながりを確かなものにするのは、光と愛と静寂の体験である。もしあなたがチャネリングをしようとしているときに、そのような体験をしていなければ、あなたはガイドとつながっていない可能性が高い。

ガイドは、あなたが受け取りやすいどんな形でもコミュニケーションをとるだろう。それは一般的な概念、直接の言葉、過去の経験や過去生の出来事の象徴的または直接的な映像の形をとるかもしれない。ある形態のコミュニケーションがあなたに届かない場合、あるいは、あなたが伝えられようとしているものを恐れている場合、ガイドは単に別のコミュニケーションの形態に切り換えるか、別の角度から問題にアプローチするだろう。たとえば、入ってくる言葉に特別の意味があるのではないかと不安になったり、ガイドに物議をかもすような質問をされたりすると、私は内なる平和と調和の場所から「逃げ出し」、もはやガイドが言っていることを聞けなくなる。そうなれば一、二分かけて、再びガイドの声を聞くことができる場所を見つけなければならない。それでも言葉を拾うことができなければ、ガイドはおそらく、一般的な概念を送ってくるだろう。私はそれを自分自身の言葉で説明しようとする。私の説明の言葉はゆっくりとガイドの言葉と融合し、「元の状態」に戻る。それでもうまくいかない場合、ガイドは、映像を送ってくる。それを私が説明し、クライアントが自分でその映像の象徴的な意味を見つけられるようにする。

私の言葉によるチャネリングの体験は次のようなものだ。足を組んで座り（結跏趺坐《けっかふざ》）、手のひらを太ももの上に置く。まず自分の心を整える。私にとってこれは、運動感覚的に自分の身体を固定することを意味する。それは下半身の周りに強いエネルギーの土台を築くような感じである。土台ができたら、意識を持ち上げ始め、持ち上がった意識が視覚的に光を目指して上昇していくのを身体で感じる。これを行うとき、手のひらを上に向ける。私がある地点まで持ち上げられると、ガイドとのコンタクトが行われる。ここでも身体でそれを感じる。右肩の後ろにガイドが見え、その方向から最初の言葉が聞こえてくる。私とガイドの準備が整うと、両手を持ち上げて、太陽神経叢か心臓の前で指先を合わせる。これが私のエネルギーフィールドのバランスを整え、持ち上げられた状態を維持するのを助けてくれる。ナーザルラスプブレスも助けになる。この時点で、普通私は、口頭でチャネリングを始める。最初、右肩のあたりから言葉がやってくる。私がチャネリングのプロセスにつながればつながるほど、言葉が近づいてくる。ガイドもまた、近づいてくるように見える。すぐに、言葉を聞いてから話すまでの間の時間差がなくなり、言葉がやってくる見かけの方向が頭の上や内部に移動する。ガイドはまた視覚的にも私の上に手袋のようにフィットしているように見える。ガイドは会話に合わせて私の腕や手を動かし始める。「ガイド」はまた、私の手を利用して、私のエネルギーフィールドのバランスを整え、話している間、私のチャクラにエネルギーを流れ込ませる。そうすることで、エネルギーが高く保たれ、集中力が高まる。個人である私の自己は、浮き上がって上からすべてを聞き、見ているようだ。と同時に、まるで私がガイドであるかのように、ガイドと一体化しているように感じる。ガイドとしての私は、人格をもつ私、バーバラよりもずっと大きく感じる。

会話が終わるときの経験は、ガイドが軽々と分離して上昇していく一方で、私の意識が身体や個人としての私の自己の中に沈みこんでいくというものだった。このとき、私はひときわシャイになるのが普通である。

チャクラの感覚

これまで私は、通常の五感のうち視覚、聴覚、触覚、嗅覚という四つの感覚を通してアクセス（チャネリング）することのみを取り上げてきた。稀なことだが、味覚を通してもチャネリングすることができると私は思っている。アクセスの過程を研究する中で、それぞれのモードや感覚がチャクラに関連していることを見てきた。つまり、私たちは各チャクラの感覚メカニズムを通して情報を取得しているということである。図表19－1は、七つのチャクラと、それぞれのチャクラを通して活動する感覚をリストアップしたものだ。私は誰かがチャネリングをしているのを観察すると、その人がどのチャクラから情報を得ようとしているのかを知覚することができる。そのチャクラは非常に活発で、チャネリングをしているときには、より多くのエネルギーが流れている。普通、私たちが運動感覚と感情と直感を区別しないことに注意してもらいたい。私の意見では、図表19－1で示しているように、それらは歴然と異なっている。私たちはまた、愛することを感覚とは呼ばないが、私はそうだと信じている。あなたが愛しているときや、「愛を感じている」ときに起こっていることにもっと注意を払ってみよう。愛することは、他の感情と同じカテゴリーには入らない。もちろん愛することは単なる感覚以上のものである。それはまた、他の人間と協調して生きる手段でもあるのだ。

それぞれのチャクラを通して受信する情報の種類は異なっている。第一チャクラは、運動感覚的情報——釣り合いや不釣り合いの感覚、背骨を上下に走る戦慄、身体の一部の生理的な痛み、病気や健康、安全性や危険性の感覚など——をもたらす。ヒーラーは患者がどのような状態にあるかを知るために、この情報を活用することができる。もしヒーラーが病気を感じ、それが自分のものではないことを知っていれば、患者の病であることがわかるだろう。ヒーラーは自分自身の足で患者の足の痛みを感じるかもしれない。あるいは、患者の足に手を置いた場合には、手で感じるかもしれない。この種の情報のすべては、第一チャクラを介してやってくる。もしヒーラーが、自分自身の身体が共鳴板になるよう身を清めるなら、上手に活用することができるだろう。ヒーラーは自分と患者の身体を区別できる。もし自分の足に痛みを感じたら、患者が到着する前にあった痛みなのか、患者から拾い上げているものなのかに注目した方がいいだろう。もちろん情報を入手するこの方法にも短所はある。他人の身体的な痛みを感じることにすぐ疲れてしまうのだ。

第二チャクラは、ヒーラーか他人の感情的な状態についての情報をもたらす。ここでもヒーラーは、自分自身の感情的な感覚とクライアントのそれとを区別するために、自分自身のエネルギーフィールド

図表19－1　7つのチャクラの感覚

チャクラ	チャクラの知覚	情報の種類	瞑想による訓練
7	全体の概念を知る	下に示したそれぞれの感覚を超えた全体的概念を受け取る	「心を鎮めて自分が神であることを知る」という呪文を唱える
6	見ること 視覚化	はっきりとしたビジョンを見る。それは象徴的か具体的である	救世主《メシア》またはキリストの意識と一つになる
5	聴くこと 話すこと	音や言葉や音楽を聴くこと、また味わい、匂いをかぐこと	音を出すか聴く
4	愛すること	他人を愛する感覚	バラ色の愛の光
3	直感	漠然とわかるという感覚――大きさ、形の漠然とした感覚。感覚のある存在の意図	心を一点に集中する
2	感情的	感情的感覚――喜び、恐れ、怒り	穏やかな幸福感を瞑想する
1	触感 動きと存在 運動感覚的	身体の運動感覚的情報――バランス感覚、震え、髪の毛が逆立つこと、エネルギーの流れ、肉体的快感、肉体的苦痛など	歩く瞑想 触れる 深いリラクゼーション

を用いなければならない。これは、練習とたくさんのよいフィードバックで学ぶことができる。たとえば、ヒーラーは、クライアントが自分の足の痛みについてどんな感情を抱いているかを感知する。クライアントは病気であることを怒っていることもあるし、とても恐れていることもある。また足の痛みが実はきわめて深刻な状態を示しているのではないかと不安になっているかもしれない。すべての病気は、何らかの方法で浄化しなければならない感情を伴っているので、この情報を使うことが重要である。

第三チャクラは、「あなたが電話をかけてくるような気がしたら、本当にあなたから電話があったの」とか「今日はあの飛行機に乗るべきではないと直感が告げているの。何かが起こるかもしれないわ」といった漠然とした情報をもたらす。人が別のレベルからの存在を感じ、第三チャクラがそれらを感知するために用いられると、その人は部屋の中に、異質の存在がいるという漠然とした感覚を抱くだろう。それだけではなく、その場所や全体的な形や大きさ、そしてその意図、すなわち、友好的か非友好的かの漠然とした感覚を得るだろう。第一チャクラは、その存在についての運動感覚的情報を明らかにし、第二チャクラは、その存在の感情を明らかにするだろう。足の痛みの例では、第三チャクラが、その痛みがクライアントの生活の中でどのような深い意味をもっているのかという漠然とした観念と、その原因についての直感を与えてくれる。

第四チャクラは、愛の感情をもたらす。自分や仲間、家族を超えて、人類や生命そのものにまで及ぶ愛である。第四チャクラで感じると、相手が肉体をもっていようがいまいが、相手の愛や、その愛の質と量を感じることができる。集合的な人類愛を感じることができるのだ。足の痛みの例では、ヒーラーは、クライアントへの愛と、クライアントの自分への愛の質を感じる。また、このチャクラは、足の痛みを経験したことのあるすべての生き物とのつながりを感じさせてくれる。

第五チャクラは、音、音楽、言葉、匂い、味の感覚を与えてくれる。この情報は、オーリックフィールドのどのレベルからくるかによって、きわめて具体的なものになりうる（次章参照）。たとえば、足に痛みをもつクライアントの場合、ヒーラーは、「それは静脈炎です」とか「新しい靴を履いたために、歩くときに足首がねじれ、筋肉が緊張しているのです」といった生理学的な用語で問題の説明を受け取る可能性が高い。第五チャクラはまた、足の治癒にすこぶる効果的な音を聞かせてくれるかもしれない。

第六チャクラは、映像を見せてくれる。それらの映像は、患者にとってごく私的な意味をもつ象徴的なものか、見た通りのものかのいずれかである。見た通りのものは、すでに起こったか、今、起こっている、あるいは、これから起ころうとしている出来事の映像である。それらはまた、存在する物事のイメージでもある。私がイメージと言うとき、あなたが目で見るようにそれらを見ることを必ずしも意味するのではない。強烈な印象をもたらし、あなたが望めば、観察を通して描いたり複写したりできる映像を、心の中で受け取るということである。たとえば、足の痛みの場合、第六チャクラは、静脈炎に関連する血栓のイメージを見せるかもしれない。あるいは、痛みの原因が何であるかによって、ヒーラーは筋肉の緊張を見るだけかもしれない。イメージはヒーラーの心の中の画面上にテレビのように表示されることもあるし、通常の視覚のように、足の内側から直接もたらされることもある。

第六チャクラはまた、クライアントにとっては何らかの意味をもつが、ほとんどの場合、ヒーラーにとってはさほど意味のない象徴的な映像を見せてくれることがある。象徴的な映像は、ヒーラーの心の画面上に現れる。第六チャクラはまた、足の痛みに結びついた患者の過去の経験を映像の形で見せることもある。たとえば、三輪車から落ちて、足を地面に強打する子どものイメージのようなものだ。強打したその箇所が、二〇年後の今、痛んでいるところなのだ。このような情報への直接的なアクセスは、映画を見るような感じである。

私が映像を受け取ることに言及してきたことに注意してもらいたい。知覚するということは、受け取るということである。知覚とは、すでにあるものを、象徴的な形や、文字通りの形で受け取ることだ。視覚化（ビジュアライゼーション）はまったく異なる機能である。視覚化のプロセスは、能動的に創造することだ。視覚化においては、心の中で映像を創造し、それにエネルギーを与える。心の中にしっかりその映像を保ち、エネルギーを与え続ければ、最終的に、あなたは人生の中で、それを実現できる。こうしてイメージに形と実体を与えるのだ。イメージが鮮明で、あなたが感情的なエネルギーをそれに投射すればするほど、人生の中でそれを実現できるようになる。

第七チャクラは、全体の概念の形で、情報を明らかにする。この情報は、限られた人間の感覚やコミュニケーションシステムを超えている。チャネラーは、概念を吸収し、深く理解した後、自分自身の言葉を用いて、自分が理解していることを説明しなければならない。私が自分の言葉で何かを説明しようとすると、ヘヨアンが（第五チャクラから）入ってきて、私よりもはるかに明確な言葉で説明することが多い。全体の概念は、完璧に知っているという感覚を与えてくれる。それは概念と一体であるという経験だ。足の痛みの例では、第七チャクラは、足の痛みに関連する人生の状況をすべて明らかにする。

さまざまな現実レベルのチャクラの感覚

それぞれのチャクラを通してやってくる情報という考えを知った今、第7章と第15章で論じたさまざまな現実のレベルを見てみよう。以上の二つの章で私は、肉体レベル、エーテルレベル、感情界レベル、精神界レベル、アストラル・レベル、エーテルテンプレート・レベル、天空界レベル、ケセリックテンプレート・レベル、そしてこれらのレベルのそれぞれに存在するものについて議論した。また、第七レベルを超えたレベルがあると述べた。これらのレベルのいずれかで知覚するためには、知覚したいチャクラがそのレベルで開かれていなければならない。もしあなたが特定のオーラの層を見たければ、第六チャクラをその層に対して開かなければならない。もしオーリックフィールドの第一層を見たいのであれば、あなたのオーラの第一層に第六チャクラを開かなければならない。オーラの第二層を見たい場合は、オーラの第二層に第六チャクラを開く必要がある。初心者がオーラを見始めるとき、第一層を見るのが普通である。というのも、オーラの第一層で第六チャクラを開いているからだ。進歩するにつれて、次の連続した層で第六チャクラを開き、その層を見ることができるようになる。

第四層より上のチャクラを開くということは、他の次元の存在を知覚し始めることを意味する。これは、最初のうち、あなたの個人的な生活を混乱させ、慣れるのに少し時間がかかる。たとえば、あなたは今している会話を続けるか、中断して、同時にあなたに話しかけてくるガイドの話に耳を傾けるかの選択をたびたびしなければならない。私はこうした二重世界の中で多くの時間を過ごしてきた。そこで存在の気配を知覚し、反応する人は、そうでない人にはとても風変わりに見える。

アストラル・レベルに住む存在の声を聞くためには、アストラル・レベルの五番目のチャクラを開かなければならない。第五レベルのガイドの声を聞きたいなら、オーリックフィールドの第五レベルの五番目のチャクラを開かなければならない。アストラル・レベルのガイドを見たいなら、第四レベルの六番目のチャクラを開かなければならない。第五レベルのガイドを見るには、第五レベルの六番目のチャクラを開かなければならない。

第7章で述べたように、チャクラの各層の間には、チャクラの中心の奥深くに扉か封印がある。あるレベルから次のレベルに移動するためには、これらの封印や扉を開けなければならない。これは、あなたのエネルギーシステムの振動レベルを上げることによって行われる。あなたのフィールドをより高い波動レベルに引き上げ、維持することは、浄化作業をすることを意味する。より高いレベルのオーリックフィールドを知覚するためには、あなたのフィールドを浄化し、澄みきった状態にしておく必要がある。それをすることは、日常生活の中での感受性が高まることも意味する。それには、食事療法や運動、霊的な修練など、多くのセルフ・ケア（自己管理）が必要となる。そのことについては第六部で詳しく取り上げる。

各レベルは、下のレベルより一オクターブ高い振動を表している。あなたの意識的気づきをより高いレベルに引き上げることは、あなたの気づきが機能する振動率を上げることを意味する。これは、必ずしも簡単な作業ではない。精神力学の章で示したデータで見たように、システム内のエネルギーの増加はすべて、ブロックを緩め、発生した時点であまりに脅威であったために、潜在意識に封印した経験をすることになるからだ。

それぞれのオーラの層の経験を高める瞑想

私は、それぞれのオーラの層の経験を高める、さまざまな瞑想法を見出してきた。それらは図表19－1にも示されている。あなたのオーラの第一層の経験を強化するには、歩く瞑想や触れる瞑想、深いリラクゼーションなどを行う。第二層の経験を強化するには、穏やかな幸福感について瞑想する。オーリックフィールドの第三層の経験を強化するには、一つのことに集中する訓練を行う。第四層の経験を強化するには、バラ色の愛の光について瞑想するか、花を愛することに集中する。あなたのオーリックフィールドの第五層に住む存在の経験を強化するには、音を出すか聴く瞑想を用いる。天空界ボディの経験を強化するには、メシアまたはキリストの意識と一つになる瞑想をする。そして、第七層の存在を体験するには、座って瞑想し、「じっと座り、私が神であることを知りなさい」という呪文を唱える。

第19章の復習

1. 超感覚的聴覚を学ぶのによい方法は何だろうか？
2. 霊的ガイダンスを得るにはどのような座り方をしたらいいだろうか？　今週中に、少なくとも三回以上練習しよう。
3. あなたのガイドは、どのような形であなたとコミュニケーションを取ろうとするだろうか？　そのプロセスを説明せよ。
4. 七つのチャクラのそれぞれに関連する感覚を説明せよ。
5. ケセリックテンプレート・レベルでガイドを「見たい」場合、オーリックフィールドのどのレベルのどのチャクラを開く必要があるだろうか？
6. アストラル・レベルでガイドの声を「聞く」ことを望む場合、どのチャクラをオーリックフィールドのどのレベルで開く必要があるだろうか？
7. もし私が、部屋の一角に何かがいて、あまり友好的ではないと漠然と感じると言ったとしたら、どのチャクラを通してそれを感じているのだろうか？　その存在はオーリックフィールドのどのレベルに存在するのだろうか？
8. あなたはオーリックフィールドの特定のレベルの特定のチャクラをどのようにして開けるのだろうか？
9. 内的視覚とチャネリングによるガイドの情報との間の、主な違いは何だろうか？

考えるヒント

10. もしあなたがもっとガイダンスを求め、それに従っていたら、あなたの人生はどのように違っていただろうか?
11. あなたが人生において、積極的にガイダンスを求めることにもっとも抵抗するのは何だろうか?
12. ガイダンスを人生に生かす方法を学ぶために、ガイダンスを求めよう。その答えは?
13. ガイダンスに従うとどんな悪いことが起こるのかについて、あなたはどんな否定的な信念やイメージを抱いているだろうか? それは、あなたの幼少期の権威者との経験とどのように関わっているのだろうか? それは、あなたの神との関係や神のイメージとどのように関係しているのだろうか?
14. もし私たちが自由意志をもっているなら、予知はどのように機能するのだろうか?
15. この種の知覚を用いることが、どのようにあなたの人生を変える可能性があるのだろうか?
16. 視覚化することと知覚することの違いは何か?

第20章　ヘヨアンの現実についての暗喩《メタファー》

知覚の円錐

前章では、オーリックフィールドの振動率を上げることで、知覚をより高いレベルの現実に開くことについて論じた。この考え方は、同じ空間内に存在する振動率の異なる層で構成された多次元宇宙の概念に基づいている。その現実のレベルが進歩すればするほど、あるいは洗練されればされるほど、振動率は高くなる。ここでは、この多次元宇宙について、知覚のレベルの観点から議論したい。

私たちはそれぞれ現実を知覚する「知覚の円錐」をもっているとヘヨアンは言う。この概念を周波数に喩えて説明すると、私たちはめいめい特定の周波数の範囲内で知覚することができるということになる。

私たち人間は、知覚できるものによって現実を定義する傾向がある。この知覚には、人間の通常の知覚だけでなく、顕微鏡や望遠鏡のような道具を使って拡張された知覚も含まれる。私たちの知覚の円錐内にあるすべてのものを、私たちは現実として受け入れ、円錐の外にあるものはすべて現実ではないとみなしている。知覚できなければ、存在しないというわけだ。

新しい道具を作るたびに、私たちは知覚の円錐を増大させてきた。それによって、より多くのものが知覚され、現実となった。超感覚的知覚でも同じことが起きているが、この場合の道具は私たち自身の身体とエネルギーシステムである。私たちが超感覚的知覚を通してより多くのことを知覚すればするほど、より多くのことが現実のものとなるのだ。

この現象を説明するために、おなじみのベル型曲線を使ってグラフを描いてみた（図表20－1A）。縦軸は知覚の明瞭さを示し、横軸は知覚の周波数の範囲を示している。グラフの中央に示されているベル型の曲線は、一人の人間や人間の集団、ひいては人類全体の通常の知覚範囲を示すのに使うことができる。私たちのほとんどは、点線で示されるような明確な知覚をもっている。その点線の外では、明瞭度が著しく落ちるので、私たちは知覚するものを軽視しがちである。けれども、もし私たちが知覚したものをすべて受け入れるなら、ベル型曲線の下の空間もまた、私たちが本物の宇宙と呼んでいるものを明らかにする。破線は、道具が可能にする知覚の広がりを示している。少なくともほとんどの人は、それも現実として受け入れている。

このことを、仏教の伝統でブラフマン（梵天）とマーヤーと呼ばれているものの観点から見てみよう。マーヤーとは顕在世界のことで、仏教では幻想を意味する。ブラフマンは、マーヤーの下にある根本的な現実であり、顕在世界を支えている。ブラフマン（Brahman）を、ヒンドゥー教のカースト制度の中で教育を受けた僧侶階級を指すバラモン（Brahmin）と混同してはならない。仏教では、すべての痛みを包含するマーヤーの幻想を超越し、ブラフマンになるために、あるいは悟りを開くために瞑想が行われる。これは、私たちの知覚の円錐にとてもよく似た概念である。図表20－1Bは、ブラフマンとマーヤーの視点から解釈した知覚の円錐を示している。マーヤーの顕在世界は私たちの知覚の円錐内に横た

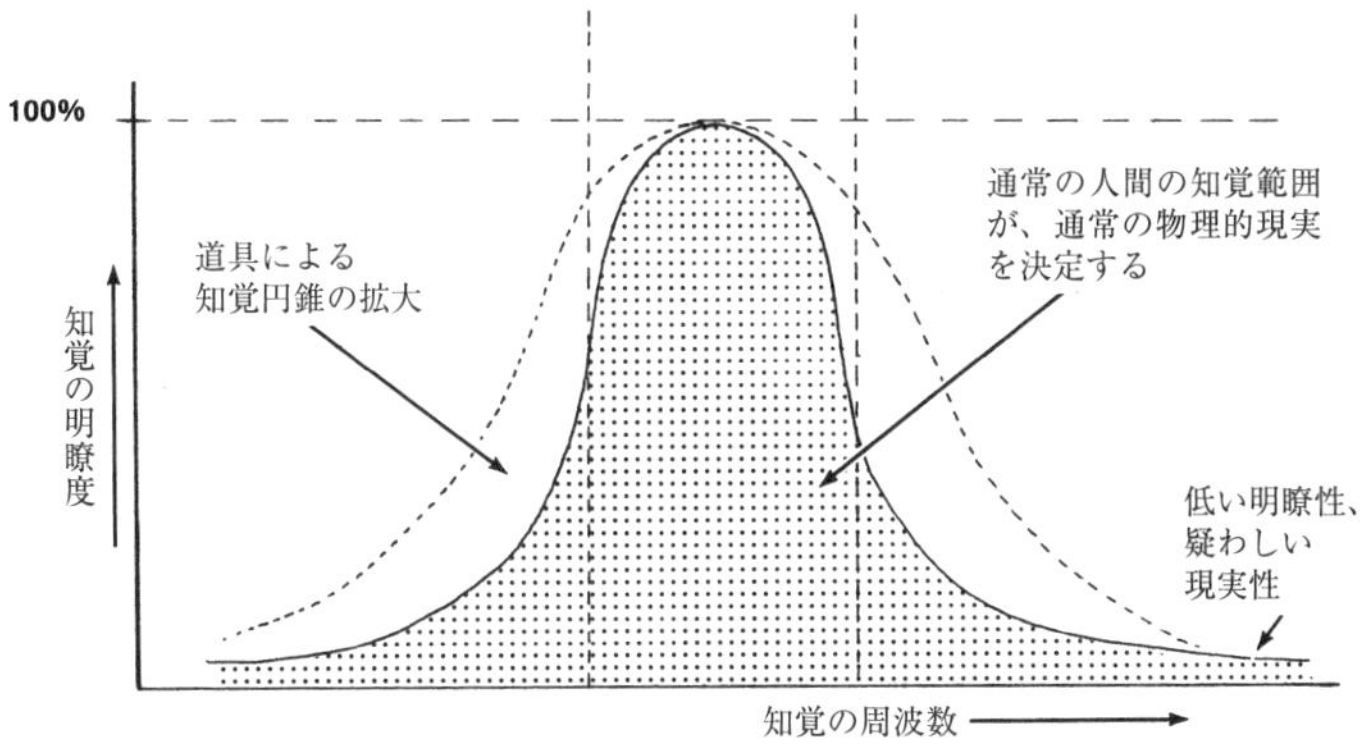

A. 知覚の円錐を図で表したもの

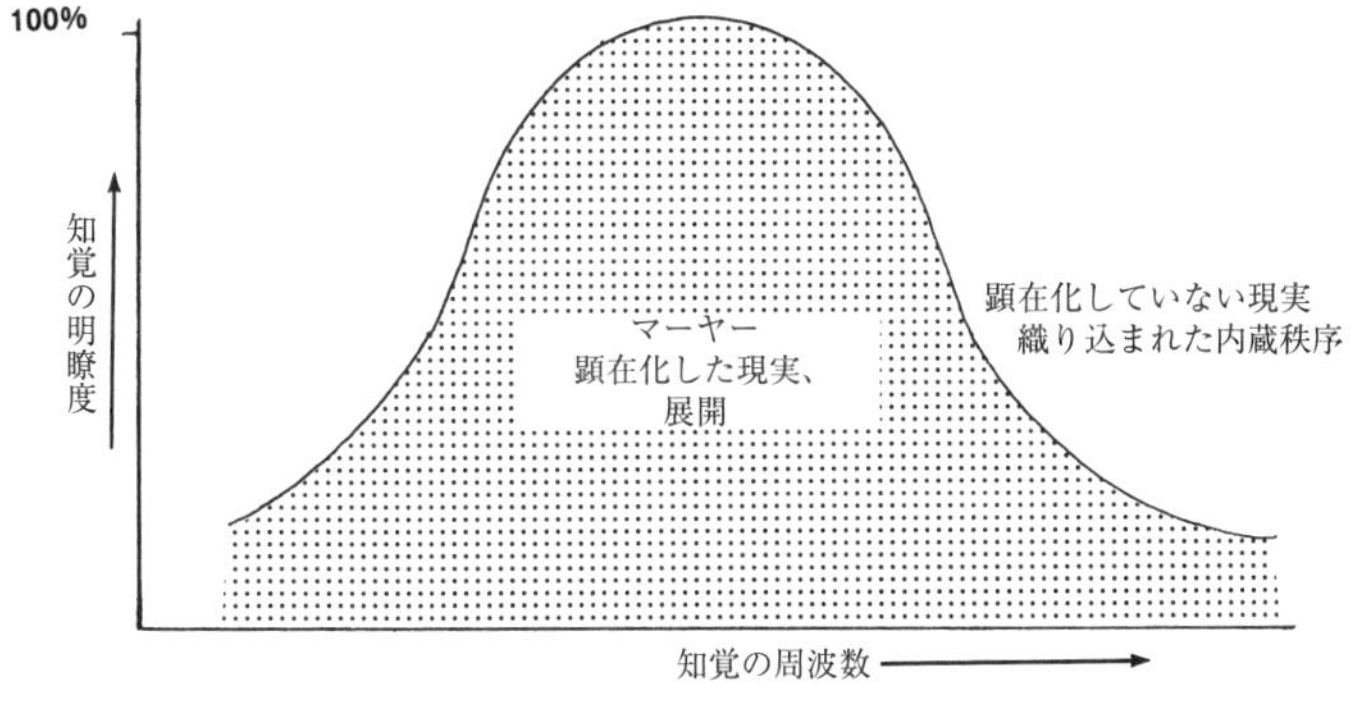

B. 知覚の円錐の霊的解釈

図表 20－1　私たちの知覚の円錐

わっているが、ブラフマンの顕在化していない世界は知覚の円錐の外側に存在している。物理学者デヴィッド・ボームの顕前秩序（第4章参照）は知覚の円錐内にあり、内蔵秩序は知覚の円錐の外にある。図表20－2Aは、超感覚的知覚がもたらす効果を示している。私たちが非現実的とか存在しないと呼んでいたものを、ここでは霊的現実と名づけた。私たちの知覚範囲をより高い振動レベルにまで広げると、より多くの霊的な（非物理的な）世界が私たちにとって現実のものになる。私たちが超感覚的知覚を使えば使うほど、知覚できる範囲が広がり（より多くの霊的世界にアクセスできるようになり）、幻想から脱け出して、ブラフマンや悟りの境地に入れるようになる。この観点から見ると、ベル型曲線の線は、霊的な世界と物質的な世界の仕切りとなる。癒しとは突き詰めれば、霊的世界と物質的世界の間の仕切りを溶かすことだとヘヨアンは語っている。

もう一つの非常に重要な点は、私たちの自己定義が、私たちが現実と定めているものに基づいているので、現実が広がれば、私たちも広がるということである。図表20－2Bは再びベル型曲線を示しているが、ここでは、自己定義に照らして分類してある。曲線の内側に私たちがもっているのは、制限された自己定義、つまり、限られた現実の見方に基づいていると思っている自分である。外側には、制限のない自己定義があり、それは最終的には神となる。曲線は、私たちが自分だと思っている自分と真の自分との間の境界となる。この二つの境界（霊的世界と物質的世界の間の境界と、私たちが自分だと思っている自分と真の自分の間の境界）は同じものであると、ヘヨアンは繰り返し述べている。それはまた、私たちが生と死と呼ぶものの間の境界でもある。私たちが霊であることを知れば、死ぬ際に生きることをやめない。霊としての私たちがそもそも受肉するために作った乗り物である肉体を去るだけである。私は、人が死ぬ際にその人の霊が肉体を離れて、部屋の中にいた他の霊と合流するのを、（超感覚的知覚を使って）目撃したことがある。死ぬとき、境界は消滅し、私たちは本来の自分に帰るのである。

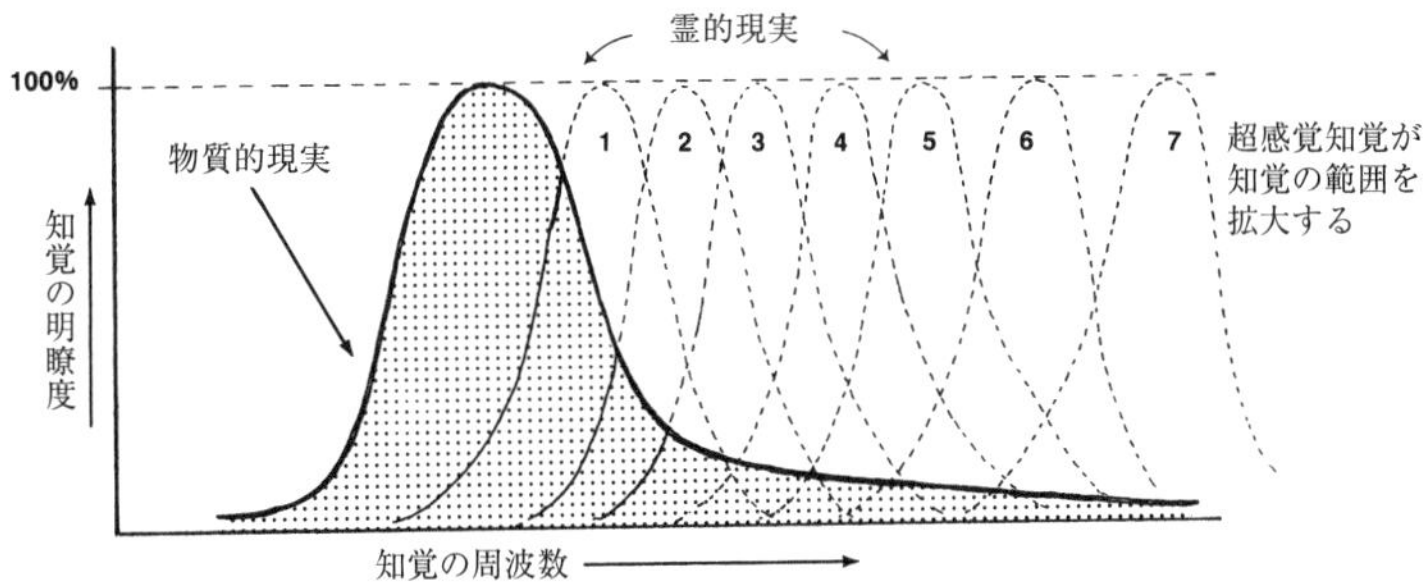

A. 超感覚によって拡大された知覚の円錐

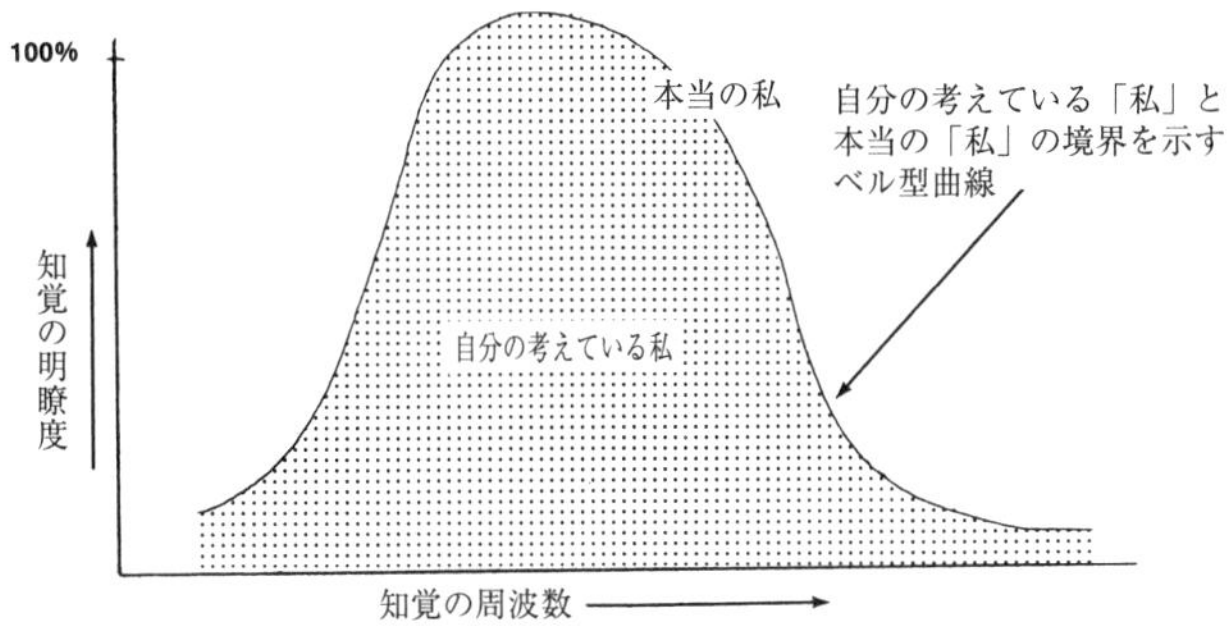

B. 個人的現実の表現によって制限された知覚の円錐

図表 20－2　知覚の円錐の境界線

顕在世界

少し前、リーディングをしている最中、ヘヨアンは顕在化を説明する経験を私にさせてくれた。ここにそのときのテープの記録がある。

ヘヨアン「それで、顕在化とは何なのか？　それは、顕在化したものを感知する能力に関わっている。その能力は〝一なるもの〟に関わっている。また、各人の個性化と感覚の窓がどこにあるかに関連している。その感覚の窓の中で知覚されるものが、あなたが顕在世界として定義したものなのだ。あなたが顕在化したものを知覚するその狭い視野が広がると、顕在世界が拡大する。たとえば、あなたが私たちの声を聞き始めると、より多くの顕在世界を経験できるようになる。その世界は、さほど固くなく、薄っぺらなように見えるが、依然として顕在している世界である。薄っぺらに見えるのは、高い周波数が薄いという現実より、より高い周波数を感知するあなたの能力に関係している。あなたの感覚が制限されているため、高次の現実が薄く見え、高次の周波数が顕在化していないものの中にゆっくりと消えていくような印象を与えているのだ。だが、そうではない」

バーバラ「では、私が見ているのは、私たちが顕在と呼ぶものに入る感覚の範囲全体なのね。あなたがそれを顕在と呼ぶとき、それはただ単に一連の感覚にすぎないのね。その範囲がより高く、より広くなると、あるいは（たとえて言うなら）見る角度がもっと増えたり、私たちの経験がもっと広がったりすると、私たちが顕在化していない世界と呼ぶものをもっと感じられるようになる。で、それは双方向に働くので、人がより低い波動に拡大すると、同じことがまた言えるのね」

ヘヨアン「何らかの理由で、人類はより低い波動を否定的なもの、暗闇、不快な形態として見たり、表現したりすることを選んだのだ。それは一つの表現方法だが、単に人間の二元性や知覚メカニズムに基づいているにすぎない。それはより低い波動を否定的なものとして見る感覚システムの一部なのだ」

バーバラ「長い人類の進化の規模についてはどうなの？」

ヘヨアン「進化については、感覚の窓を広げる能力にしぼって話そう。具体的な現実は、あなたがたの知覚のベル型曲線の最大部分の内側に入ると言えるかもしれない。人々は標準偏差を超えるか、ベル型曲線の最大部分を超えると、自分の知覚に不信感を抱きやすい。人類が進化の道に沿って前進するにつれ、知覚のベル型曲線はだんだん広くなっていく（図表20－1参照）。知覚のベル型曲線は、進化のこの時点での人間の心の限界を示す曲線と考えられるかもしれない。私たちは知覚のすべての周波数において、ベル型曲線の頂点で機能する人間の心の知覚の範囲全体をもとうとする。そうすれば、拡大された現実が、あなたが今手に持っているテープレコーダーと同じように具体的になるのだ。知覚のベル型曲線はやがて平らになるまで拡大していくだろう。それが達成されたとき、顕在化したものと顕在化していないものとが一つになる。

別の言い方をしてみよう。あなたが知覚の円錐を広げると、我々の世界がますます顕在化するようになり、あなたは顕在世界の一部としてそれと関わるようになる。こうして、あなたが個人的な進化を通じて、知覚を拡大し続けると、宇宙のもっと多くのことがあなたにとって明らかになり、宇宙の一体性に近づいていく。ある意味で、あなたは故郷に帰っていくのだ。

知覚された現実が拡大することを通して、人間は顕在化した宇宙の中で、どんな周波数で知覚し、存在するかを選択できるようになり、実際にそうしている。それは織り込まれた秩序を理解する道具である。このプロセスは人生のゲームだと言えるかもしれない。人間の知覚の拡大によって織り込まれた秩序と開かれた秩序とが一つになるとき、悟りの境地に達するのだ。

たとえば、次のような類推をしてみよう。ホワイトボード（白板）に白いチョークで描いた絵は、顕在化していない世界に似ているかもしれない。白いチョークで描かれた黒板は、顕在化していない世界が初めて二元性の状態になるようなものである。色付きのチョークで描かれたクリーム色のボードは、多次元宇宙に似ている。これらは、人間の知覚の進化の過程とみなすことができる。自分の中の内なる神／女神を認識するステップだと言ってもいい。このように、我々が現実のより広い次元に到達すると、色は、お互いの中の多次元の色の中にいるように、より明確になり、次元が高くなる。

人類に新しい知覚能力（超感覚的知覚）を教えること、それがこの議論のすべてだ。あなたの内的視覚は、どこを、どんな大きさで、どんな周波数帯で見るべきかの選択肢を与えてくれる。あなたは物質的に顕現したもの、つまり、あなたが物理的な現実と呼んでいるものを見るだろうか？ あるいはまた、下位のエーテルレベルや感情界を見たいだろうか？ さらに、上位のエーテルレベルやオーラの第九まで第八レベルまで見たいだろうか？ あなたは自分の知覚をどこに置くかの選択をする。また、解像度も決定する。あなたは微生物を見ることを選ぶだろうか、それとも巨大な生物を見ることを選ぶだろうか？ 顕在化した神は、知覚を通してのみ顕現することを選ぶ。つまり、暗闇の顔のどの部分に、知覚を通して顕現するかを選択するのである。あなた方の中には、あなた方を見ることができず、あなた方が見ることができない存在がいる。彼らは別の知覚の窓の中で生きることを選んだのだ。わかったかね、君」

バーバラ「いいえ、疲れてきたわ。話が直線的すぎる」

ヘヨアン「それは、我々がここでも、情報をあなたの狭い知覚に押し込めているからなんだ。我々があなたを別の光の領域へと導く際、あなたの知覚を拡大させてもらいたい。この部屋に入ったら、明るさを見て、喜びを感じてもらいたいんだ……」

ここから私はどんどん高くなっていく領域に導かれた。それぞれの領域は、一つ前の領域よりも壮大で豪華だった。高くなるにつれ、知覚するのがだんだん難しくなっていった。明らかに薄くなり、形がなくなっていった。私のガイドであるヘヨアンが私を導いてくれた。

やがて、私が知覚できるぎりぎりの高さに達した。そこでヘヨアンが言った。「今、我々は、すべての人間が入りたいと願っている聖域の扉の前に立っている」

夜空にジャスミンの香りが漂う中、自分の過去の人生が眼下に浮かんできた。そのたびに、現実を振り返るように引っぱられるのを感じた。その都度、落ちるような感覚に襲われた。私は、バーバラを超え、時間を超え、いくつもの人生を超えて、存在しているという感覚にとどまろうとした。

私は聖域の扉に手を伸ばそうとした。

ヘヨアン「到達しようとするのではなく、すでにいるところにとどまることが大切なのだ。ここにはとてつもなく広い部屋がある。それは時間と空間を超えた存在の状態である。焦る必要はない。これが魂の求めているものだからだ」

気がつくと、大スフィンクスの二本の前足の間にある扉の中に入っていた。私の前に、玉座に座っているヘヨアンがいた。

ヘヨアン「親愛なる友よ、ヒーリングについて語るときには、ヒーリングとは知覚の扉を開き、人が聖なる場所に入り、創造主と一つになれるようにすることだと知りなさい。それ以上でもそれ以下でもないのだ。ヒーリングはその方向に向かって一歩一歩進んでいくプロセスなのである。ゴールは悟りであり、ヒーリングは副産物にすぎない。だから、人が癒しを求めてあなたのところにやってくるときはいつでも、その人の魂が求めているものは悟りだということを肝に銘じておかなければならない。

誰かが助けや癒しを求めてあなたのところに来るときはいつでも、彼らの言葉が知覚の扉を通ってやってくることを思い出してほしい。それは狭い扉かもしれないし、広い扉かもしれない。つま先の痛み、生命を脅かす病気、あるいは真理の探求など、求められるものは知覚の扉を通してやってくるが、与える必要があるのは、魂の切望に対する答えだけである。魂は訴える。『家に帰る道を見つけるのを手伝ってください。聖なる場所へ、時代を超えた平和へ。世紀を超えて真実を囁く風の中へと導く道を探すのを手伝ってください』と」

瞑想中のこの時点で、私は喜びに震え、涙を流した。ヘヨアンの意味は「世紀を超えて真実を囁く風」だとたびたび告げた。今、私は理解した。瞑想を通して、私とヘヨアンが一体であることを理解することに導かれたのだ。私はこのことを、全身の細胞で経験することができた。私は世紀を超えて囁く真実だということを。

ヘヨアンは続けた。「そして、私はここに座っている。ヘヨアン、宝石の王冠、それぞれが真実であり、既知の真実である。だから、私はここに存在している、常に存在してきたし、これからも常に存在するだろう。空間と時間を超え、混沌を超え、顕現しているが、顕現していないものとして、知られているが、知られざるものとして。そして、あなた方もまた、一人残らずここに座っている。あなた方は、限られた知覚の中に立っているその場所から、このことを知りたいと切望しているだけである」

第20章の復習

1. 知覚の窓の概念を説明せよ。

考えるヒント

2. ここでのヘヨアンの現実の記述を踏まえて、第14章で述べられているようなあなたの内なる恐怖の壁と、あなたが自分だと思っている自分と本当の自分との間の壁の関係について、また、霊的な世界と物質的な世界との間の境界と、生と死との間の境界との関係について議論してみよう。
3. 死とは何か?
4. ヘヨアンの最後の発言を手がかりに、あなたのガイドとあなたの間の関係がどのようなものかを考えてみよう。それはあなたのハイアーセルフやあなたの神のひらめきとどう違うのだろうか?

第五部　スピリチュアル・ヒーリング

「これらより偉大な奇跡さえ、あなたは行うだろう」
――イエス・キリスト

イントロダクション　エネルギーフィールドはあなたの道具

ヒーリングとは何なのか、個人的、人間的、科学的、スピリチュアルなレベルから見てその概要がつかめた今、私が長年の実践を通して習得してきたさまざまなヒーリング技術を探ってみよう。

いつものように、ヒーリングは家庭から始まる。どんなヒーラーにとっても第一に必要なのは自己管理である。ヒーリングをしていて、自分自身の健康管理を怠れば、おそらく他のどのような状況下に置かれているときよりも早く病気になってしまうだろう。それは、ヒーリングがあなた自身の人生にとって重要であることに加えて、あなたのエネルギーフィールドからの多くの作業を必要とするからだ。私が言いたいのは、あなたのフィールドは、あなたの健康とバランスを保つことに加えて、他人が必要としている癒しのエネルギーのパイプとして使われるということである。あなたが送ろうとしている周波数を、あなたのエネルギーフィールドは必ずしも必要としないかもしれないが、いずれにしろ送らなければならないだろう。ヒーリングで必要とされる特定の周波数を送信するためには、あなたのフィールドはその周波数か高調波（整数倍の高次の周波数）で振動しなければならない。このように、ヒーリングを施すためには、あなたのフィールドをジェットコースターのように動かす必要がある。あなたは絶えず振動の周波数を変えることになる。また、絶えず異なる強度の光を送信しなければならない。それはあなたに影響を与えるだろう。あなた自身の進化のプロセスを早めるという意味ではよいことかもしれない。周波数と強度の変化が、あなたの通常の防衛パターンを壊し、あなたのフィールド内の障害を解消するからである。ただし、自分自身を最高の状態に保っていなければ、消耗させられるかもしれない。ヒーリングでは、患者に送るエネルギーを自分では生成しない。宇宙エネルギーフィールドからエネルギーを引き込むために、患者が必要とする周波数まであなたの周波数を上げなければならない。これは調和誘導と呼ばれ、行うには多くのエネルギーと集中を要する。あなたのエネルギーのボルテージが患者のそれよりも高い限り、あなたは患者にエネルギーを送ることができる。しかし、あなたがほとんど疲れているときに治療しようとすると、あなたが作り出すことができるボルテージは、患者のものよりも弱いかもしれない。電流はボルテージが高い方から低い方に流れるので、あなたは患者から病気の負のエネルギーを拾い上げることもありうる。あなたが非常に健康であれば、あなたの身体組織はそれらにエネルギーを与えるか、それらを撃退することによって、浄化するだろう。あなたが消耗している場合は、あなたが拾った低エネルギーを浄化するのにより長い時間がかかるかもしれない。すでに特定の病気にかかりやすい傾向がある場合は、自分自身の状況を悪化させるリスクがある。一方で、あなたがセルフ・ケアを怠らなければ、あなたがかかりやすいのと同じ病をもっている人をヒーリングすることが、自分自身を治すために必要な周波数を生み出すことを学ぶのに大いに役立つかもしれない。

本山博によって行われた研究は、治療の前と後のヒーラーと患者の経絡《けいらく》の強さを測定した。多くの場合、特定器官のヒーラーの経絡は、治療の後、低かった。しかし、数時間後には元の強さを取り戻した。本山はまた、ヒーラーの心臓の経絡が治療後、強くなるのが普通であることを示した。これは、この後の章で述べるように、ハートチャクラが治療で常に使われることを示している。

次の章では、オーラのさまざまな層に向けたヒーリングの技術を取り上げ、ヒーリングの例をいくつか挙げると共に、ヒーラーのセルフ・ケアのための技術もあわせて紹介したい。

第21章　ヒーリングの準備

ヒーラーの準備

ヒーリングを行う準備をするには、ヒーラーはまず自分自身を開き、宇宙の力に合わせなければならない。これは、ヒーリングの前だけでなく、人生全般に言えることである。ヒーラーは真理のために尽くし、存在のすべての領域で、自分自身に正直でなければならない。友人のサポートや何らかの形の霊的な修練、浄化のプロセスも欠かせない。ヒーラーはまた霊的および肉体的なガイドを必要とする。運動と栄養、バランスの取れた食事（高エネルギーを使うときに身体が必要とするビタミンやミネラルを多く摂取することを含む）、休息や遊びを通して、自分自身の身体を健康に保つ必要がある。このような栄養補給を通して、ヒーラーは、自分の肉体という乗り物の波動を、宇宙エネルギーフィールドに届くまで高め、霊的な癒しのエネルギーが流れる状態を保つのだ。チャネリングを行う前に、まずヒーラーは自分自身の波動を上げ、ヒーリングエネルギーとつながらなければならない。

ヒーリングの一日を始める前に、朝、何らかの運動と、集中力を高めチャクラを開くための瞑想をするといいだろう。それに長い時間をかける必要はない。三〇分から四五分で十分だ。以下の運動は、私がとても効果的だと感じているものである。私は絶えず変わるエネルギーシステムの需要に合わせて周期的にそれらを変更する。

経絡を開くためのヒーラーの毎日の運動

1. 仰向けに寝て、両腕を両脇に置き、手のひらを上に向ける。両脚を少し離し、快適な姿勢を取る。目を閉じ、身体の各部分に順番に焦点を当てて、全身をリラックスさせる。自然に呼吸をする。呼吸に意識を集中して、一で吸って吐く、二で吸って吐く、三で吸って吐くというように五分間、呼吸を数える。心がさまよい始めたら、数えることに戻る。数字を忘れたら、一に戻る。
　数分間、呼吸を数えることに注意を向け続けていれば、心と身体は徐々にリラックスしてくるだろう。

2. 一日を始めるのに最良の運動は、ベッドから出る前に行う（隣で寝ているパートナーの邪魔にならなければの話だ。多分なるだろう）。仰向けに寝て、両腕を身体に対して垂直に広げ、足の裏をベッドにつけたまま両膝を立てる。肩を下げたまま、頭を左に回転させながら、両膝を右に倒す。次に両膝を立て、頭を右に回転させながら左に倒す。背中が十分に伸びたと感じるまで、この動きを繰り返す。
　関節の運動は、関節の調整を通して、鍼灸のチャンネル（経絡）のエネルギーの滑らかな流れを創り出すのに特に有効である。すべての経絡は関節を通って流れているので、関節を動かせば、経絡が活性化される。これらの関節運動は、本山博が鍼灸のチャンネルを開くために開発したものである。彼のパンフレット『ヨガのポーズと鍼灸の経絡との機能的関係（*The Functional Relationship Between Yoga Asanas and Acupuncture Meridians*）』の中にそれらは記載されている。

3. 両脚を前にまっすぐ伸ばして、床に背筋を立てて座る。両手をお尻の横の床に置き、腕を伸ばして身体を支え、上体を後ろに反らす。そして、両足のつま先に意識を集中し、つま先だけを動かす。脚や足首を動かさずに、つま先をゆっくりと曲げ、伸ばす。これを一〇回繰り返す。図表21－1A参照。

4. 上記の座った姿勢のまま、足首の関節をできるだけ曲げては伸ばす。これを一〇回繰り返す。図表21－1B参照。

5. 同じように座ったまま、両脚を少し離す。かかとを床につけたまま、足首を左右の方向に一〇回ずつ回す。

6. 同じ座ったままの姿勢で、左脚を膝のところで曲げ、かかとが臀部の近くにくるまで、持ち上げる。かかとやつま先が床に触れないよう右脚をまっすぐに伸ばす。それを一〇回繰り返し、右脚でも同じことをする。図表21－1Cを参照。

7. 同じように座ったまま、両手で左の太ももを胴体の近くまで持ち上げ、膝から下を膝で円を描くよ

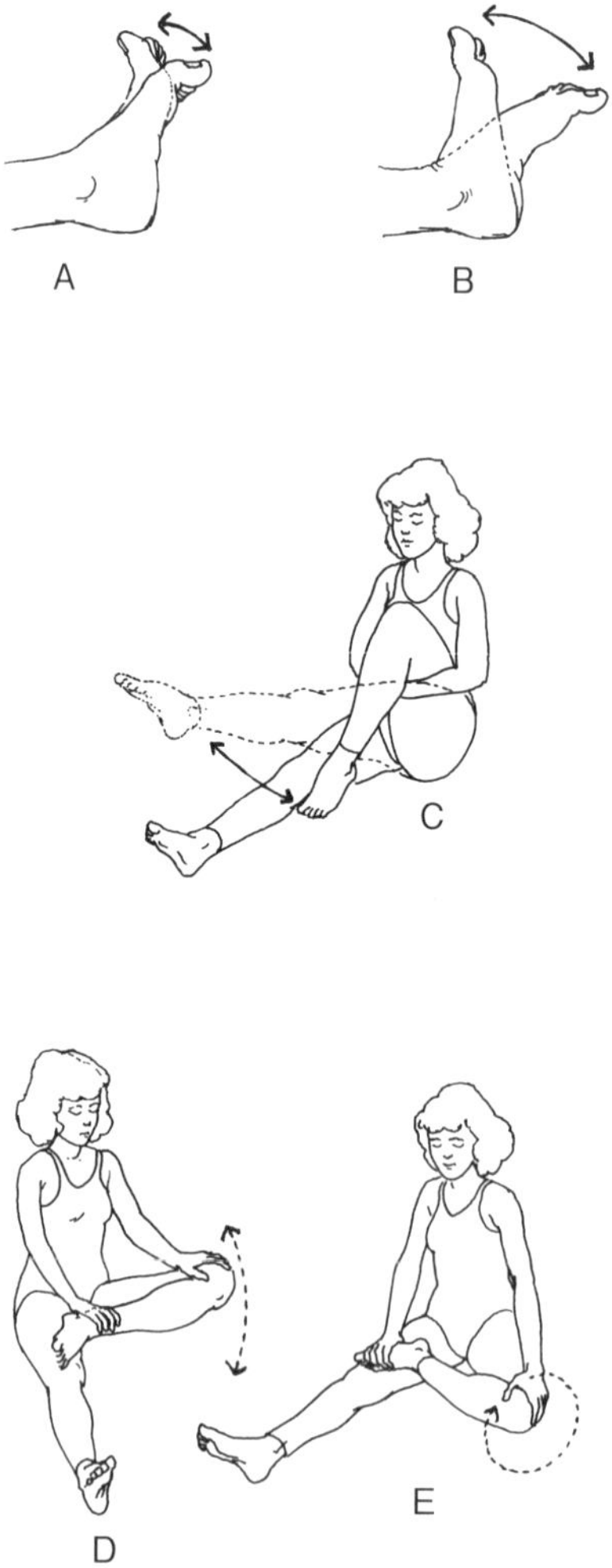
A
B
C
D
E

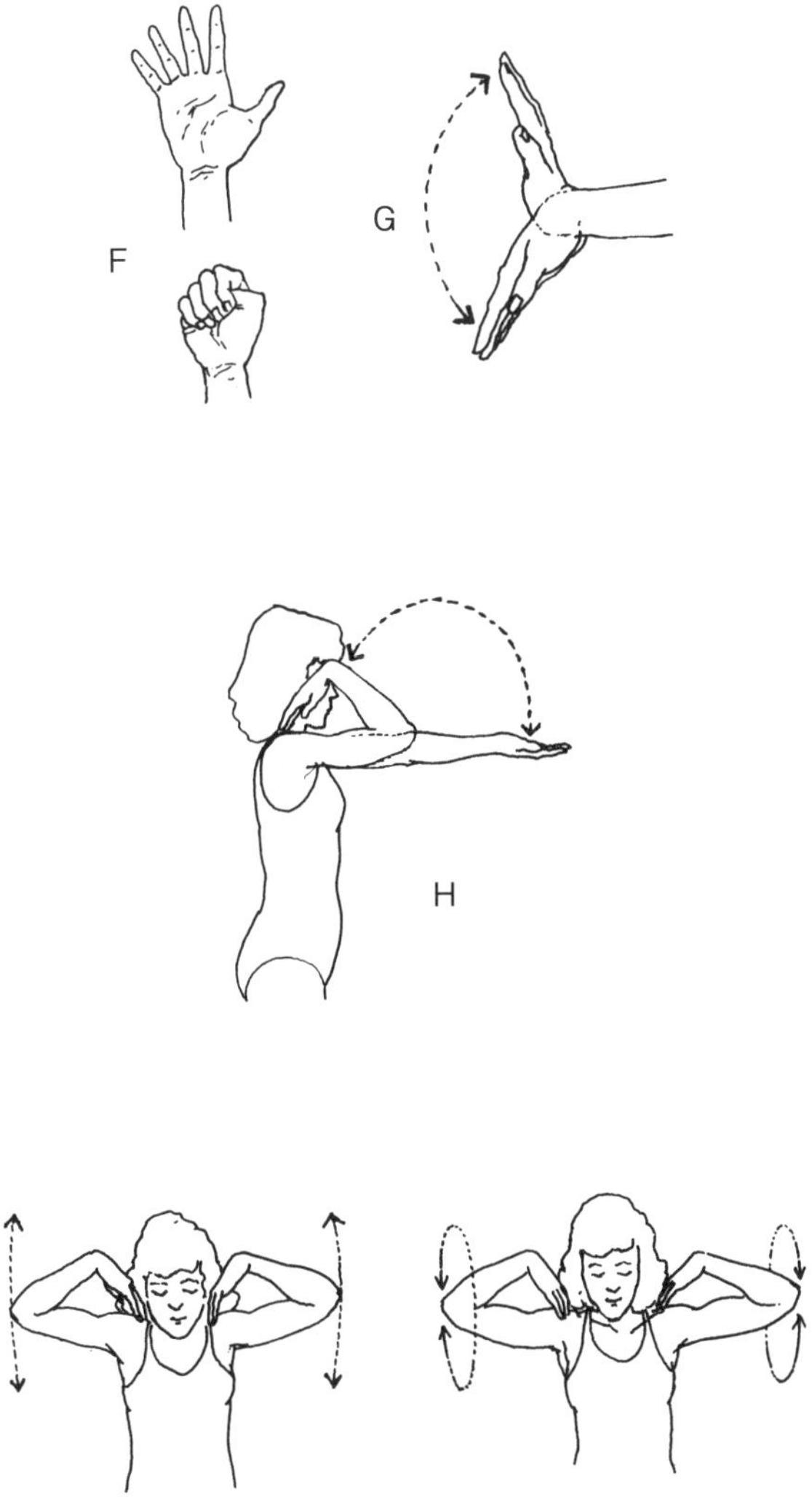

図表 21－1　関節の運動

うに時計回りに一〇回回転させ、次に反時計回りに一〇回回転させる。右脚でも同じ手順を繰り返す。

8. 左脚を膝のところで曲げ、胡坐《あぐら》をかくときのように左足を右脚の太ももの上にのせる。左手で左膝をつかみ、右手を左足首の上に置く。左手で曲げた脚をゆっくりと上下に動かし、左脚の筋肉をできるだけほぐす。同じ動きを右膝で繰り返す。図表21－1D参照。

9. 8と同じ姿勢で座り、右膝を右股関節を中心に時計回りに一〇回、次に反時計回りに一〇回回転させる。左膝でも同じ動きを繰り返す。図表21－1E参照。

10. 両脚を前に伸ばした最初の状態で座り、両腕を前に出して肩の高さまで上げる。両手の指を伸ばして緊張させる。親指を中に入れて指を閉じ、硬い拳を作る。これを一〇回を繰り返す。図表21－1F を参照。

11. 10の姿勢を保ったまま、手首を上下に曲げて伸ばす。これを一〇回繰り返す。図表21－1G参照。

12. 10と同じ姿勢で、手首を時計回りに一〇回、反時計回りに一〇回回転させる。

13. 10と同じ姿勢をとり、手のひらを上にして、両腕を前方に伸ばす。肘のところで両腕を曲げ、指先が肩に触れたら、再び腕をまっすぐに伸ばす。これを一〇回繰り返したら、腕を真横に伸ばした状態で、同じ運動を一〇回行う。図表21－1H参照。

14．指先を両肩につけたままの姿勢で、肘をできるだけ高く持ち上げてから、下に降ろす。これを一〇回繰り返す。今度は肘を前方に向け、同じ動きを繰り返す。図表21－1I参照。

15．14と同じ姿勢で、肩関節を回すことによって肘を回転させる。これを時計回りに一〇回、反時計回りに一〇回行う。次に、両腕の肘を胸の前に持ってきて、それぞれの肘ができるだけ大きな円を描くように回す。図表21－1J参照。

一日、これらの運動を覚えれば、おそらく指／つま先、足首／手首を同時に行うことができるだろう。

16．何回か腹筋運動をする。上体を起こすたびに、息を吐く。最初は少なくとも一〇回行い、二〇回まで増やしていく。

17．膝を曲げずに、手を伸ばしてつま先に触れる。これを、両脚をそろえて、まっすぐに伸ばしたまま上体を起こして行う。これを一〇回繰り返す。次に、上体を屈め、膝を曲げずにつま先を持ったままでいる。これを三分間行う。

18．両脚をできるだけ開いて、上記の運動を繰り返す。まず、手を伸ばして左足のつま先に触れる。次に右側にスイッチし、右足のつま先に触れる。そうしたら、両手をまっすぐ前方に伸ばし、上体を倒す。その姿勢を三分間キープする。

19. 頭と首を回す運動。最初に上を見て、次に下を見る。これを一〇回繰り返す。今度は左右を一〇回ずつ見る。その後、最初は時計回りに、次に反時計回りに数回頭を回す。首がより柔軟に感じられるようになるまで続ける。

20. 立ち上がって、身体をまっすぐにし、両足を六〇センチぐらい離す。右腕を頭の上から左に伸ばして身体を左側に曲げる。これを数回繰り返す。次に、左腕を頭上に伸ばしながら、身体を右に曲げる。

チャクラを開き、チャージ（充電）するための毎日の運動

チャクラを開いてチャージするために、私が知っている三組の異なる運動がある。最初の身体的な運動の組み合わせは、オーラの下位の三つのレベルでチャクラをとてもよく開く。二つ目の組み合わせは、アストラル・レベルでチャクラをよく開く。そして三番目の組み合わせは、オーリックフィールドのより高いレベルでチャクラを開く呼吸法とポーズからなっている。

チャクラを開き、チャージするためのエクササイズ（オーリックフィールドのレベル1〜3）

これらの運動は図表21－2に示されている。

チャクラ1　両脚を大きく開いて立ち、膝に負担のかからない角度で、つま先と膝を外に向ける。そうしたら、膝をできるだけ深く曲げる。そして、お尻が膝と同じ高さになるまで腰を落とす。何回か立ち上がったり、腰を落としたりするのを繰り返す。今度は、骨盤を前後にスイングさせる動きを付け加える。骨盤をできるだけ前方と後方に押す。前方への動きを強調する。このようにして、腰を落としながら、前後に三回揺り動かす。次に、膝を曲げたまま腰を落とした状態で、前後に三回強く揺り動かす。そして、立ち上がりながら前後に三回揺り動かす。この運動でもっとも重要な動きは、膝を深く曲げた状態で骨盤をスイングさせることである。全体の動きを最低でも三回は繰り返す。

チャクラ2　両脚を肩幅に開いて立つ。今度は膝を少し曲げて骨盤を前後に揺らす。これを数回繰り返す。

次に、自分が磨く必要のある円筒の中にいると想像する。お尻で円筒の内部を磨く。両手を腰に当て、円を描くようにお尻を動かし、円筒内のすべての面をむらなく磨いていることを確認する。

チャクラ3　ジャンピング。これは、パートナーを必要とする。お互いの手をしっかり握る。一人がサポートし、もう一人が上下にジャンプする。ジャンプをするときには、胸につくぐらい高く膝を上げる。数分間、休まずに連続してジャンプする。そして、休憩する。休むときは前かがみにならない。交代して、あなたがサポートする側に回り、パートナーにジャンプしてもらう。

チャクラ4　これはアイソメトリックスエクササイズ（簡単筋力トレーニング）である。図表21－2

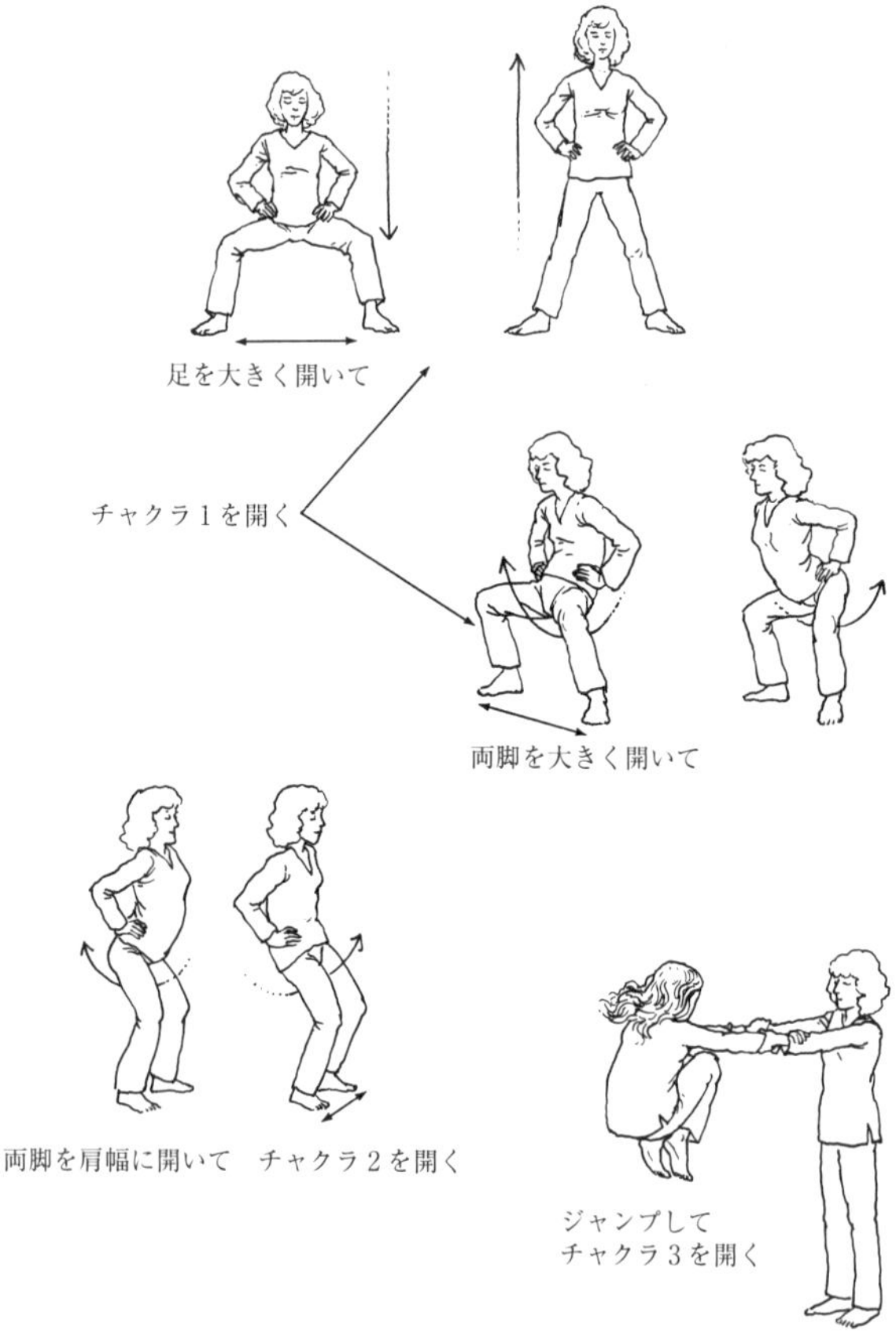
足を大きく開いて
チャクラ1を開く
両脚を大きく開いて
両脚を肩幅に開いて
チャクラ2を開く
ジャンプして
チャクラ3を開く

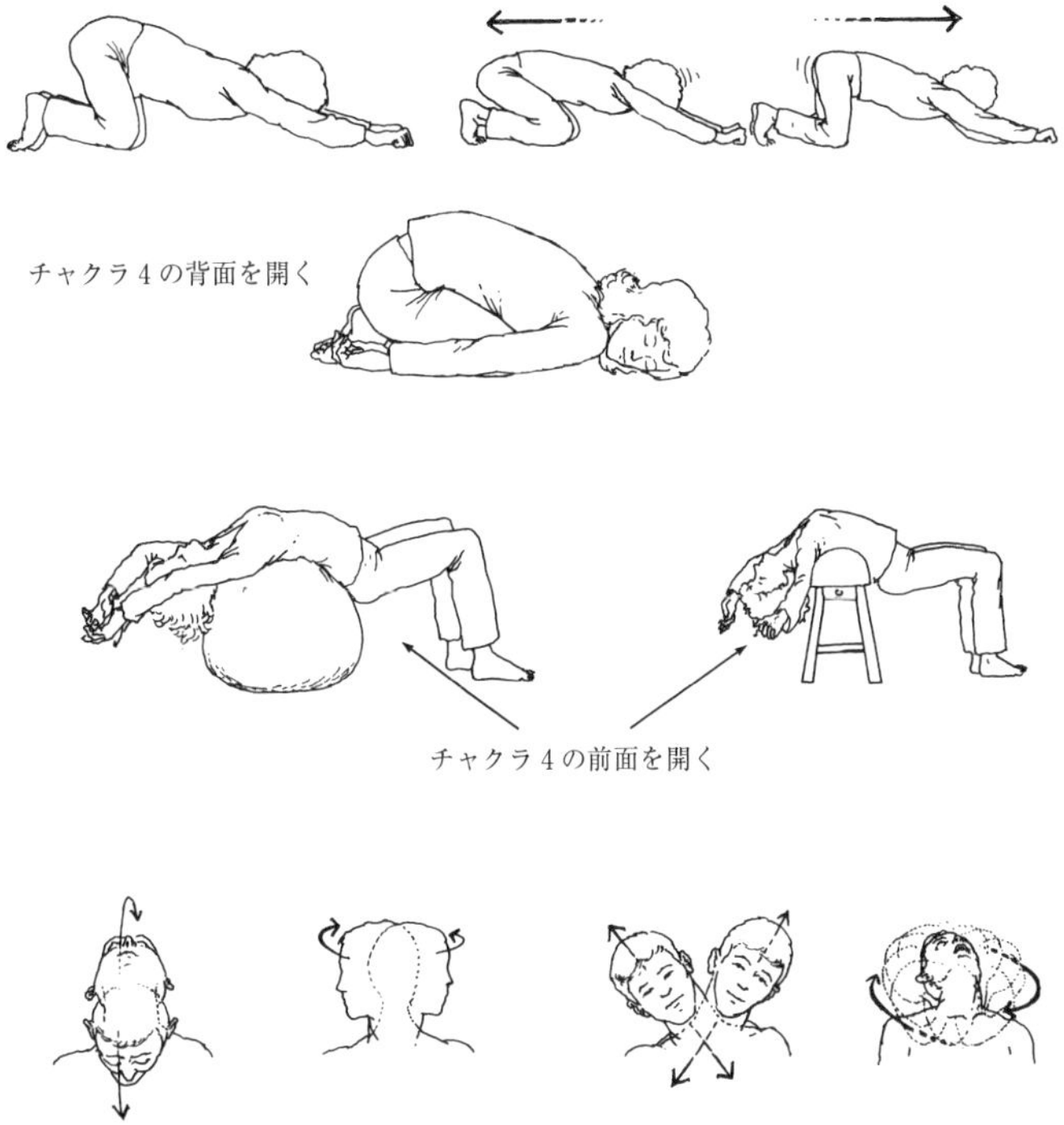

チャクラ６　頭を動かさないで、目を使ってチャクラ５の動きを繰り返す

チャクラ７　逆立ちをする、または右手で頭頂部を時計回りにこする

図表21－2　チャクラを開き、チャージするためのエクササイズ

に示すように、両手と両膝を床につける。この姿勢では、両肘は床に触れていない。腕は支点として用いる。肩甲骨の間に圧力を感じるまで、両脚とお尻の角度を変えてみる（肩の筋肉が発達している一部の男性は、肩により多くの圧力を感じるので、注意が必要）。首尾よく肩甲骨の間に圧力を感じたら、しばらくの間、全身を前方に押して、その場所に圧力をかけ、その後、後方に引く。これはお尻や両脚から行うことができる。このエクササイズは、心臓のチャクラの背面、つまり意志の中心に働きかける。

心臓のチャクラの前面に働きかけるには、寄りかかって上体を後ろに反らすことができるように、樽のような大きくて丸いものに柔らかいソファーの背当てのようなものをのせて用いる。バイオエナジェティクスで用いられるスツールを使ってもよい。両脚をしっかり床につけたまま、寄りかかって上体を後ろに反らす。リラックスして胸の筋肉を思いっきり伸ばす。

チャクラ5　頭と首を回す。何度か頭を次のような方向に動かす。前を向いて、頭を上下左右に動かす。次に、左上に持ち上げて、右下に下ろす。反対に、右上に持ち上げて、左下に下ろす。今度は首と頭を時計回りと反時計回りに数回ずつぐるぐる回す。

喉のチャクラは音にもよく反応する。歌おう！　歌えないなら、どんな音でもいいから好みの音を出してみよう。

チャクラ6　チャクラ5の動きを目で行う。

チャクラ7　右手で頭頂部を時計回りにこする。

チャクラを開くためのビジュアライゼーション（オーリックフィールドのレベル４）

　このエクササイズを行うには、座り心地のよい椅子に座るか、床に座布団を置き、その上に蓮華座で座る。背筋はまっすぐに伸ばしておく。まず、瞑想をして心を鎮めた後、第一チャクラに意識を向ける。時計回りに回転する赤い光の渦巻としてそれをビジュアライズする（ここでの時計回りは下からチャクラを見上げた場合）。それは、あなたの真下に位置し、回転する円錐体の大きい方の端が地球に向かって開いていて、円錐体の先端はあなたの背骨の底を指している。第一チャクラが回転しているのを見ながら、赤い息を吸い、赤い息を吐く。吸うときに息を赤としてビジュアライズし、吐くときには、ビジュアライズせずに、どのような色かをただ見ている。息を吸うときも吐くときもはっきりと赤が見えるようになるまで繰り返す。もし息を吐くときに、赤の色が薄くなったり、濁ったりしたら、赤のエネルギーのバランスを取る必要があることを意味する。赤が薄ければ、あなたのフィールドにはもっと赤が必要である。濁っている場合は、下位のチャクラを浄化する必要がある。入ってくる呼吸の色と出ていく呼吸の色が同じになるまで、このエクササイズを繰り返す。これはすべてのチャクラに言えることだ。

　第一チャクラのビジュアライゼーションを保ったまま、恥骨の上五センチぐらいのところに位置する第二チャクラに移動する。そこで二つの渦巻をビジュアライズする。一つは身体の前面に、もう一つは身体の背面に。鮮やかな赤味がかったオレンジ色で時計回りに回転しているのを見る。赤味がかったオレンジ色を吸って、それを吐き出す。これを繰り返す。入ってくる色と出ていく色が同じであることを確認してから次に移動する。

　最初の二つのチャクラのビジュアライゼーションを維持したまま、太陽神経叢にある第三チャクラに移動する。そこで、二つの黄色の回転渦をビジュアライズする。黄色の息を吸い込み、吐き出す。吸気と呼気の黄色が明るくなるまで繰り返す。

次に心臓（第四チャクラ）に移動する。緑の時計回りの回転渦を見る。色のバランスが取れるまで、緑の息を吸って吐く。喉のチャクラに移動する前に、下を見て、（あなたがすでにチャージした）他のすべてのチャクラが回転していることを確認する。

喉（第五チャクラ）では、時計回りに回転する渦巻を通して、青色を吸ったり吐いたりする。

第三の目のチャクラ（第六チャクラ）では、頭の前と後ろに時計回りに回転するすみれ色の渦巻をビジュアライズし、呼吸を繰り返す。

次に、王冠のチャクラ（第七チャクラ）に移る。それは乳白色で、頭のてっぺんにあり、時計回りに回転している。白色を吸い込んで吐く。それを繰り返す。七つのチャクラすべてが時計回りに回転しているのを確認する。背骨を上下する垂直の力の流れを見る。それは呼吸と共に脈動している。あなたが息を吸うと脈動する。息を吸うと、脈打って上昇し、息を吐くと、脈打って下降する。すべてのチャクラが渦巻の先端でその流れにつながっているのを見る。エネルギーがあなたのフィールドを通して流れるよう、王冠のチャクラがてっぺんの入口と出口を形成し、根のチャクラが基礎の入口と出口を形成している。吸う息と共に、すべてのチャクラを通って、脈打つエネルギーが流れ込んでくるのを見る。フィールド全体が今や、たくさんの光のエネルギーで満たされている。これは、すべてのチャクラを開いてチャージするために、ヒーリングの前に行うとよいエクササイズである。

チャクラを開き、チャージするための呼吸とポーズのエクササイズ（オーリックフィールドのレベル5〜7）

オーリックフィールドをチャージし、明るく浄め、強化するエクササイズで、私が見た中でもっとも強力なのは、姿勢と呼吸と背骨の柔軟性に重点を置くクンダリニー・ヨガの実践者が教えているものだ。もし機会があれば、クンダリニーのアシュラム（僧院）で直接彼らから学ぶことをお勧めする。それができない人のために、彼らの教えの一部を簡素化し本書に付け加えた。それらを図表21－3に示してある。

チャクラ1　床に正座する。両手は太ももの上に置く。息を吸いながら、骨盤のあたりの背骨を前に曲げ、吐く息と共に、後方に反らす。お好みなら、呼吸のたびにマントラ（真言）を唱える。これを数回繰り返す。

チャクラ2　脚を組んで床に座る。両手で足首をつかみ、深く息を吸い込む。背骨を前に曲げ、胸を持ち上げ、腰を丸くする。息を吐くときには、背骨を後方に反らせ、腰も反らす。お好みでマントラを唱え、数回繰り返す。

チャクラ2――別のポーズ。仰向けに寝て、両肘をついて身体を支える。両脚を床からおよそ三〇センチぐらい上げる。脚を開いて息を吸う。息を吐きながら、両脚をまっすぐに伸ばしたまま膝のところで交差させる。これを数回繰り返す。両脚を少し上げて、もう一度繰り返す。脚が床から七五センチぐらい上になるまでこれを行い、同じ手順に従って、脚を下げていく。休息して、これを数回繰り返す。

チャクラ3　脚を組んで座り、小指を前に、親指を後ろにして肩をつかむ。息を吸いながら、上体を左にねじり、吐きながら右にねじる。呼吸は長く、深く行う。背骨がまっすぐであることを確認する。

チャクラ1

チャクラ2

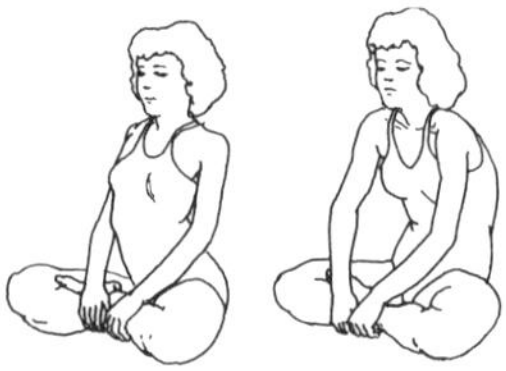

チャクラ2

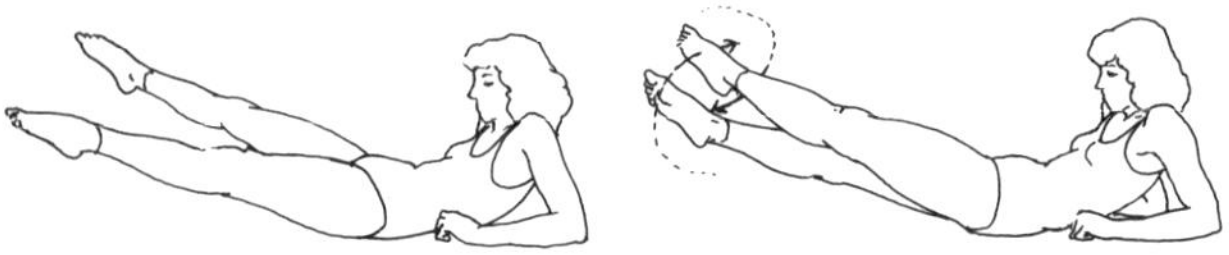

チャクラ3

チャクラ4

図表21－3　チャクラを開き、チャージするための呼吸とポーズのエクササイズ

数回繰り返し、方向を逆にする。もう一度繰り返し、一分間休む。

正座をしてすべての運動を繰り返す。

チャクラ3――別のポーズ。仰向けに寝て、両脚をそろえ、かかとを一五センチぐらいの高さまで上げる。頭と肩も一五センチ上げる。つま先を見て、両腕を伸ばしたまま、指先をつま先に向ける。この姿勢で鼻呼吸をし、三〇まで数える。リラックスして、三〇数える間、休息する。これを数回繰り返す。

チャクラ4　脚を組んで座り、心臓のチャクラのところで両手の指と指をひっかけるようにして組み、両肘を外に向ける。肘は、シーソーのように動かす。その動きと一緒に長くて深い呼吸をする。数回続けて、吸って吐いて、ひっかけた指を引っ張る。一分間、リラックスする。

正座をして繰り返す。これによりエネルギーが高まる。

骨盤を引っ込める。


チャクラ5　脚を組んで座り、膝をしっかりとつかむ。肘はまっすぐにしておく。背骨の上部を曲げ始める。息を吸いながら前方に、吐きながら後方に。これを数回繰り返し、休息する。

今度は肩をすぼめながら背骨を前に曲げる。息を吸うときに肩をすぼめ、吐くときに肩を下ろす。これを数回繰り返す。息を吸って、肩を持ち上げたまま一五秒息を止める。力は抜くように。

上記のエクササイズを正座して繰り返す。

チャクラ6　脚を組んで座り、喉の高さで両手の指と指を引っかけるようにして組む。息を吸って、止める。その後、チューブから歯磨き粉を押し出すように、お腹と肛門括約筋を締め、エネルギーを頭頂に向かって押し上げる。指を組んだまま、両腕を頭の上に持ち上げ、頭頂からエネルギーを吐き出す。これを繰り返す。

次に、正座して繰り返す。

チャクラ7　脚を組んで座り、両腕を頭の上に伸ばす。二本の人差し指をまっすぐ天に向け、それ以外の指を組む。「サット」と言いながら、へそを引っ込め、息を吸う。へそを緩めながら「ナム」と言い、息を吐く。これを数分間、素早い呼吸で繰り返す。次に息を吸い込んで、まず肛門括約筋を締め、次に腹筋を押さえ込んで背骨の付け根から頭頂へとエネルギーを絞り上げる。息を止める。そして、すべての筋肉を締めつけたまま、息を吐く。それから、リラックスして、休む。もし「サット、ナム」が自分には合っていないと感じたら、別のマントラを用いてもよい。

次に、正座をして以上を繰り返し、休息する。

さらに、マントラを使わずに繰り返す。代わりに、鼻から短く速く息を吸う。

チャクラ7――別のポーズ。脚を組んで座る。手首と肘をまっすぐに伸ばし、手のひらを上に向けて六〇度の角度で腕を上げる。鼻から息を吸い、喉の奥の上部に息を吹きかけるようにして、約一分間呼吸する。息を吸って止め、一六回、お腹を膨らませたり引っ込めたりする。息を吐き、リラックスする。二～三回これを繰り返す。休息。

オーラをチャージするための色彩呼吸瞑想法

両脚を平行にして肩幅に開き、ゆっくりと膝を曲げたり伸ばしたりする。膝を曲げて腰を下ろすたびに、息を吐く。立ち上がるときに息を吸う。上体を下げるときには、かかとを上げずに、下げられるだけ下げる。腕の力は抜く。背中はまっすぐにして、前かがみにならないように。骨盤の下半分を少し前に突き出すようにする。

次に、手のひらを下にして、腕を前に伸ばす。あなたがすでに行っている上下運動に、両手を使って円運動を付け加える。膝を伸ばして上に行くとき、両腕は可能な限り伸ばしておく。上への動きが頂点に達したら、両腕を（手のひらを下にして）身体の脇にもってくる。そして、下へと動くときに腕を身体の近くに置いておく。腰を下ろしきったら、再び腕を前に伸ばす（図表21－4参照）。

この動きにビジュアライゼーションを付け加える。あなたは手と足を介して、地球から、そして周りの空気から色を吸い込む。息を吐くときには色を吐き出す。それぞれの色で、数回、呼吸をする。

赤い色から始める。次の動きで、腰を下ろしきったら、赤色の息を吸い込む。あなたのオーラの風船全体が赤い色でいっぱいになるのを見る。膝を伸ばしきった後、膝を曲げ始めたら、色を吐き出す。では、もう一度、試してみよう。心の目で赤い色がはっきり見えるだろうか？　見えなければ、見えるようになるまで、エクササイズを繰り返す。ビジュアライズしにくい色は、あなたのエネルギーフィールドに必要な色である可能性が高い。息を吐くときは、ただ色を見つめている。コントロールしてはならない。色が明るくはっきりしたら、次の色に移る。

今度は上方に動きながら、オレンジ色を吸い込む。大地からあなたの足や手に入ってこさせる。周りの空気からも入ってこさせよう。もし、心でこれらの色をビジュアライズするのが難しかったら、色

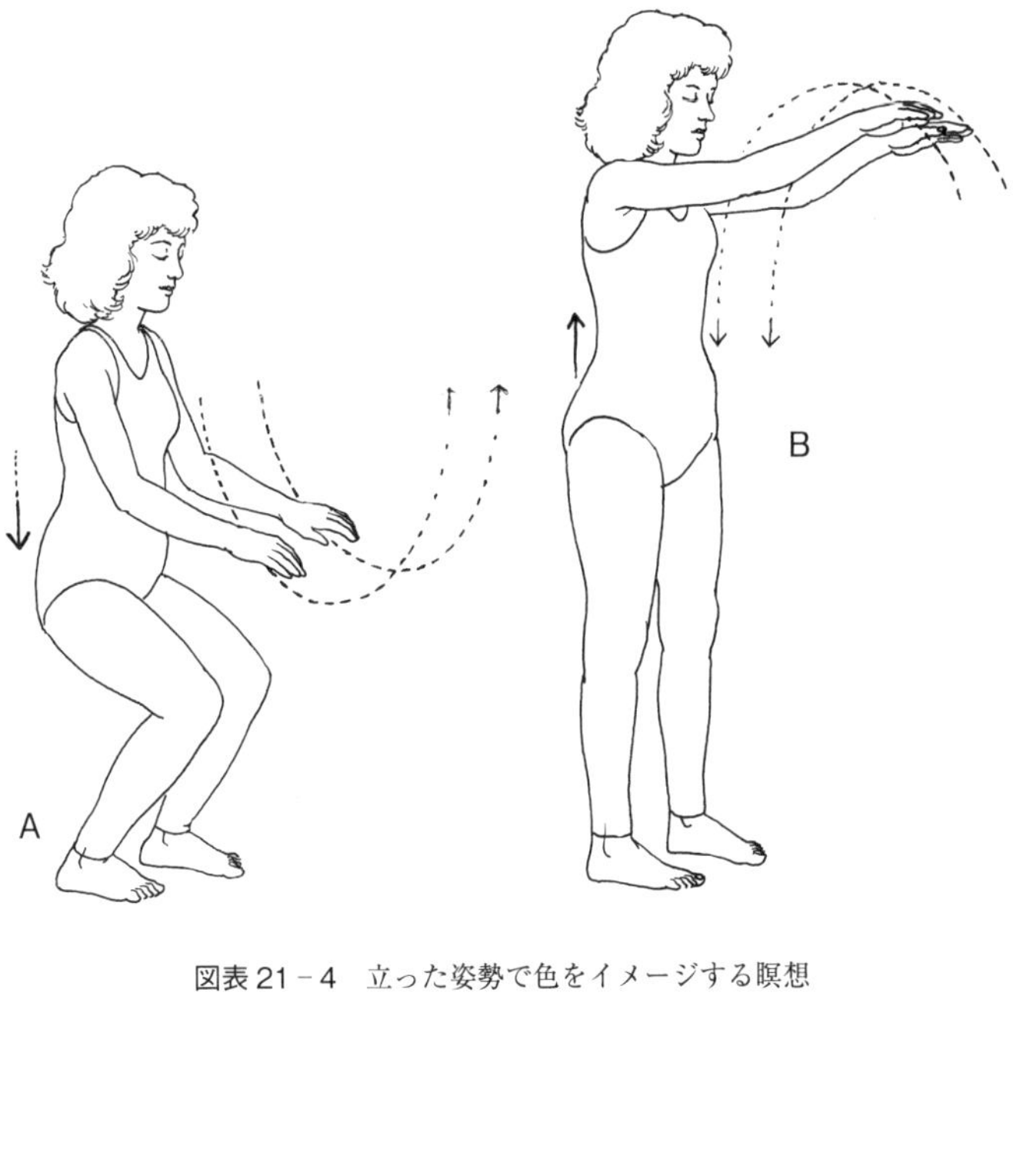

図表21－4　立った姿勢で色をイメージする瞑想

見本を手に入れて見ながらやってみよう。目を閉じてやった方がやりやすいかもしれない。オレンジ色を使ったエクササイズをもう一度繰り返そう。

黄色、緑、青、すみれ色、白の順序でこのエクササイズを続ける。次の色に移動する前に、自分のオーラの卵形が、それぞれの色で満たされているのが見えることを確認する。これらは、個々のチャクラにとってよい色である。自分のオーラにさらに高い振動を加えたければ、以下の色でエクササイズを続けよう。銀色、金色、白金、透明、その後、白に戻る。この第二のグループのすべての色は、オパールのような性質（乳白色の光沢）をもっている必要がある。

グラウンディングのための震動運動

身体を震動させるとは、身体に不随意の震えを引き起こす緊張した体勢を取らせ、維持することを意味する。これはエネルギーの流れを増加させ、ブロックを解消する。これらのエクササイズはコアエナジェティクスやバイオエナジェティクスでよく知られている。

両脚を平行にして肩幅に開いて立つ。上述したオーラをチャージするエクササイズをやり終えた後、身体を沈めるときに再び息を吐き、膝を伸ばすときに息を吸う。できるだけ膝を曲げ、脚に疲れを感じさせるようにしよう。この体勢を長く保っていると、自然に脚が震え出すだろう。震え出さなかったら、素早く上下に飛び跳ねて、震えを開始させる。その震えが脚の上部や骨盤にまで及ぶようにしよう。練習を重ねれば、震えが全身に広がっていくだろう。これは全身に強いエネルギーの流れを生み出すとてもよい方法である。一度その感覚がつかめれば、身体のどの部分でも、エネルギーの流れを増加させるために震動を引き起こすエクササイズを工夫できるようになるだろう。このケースでは、第一と第二のチャクラを介して流れる大地のエネルギーを高めるために、骨盤を震動させる必要がある。後に、ヒーリングを行う状況になったら、座った状態で、ゆっくりと骨盤を前後に揺り動かし、その動きに短くて速い小さな震動を加えてみよう。それが骨盤を震動させる助けになるはずだ。あなたは全身を巡る増加したエネルギーの流れを感じるだろう。

センタリングのための座ってする瞑想

まず、一〇分から一五分間、座って瞑想する。背筋をまっすぐに伸ばし、快適であることを確認する。この瞑想で、心を沈黙させるために自分自身に繰り返すのによいマントラは、「やめよ。私こそ神であることを知れ」(詩篇46篇。新改訳聖書)である。ただ単に、そのマントラに意識を集中し続けるのだ。心がさまよったら、集中し直せばよい。

心を鎮めるのにもう一つのよい瞑想は、ただ一〇まで数を数えるものである。吸う息で一、吐く息で二、吸う息で三、吐く息で四というように一〇まで続ける。難しいのは、心がさまよって、数を数えること以外のことを考えるたびに、一に戻り、初めからやり直さなければならないことだ! この種の瞑想は、私たちの心がいかにずさんかを思い知らせてくれる! なんと一発で一〇まで到達できる人はほとんどいないのだ!

これで、(大きなグラス一杯の水を飲んだ後)ヒーリングの一日を始める準備ができた。

ヒーリングの空間のケア

低次のエネルギーや悪いバイブレーション（波動）、あるいはまた、ヴィルヘルム・ライヒの言う「死んだオルゴンエネルギー」などがきれいさっぱり排除された浄らかな部屋で作業することが重要である。可能であれば、直射日光が溢れ、簡単に外気に触れられる部屋を選択しよう。ネイティブ・アメリカンの伝統にならって、スイートグラスとシダー、またはセージとシダーを燃やして部屋を燻《いぶ》して浄め、清潔に保つのもいいだろう。

シダーとセージで部屋を燻すには、乾燥させたグリーンシダーと乾燥させたセージを容器に入れて火をつける。燻すのにアワビの殻を使うのはネイティブ・アメリカンの伝統で、火、土、空気、水の四つの要素をすべて象徴している。けれども、アワビの殻がない場合は、フライパンを使用できる。シダーやセージが大量に燃えてきたら、火を消す。蓋をするのが一番効果的だ。大量の煙が出るから、それを部屋の隅々まで送り込む。これもまたネイティブ・アメリカンの習わしだが、家ないし部屋のもっとも東端から始め、日の出の方向（時計回り）に部屋を浄めていく。煙が出始める前に、ドアが開いていることを確認しよう。煙は死んだオルゴンエネルギーを引き付け、ドアの外に運び出す。

浄めの儀式を完成させるには、感謝の気持ちを込めてひきわりトウモロコシの粉を火の中にくべる。これらのネイティブ・アメリカンの風習についてもっと詳しく知りたい方には、フォーコーナーズ・ファウンデーション（632 Oak Street, San Francisco, California 94117）のオシナフ氏を紹介しておきたい（以上のファウンデーションが現在どうなっているかは不明。オシナフ氏〈Oh-Shinnah〉に関する情報は www.thewisdomkeepers.com で得られる）。ところで、オシナフ氏は、ヒーリングを始める前に一人一人の患者に香を焚く。そうすることで、大量の死んだオルゴンエネルギーを除去するのだ。あなたも死んだオルゴンエネルギーが詰まっていると感じたら、自分で香を焚いてみよう。一部の人々は、鍋にエプソム塩を入れ、少量のアルコールをその上に注ぎ、火をつけることによって燃やす。鍋をもって、患者かあなた自身が部屋を歩き回るのだ。

部屋の周りに置いた水晶も、死んだオルゴンエネルギーを吸収する役に立つ。水晶はその後、小さじ四分の一の海の塩と一パイント（〇・四七三リットル）の湧き水を入れたボウルに一晩つけておくだけで浄められる。マイナスイオン発生器も、部屋を浄化する役に立つ。換気のない部屋や蛍光灯がついている部屋では、絶対にヒーリングを行ってはならない。蛍光灯の光は、フィールド内でオーラの正常な脈動を妨害するビート周波数を生み出す。電子レンジも健康によくない。

換気されていない部屋や蛍光灯のついた部屋でヒーリングをしていると、おそらく病気になるだろう。体内に死んだオルゴンエネルギーが蓄積され、あなたの振動が遅くなり、徐々に弱っていくからだ。最終的に、あなたのエネルギーシステムが再び自らを浄化できるようになるまで、おそらく数ヶ月の間、仕事をやめなければならないだろう。自分のエネルギー周波数が減少していることにさえ気づかないかもしれない。感受性も一緒に鈍るからである。

ヒーラーのケア

もし自分の体内に死んだオルゴンエネルギーが溜まっていることに気づいたら、オーラを浄化するために、一ポンド（〇・四五三キログラム）の海塩と一ポンドの重曹を入れた温かいお風呂に二〇分ほど浸かるとよい。これは大量のエネルギーを身体の外に引き出すため、あなたをかなり弱らせるかもしれない。それゆえ、お風呂に入った後は、休んでエネルギーを補充する準備をしておこう。日光の下で横になるのは、あなたのシステムを再充電するのに役立つ。どのくらいの時間日光浴をするかは、あなたの体調次第。直感に従おう。あなたの身体が「もう十分だ」と言ったら、頃合いだと思えばよい。自分自身の浄化を徹底するには、週に数回、日光浴をする必要があるかもしれない。

ヒーリングした後はその都度、コップ一杯の湧き水を飲むべきである。患者もそうだ。あなたの組織に水を巡らせると、死んだオルゴンエネルギーを運び出すのに役立ち、膨満感を防ぐ。逆説的だが、膨満感は最初に十分な水を飲まないことによって引き起こされる。あなたの身体は、死んだオルゴンエネルギーを体組織に深く浸透させるのではなく、水の中に保持するために水を確保する。

水晶も、ヒーラーのエネルギーシステムを保護するのを助ける。透明な水晶やアメジストの水晶を太陽神経叢（みぞおち）の上に身に着けると、あなたのフィールドを強化し、邪悪なエネルギーを浸透しにくくさせる。紅水晶をハートチャクラの上に身に着けると、心臓を保護するのに役立つ。水晶を使ったヒーリングについては、多くのことが語られている。私は普通、ヒーリングの際、身に着けているアメジストと紅水晶に加え、四つの水晶をクライアントに使用している。

患者の左手（心臓の経絡）には大粒の紅水晶、右手には大粒の透明の水晶を置く。これらの水晶はヒーリングで放出される死んだオルゴンエネルギーを吸い取る。私は、患者のフィールドを強く脈動させておくために、第二チャクラまたは第一チャクラに、鉄分を含んだ大粒のアメジストを用いる。鉄は、患者をグラウンディング（地に足をつけること）させておくのに効果がある。水晶は、患者を体内にとどめておく傾向がある。太陽神経叢の上に身に着けた煙水晶はそれにとても適している。

水晶を身に着ける場合、自分の身体に合ったものを身に着けるようにしよう。水晶が強すぎる場合、あなたのフィールドの振動を増加させるが、結局はフィールドを枯渇させてしまう。水晶があなたのフィールドに引き起こす振動についていけるほど、あなたの基礎代謝率が強くないからである。より高い振動についていけるほど十分なエネルギーをフィールドに供給することができないのだ。そのため、結局はエネルギーを失うことになる。しかし、もしあなたが自分のフィールドよりも少しだけ強い水晶を選べば、あなたのフィールドは高められるだろう。

あなたのフィールドよりもゆっくりと振動する水晶を身に着ければ、あなたのフィールドに抵抗力がかかり、あなたの振動を遅くすることになる。それぞれの水晶が自分にどのような影響を与えるか意識する必要があるだけなのだ。あなたがもっと強くなれば、より強力な水晶を身に着けることができるようになる。また、状況に応じて、人生のさまざまな時期に異なる水晶を必要とするだろう。

古い宝石や形見の水晶には、以前の持ち主のエネルギーが染み込んでいるので、一クォート(〇・九四六リットル)の湧き水に小さじ四分一の海塩を入れたものか、海水に一週間浸し、徹底的に浄化するべきである。現在、多くの水晶のワークショップが開催されている。水晶を使いたいと思ったら、それらのワークショップのいずれかに参加して、水晶について学んでから使うことをお勧めする。

私はヒーリングをするとき、マッサージ台とセクレタリーチェアを使う。それなら一日中立っている必要がないし、背中もしっかり支えてもらえる。椅子には車輪がついているので、自由に動くことができ、ヒーリング中はいつでも立ったり座ったりすることができる。また、足にはオイルを塗っている。これはエネルギーが体内に入るのを助けてくれる。

ヒーラーが健康を維持するために必要なもっとも重要なものの一つは、プライベートな時間と空間である。これは簡単なことではない。ほとんどのヒーラーは患者にひっぱりだこだからだ。ヒーラーはどんなに求められても、「だめです、今は自分自身の時間が必要なんです」と言えなければならない。これは、時間が必要なときには、何があっても自分のために時間を取ることを意味する。そうしないと、消耗してしまい、どのみちしばらくの間、施療をやめなければならなくなるだろう。エネルギーが枯渇し、何も与えられなくなるまで待ってはならない。そんなときは休む必要がある。趣味や個人的な楽しみに時間を取ろう。ヒーラーは自分のニーズを満たす充実した私的生活を送ることがとても重要である。そうでないと、最終的に、それらのニーズを患者によって満たそうとするようになるだろう。その結果、患者に依存するようになり、ヒーリングのプロセスが妨げられる。ヒーラーの黄金律は、「第一に、自分を養い育てること、次に、熟慮するために立ち止まること、そして、他人を養い育てること」である。これを守らないヒーラーは、最終的に、燃え尽き症候群に苦しみ、エネルギーの枯渇から病気になる危険がある。

第21章の復習

1. 鍼灸のチャンネル（経絡）を開くエクササイズを述べよ。なぜ、それらは効果があるのか？
2. ヒーラーのオーリックフィールドを浄化するためのエクササイズについて述べよ。
3. ヒーリングを始める前に、ヒーラーがすべき二つのこととは何か？
4. なぜヒーラーはたくさんの水を飲まなければならないのか？
5. 死んだオルゴンエネルギーが充満している部屋を浄化する方法は？　三つ挙げよ。
6. なぜヒーラーはヒーリング空間のケアをする必要があるのか？　ヒーラー自身のエネルギーシステムのためだろうか？　もしケアしなかったら、何が起こるのだろうか？
7. ヒーリングで死んだオルゴンエネルギーを拾わないようにするにはどうすればいいのか？　通常の人生の状況ではどうするのか？
8. ヒーリング空間をきれいにしておくために必要な三つのこととは何か？

9．普通、患者の家よりもヒーリング空間でヒーリングする方が易しいのはなぜか？

10．ヒーリングで死んだオルゴンエネルギーを拾った場合、どのようにすれば自分のフィールドを浄化できるか？

11．水晶を使ったヒーリングの方法を少なくとも三つ挙げよ。

12．水晶を身に着けていると、どうして病気になる可能性があるのか？　水晶はどんな効果をもっているのか？

第22章　フルスペクトル・ヒーリング

ヒーリングについて知っておくべき大切なことは、ヒーリングを行うとき、オーラのさまざまな層で治療や作業を行うということである。それぞれの層のためのワークは、他の層のためのワークといちじるしく異なっている。このことは、ヒーリングの際に何が起こるかについて詳しく説明していけば、もっとよく理解できるようになるだろう。もう一つの大切な点は、第16章で述べたように、ヒーリングのためのエネルギーは、スピリットから物質へ、そして物質からスピリットへと変容するために、ハートチャクラの火のるつぼを通過するということである。

ヒーリングの一日のためにエネルギーを集めるエクササイズ

患者とのセッションを始める前に、利用可能な最高のエネルギーに自分自身を同調させ、エネルギーが自分のフィールドに入ってくることができるよう、すべてのチャクラを浄めてチャージしておくことが重要である。そのためには、前の章で紹介したいくつかのエクササイズをするとよい。ゆとりをもって気持ちよくできるようになるまで、それらの瞑想のエクササイズを数ヶ月かけて行おう。ヒーリングの一日を始める前に、エネルギーを集め、自分の目的を明確にすることがとても大切なのだ。ヒーリングの日の前の晩か朝に瞑想しよう。患者一人につき一分、時間をさく。その間、心を真っ白にして、エネルギーを吸い込む。もう一つの方法は、エネルギーを吸い込んでいる間、他のことを考えずに、各患者に心を集中させる。ここでも、集中する時間は患者一人につき一分。エネルギーが自分の中に流れ込んでくるのをビジュアライズするか、感じる。あなたはまた、第19章で説明しているように、識別力を養うためにたくさん経験を積む必要がある。できれば経験豊富な何人かの友人に支えてもらえばいいだろう。この二つ（識別と支援）は、ヒーリング中にチャネリングをしたいと思っている人にとってオプションではなく必須条件である。ヒーリングはきわめて奥の深いワークであり、軽々しく扱うべきではないし、パーティーゲームのような遊びでするものでもない。これらのテクニックを誤って使用すると、とても不愉快な経験をすることがある（それは頻繁に起こっている）。適切な霊的修行をせずにチャネリングをやろうとする人には害が降りかかる可能性がある。実のところ、チャネリングは霊的修行の副産物である。以上の条件が満たされたら、この章の後半で述べているように、ガイドをあなたのフィールドに招き入れるためのエクササイズへと進むことができる。では、患者と会う前に、第21章で紹介したエクササイズをしよう。

患者に挨拶をした後、もしその患者が以前にあなたとワークをしたことがないなら、あなたが何をしようとしているかを手短に説明することを忘れないように。ヒーラーは患者にわかりやすい言葉で、できるだけコミュニケーションを取ることが重要である。できるだけ簡潔に。患者がすでにオーラやヒーリングについて多くのことを知っているのがわかったら、その理解のレベルに合わせて話をしよう。コミュニケーションの共通の土台を築くために、ヒーリングやオーラについての総合的な理解のレベルを迅速に見きわめよう。それによって患者は安心し、治療を始めることができる。

ヒーリングセッションでは、まず、下位のオーラボディのワークから始め、高次のボディに移っていく。図表22－1に、ヒーリングの手順の概要を載せておいた。以下の詳しい説明についていくために役立つだろう。

詳しいヒーリングの手順

1．患者のエネルギーシステムの一般的な分析

初めてヒーリングを行うとき、私は、患者が自分のエネルギーシステムをおおむねどのように活用しているかを判断するために、迅速にエネルギーボディの分析を行う。そのとき、性格構造を見きわめるため、身体の特徴に注目する。一旦、その構造がわかれば、習慣的にブロックされているチャクラのヒーリングに取り組むことができる。私は、患者に、両脚を肩幅に平行に開いて立たせ、膝を曲げたり、伸ばしたりしながら、その動きに合わせて呼吸するように言う。これは、その人が自分のエネルギーをどのように管理しているか、そして、どのような誤った導き方をして最終的に肉体的な問題を引き起こしているかについて多くのことを明らかにする。たとえば、エネルギーは両脚を均等に上昇しないのが普通である。だいたい、身体の片側がもう一方よりも強い。つまり、身体には他の部分よりも多くのエネルギーをもっている部分があるということだ。こうした不均衡のすべては、当人が直面し、解決しなければならない感情的、精神的な問題に関わっている。たとえば、愛することを恐れている人は、おそらく心臓に近い身体の背面（意志のチャクラ）により多くのエネルギーを送るだろう。愛するためのハ

ートチャクラに栄養を与えるべきエネルギーを誤った方向に導くのだ。

患者が自分のシステムをどのように活用しているかがわかったら、かつては振り子を使ったダウジングでチャクラを分析していた。今は、問題を霊的な観点から「読む」だけである。

初心者の方には、肉体の構造を観察するよう勧めたい。性格構造についてあなたが習得したことと比較してもらいたいのだ。どんな性格構造が際立っているだろう？　どんな精神力学が関与しているのか？　もっとも機能不全を起こしやすいチャクラはどれか？　第13章の図表を振り返ってみよう。この情報は、理性、意志、感情のバランスについて、また、人格の能動的原理と受容的原理について多くのことを明らかにする。さらに、それぞれのチャクラが精神力学的に表現している各領域でのその人の機能の仕方についても多くのことを教えてくれる。肉体の構造をじっくり見よう。これらの情報はすべて、患者をより深い自己理解に導くために使われる。また、患者が日々どんな生き方をしているかの理解を深める一助にもなる。

現在、私は患者に、靴を脱いで、身に着けている宝石類（エネルギーの正常な流れを妨げる可能性がある）をすべて取り去り、マッサージ台の上に仰向けに横たわるよう頼む（この時点で、あなたは第10章で紹介した振り子を使ったチャクラ・リーディングをしたくなるかもしれない）。水晶が患者に適合していると感じたら、私は自分の水晶を取り出す。前章で述べたように、水晶を使うときは、患者の左手に大粒の紅水晶を置き、右手に大粒の透明な水晶を置く。第二と第一のチャクラには、患者のフィールドを強く脈動させ、患者を肉体にグラウンディングさせておくために、鉄分を含んだ大きなアメジストを用いる。四つ目の水晶は淀んだエネルギーをすくうシャベルだ。それは幅約四センチ、長さ約九センチの透明な水晶である。大きな水晶は手に重すぎるし、小さなものはエネルギーをたくさん取り出せない。この水晶は、非常に強い白い光のビームを先端から出し、それがオーラの中に蓄積されたゴミを

図表22－1　ヒーリングの手順

1. 患者のエネルギーシステムの一般的な分析
2. ヒーリングで使用される3つのエネルギーシステムの連携。ヒーラー、患者、ガイドのエネルギーフィールドと宇宙エネルギーフィールド
3. 下位の4つのボディ（オーラの第1層、第2層、第3層、第4層）のヒーリング
    A. キレーション。患者のオーラのチャージ（充電）とクリアリング（浄化）
    B. 背骨のクリーニング
    C. 患者のオーラの特定部位の洗浄
4. エーテルテンプレート（オーラの第5層）のヒーリング（霊的手術）
5. ケセリック（オーラの第7層）テンプレートのヒーリング（再構築）
    A. ケセリックテンプレート器官の再構築
    B. ケセリックテンプレートの再構築
6. 天空界レベル（オーラの第6層）のヒーリング
7. 宇宙レベル（オーラの第8層と第9層）からのヒーリング

切断するレーザービームのような働きをする。私は、ヒーリングの「洗浄する」部分でそれを使っている。

2. ヒーラー、患者、ガイドのエネルギーシステムの連携

患者と初めて物理的に接触する前に、常に存在している高次のエネルギーに自分自身を同調させることが、ひときわ重要である。そのために、エクササイズ20で述べたように、私は再び自分のエネルギーを素早くチャクラに送り、上昇させる。そして、キリストと宇宙的な光の力に自分自身を同調させるために、アファメーション（肯定的暗示）を行う。無言または大声を出して、祈るのだ。「キリストと宇宙的な光の力の名のもとに、愛と真実と癒しのチャンネルとなれますように」。もしあなたがキリストとの関わりがなければ、宇宙的全体性、神、光、聖なる場所などとのつながりを活用しよう。祈ったら、次に私は目を閉じて、軟口蓋に強く息を吹きかけながら、鼻で長い深呼吸をし、心を鎮める。そうしたら患者の足元に座り、足の裏にある太陽神経叢のツボを親指で押す。このツボは、フットリフレクソロジーのシステムで定義されているように、足の裏の拇指球のすぐ下に位置している（図表22－2参照）。その後、患者に焦点を当て、関与している三つのエネルギーシステム――患者のエネルギーシステム、私のエネルギーシステム、そして偉大な光の力――を調整する。これは、ヒーラー（私）の身体の頭頂部をスキャン（走査）し、次に患者の身体を頭頂までスキャンすることによって行うことができる。それが済んだら、足のツボに触って、それぞれのエネルギーの状態を感じ取り、身体の器官を素早く調査する。もっとも重要なのは、身体の主要な器官と背骨である。

足裏のバランスの悪いツボは、柔らかすぎたり、硬すぎたりする。足裏の肉は、指先で押した後も、くぼんだままとなり、もっと回復力を必要としていることを示すかもしれない。反発力が強すぎて、ま

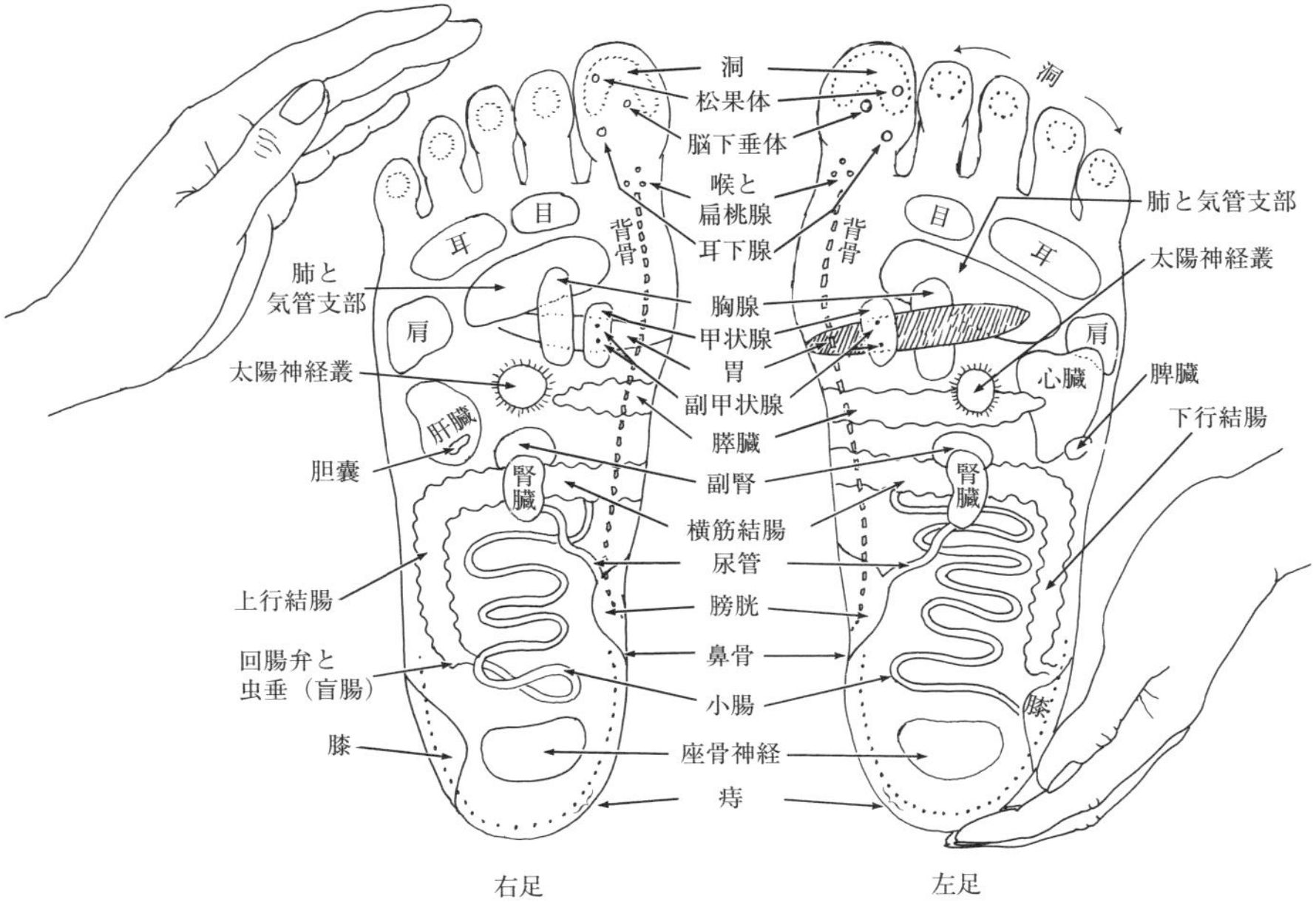

図表22－2　主要な足のツボ

ったくへこまないこともある。筋肉が痙攣《けいれん》しているように感じることもある。エネルギーの流れという点で、バランスを欠いたツボからあなたが感じるのは、小さなエネルギーの泉がそれらのツボから噴き出しているような感覚である。あるいは、小さなエネルギーの渦巻がそのツボから皮膚の中に入り込もうとしているかのように感じることもある。不安定な鍼灸のツボにも同じことが言える。鍼治療のツボは、小さなエネルギーの渦巻や小さなチャクラのように見える。不安定な鍼灸のツボは、エネルギーを噴出させるだろうし、エネルギーを吸い込む小さな渦巻のように感じるだろう。あなたは、エネルギーを必要とするツボに特にエネルギーを供給したくなるかもしれない。

A. ヒーリングのためのチャネリング

ヒーリングの一連の流れの中で、情報を受け取るためのチャネリングに別の次元をつけ加えることができる。ヒーリングのためのチャネリングでは、主に二つの方法で、ガイドがあなたのエネルギーフィールドをより多く利用できるようにする。一つ目は、あなたのフィールドを通して、さまざまなレベルや振動の光をチャネリングできるようにすること。大体、これらの色や強度はガイドによって選ばれる。チャネリングをする人は、単に白い光やキリストの光に同調し続けるだけである。もう一つは、ガイドに、部分的にあなたのフィールドに入ってもらい、直接、触診を通して患者のフィールドに働きかけてもらう方法である。どちらの場合も、あなたの手が霊的ガイドによって導かれるようにしなければならない。最初のケースでは、ガイダンスと手の動きは大まかで、患者の足に手を置いたらすぐに始まることもある。二番目のケースでは、ガイダンスと手の動きがどちらもとても複雑かつ厳密で、たいてい、より高いレベルのフィールド（レベル5からレベル7）で行われる。多くの場合、ガイドは自分の手をヒーラーの手の中に通し、その先にある患者の体内に手を伸ばす。ヒーラーは、ガイドが行っていることを妨害しないよう、最大限の注意を必要とする。たとえば、第五レベルのヒーリングで、あなたが手を動かさずに固定したままでいることや、特定の方法で動かすことに疲れ、やめたくなったら、ガイドにそれを明確に伝え、エネルギー的に休憩を取るためにヒーリングの調整をする時間をガイドに与えなければならない。手を引っ込めるのが早すぎると、患者はエネルギーショックを受け、大抵の場合、飛び上がるだろう。そんなときは、元に戻って、自分が引き起こした混乱を繕わなければならない。経験を積めば、エネルギーの段階的な手順に慣れ、必要に応じて休憩を取れるようになるだろう。

3. 下位の四つのオーリックフィールドのヒーリング

A. キレーション。患者のオーラをチャージして浄化する

ギリシャ語のchele《ケレ》（爪）から派生した「キレーション（chelation）」とは、爪で何かを掻き出すことを意味する。この技術を確立し、発展させたロザリン・ブリエール牧師は、この言葉を、オーラのゴミを取り除くことで患者のフィールドをきれいにするという意味に改めた。キレーションはまた、風船を膨らませるように、オーラにエネルギーを充満させ、オーラのバランスを整える。これは、足元から段階的に体内にエネルギーを流し込むことによって行われる。ごく自然な方法でエネルギーを流すのがベストである。それがシステム全体のバランスと健康を生み出す。エネルギーは足元から体内に流れ込む。というのも、普通、第一チャクラと足の裏にある二つのチャクラを通して大地から引き出されるからだ。これらの大地のエネルギーは、低い物理的振動から成っているので、肉体のヒーリングでは常に必要とされる。あなたはもっとも自然な方法で、枯渇したシステムにエネルギーを注ぎ込んでいるのだ。こうして、エネルギーボディはエネルギーを取り込み、必要とされる場所に運ぶ。一方、もしあなたが病に

かかっているエリアから始めたら、エネルギーボディは、実際に入口のエリアに栄養を与え始める前に、エネルギーを別の場所に運んでしまうかもしれない。それは自然の流れではないので、効果がない。図表22－3のキレーションの図を見てもらいたい。この章の後に続く図は、人のオーラが完璧なヒーリングによってどのように変わるかを示している。

メアリーが初めて私のところにやってきたとき、彼女のオーリックフィールドは詰まっていてどんよりし、バランスを欠いていた（図表22－4、カラー口絵参照）。膝、骨盤エリア、太陽神経叢（みぞおち）、肩に暗赤色と茶色がかった色のブロックがあった。彼女は太陽神経叢のチャクラに傷をもっており、左上部の小さな渦巻がバネのように突出しているかのように見えた。この傷はフィールドの第五層と第七層にまで広がっていた。この形状は食道裂孔ヘルニアに関連している。メアリーは身体のそのエリアに痛みを訴えており、私生活でも人々と深く関わることに問題を抱えていた。数週間かけて行われたヒーリングのプロセスは、彼女のエネルギーフィールドのバランスを整え、チャージし、再構築しただけではなく、メアリーが人々との関わり方を学ぶのも助けた。これは、彼女が自分のエネルギーフィールドを習慣的にブロックすることを学び、結局、心理的問題や肉体的な問題を生み出すことになった幼少期の体験に関する情報を、チャネリングすることを通して行われた。

では、あなたがヒーラーになったつもりで、ヒーリングの各段階を見ていこう。

フィールド全体が浄化され、バランスの取れた状態になるまで、患者（メアリー）の足に手を添えて座る（図表22－5）。この位置から流れるエネルギーは、フィールド全体を活性化する。あなたがチャネリングしている色をコントロールしようとしてはならない。自動的に流れるままにしよう。色にこだわると、多分、助けになるどころか妨げになるだろう。フィールドはあなたの直線的な精神よりも賢いからだ。

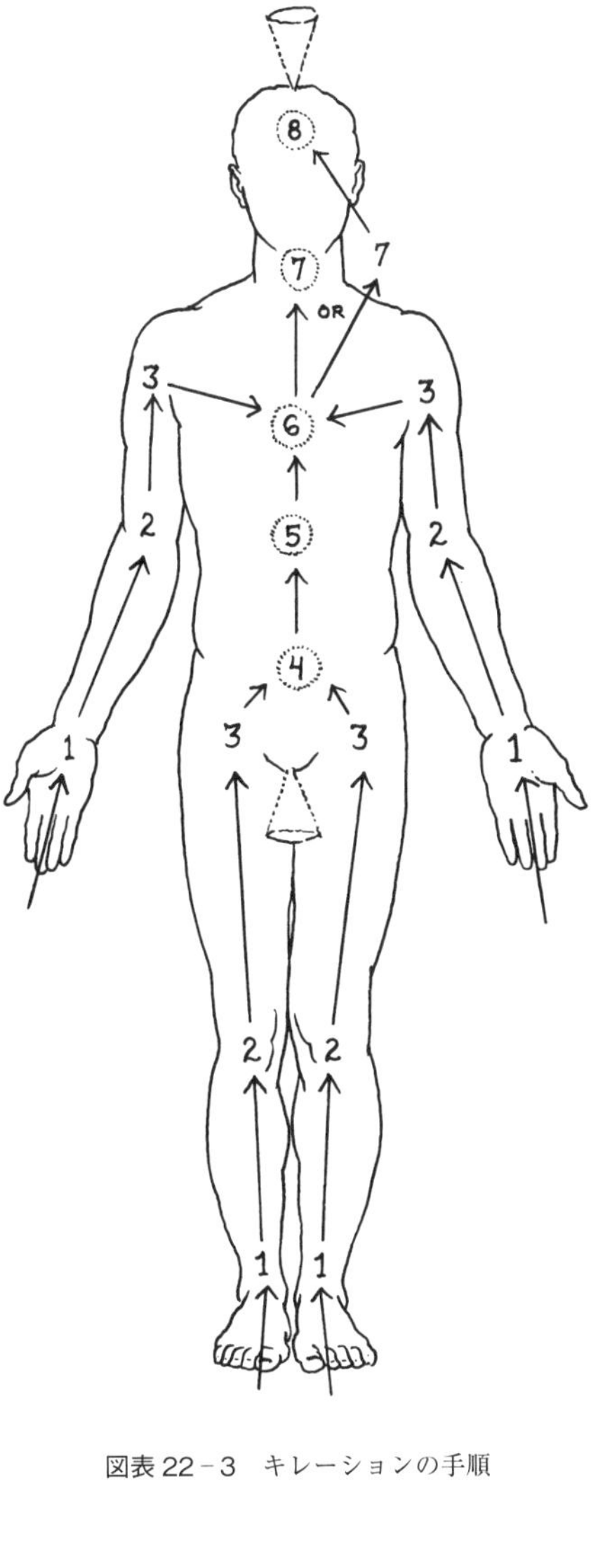

図表22－3　キレーションの手順

あなたのチャクラが清らかで、あなたがフィールドをきれいにしていれば、宇宙エネルギーフィールドからのすべての色を代謝することができ、患者のフィールドは必要とするものをひたすら吸収するだろう。あなたのチャクラのいずれかがブロックされていれば、そのチャクラを介して送られてくる光の色や周波数をチャネリングすることが困難になる。そのような場合は、すべてのチャクラが開くまで、チャクラを開くエクササイズを繰り返そう。図表22－6（カラー口絵参照）は、ヒーラーのチャクラへのエネルギーの流れを示している。ヒーラーの垂直流を介してハートチャクラに入り込み、ヒーラーの腕と手を通って、患者のオーリックフィールドに入り込んでいる。

そのエネルギーが患者のエネルギーフィールドを流れ、浄化し、チャージし、バランスを整えているとき、おそらくあなたは自分の両手を通ってエネルギーが流れているのを感じるだろう。噴水が流れ出ているかのようで、温かく感じるかもしれないし、ひりひりするような感覚を覚えるかもしれない。ゆっくりとしたリズミカルな脈動を感じることもある。もし敏感であれば、この流れの変化を感じるだろう。ときには、身体の片側により多くのエネルギーが流れることもある。すると、脈動の周波数が変化し、流れの方向や、患者のエネルギーフィールドの中でエネルギーが満ちている場所も変わる。この時点で、流れはほぼオーリックボディの領域に入り込む。

数分間のワークの後、流れの強さは弱まり、身体の両側にエネルギーの均等な流れがあるだけになるだろう。これは、フィールド全体がほぼバランスを整え、次のワークに移る準備ができたことを意味する。図表22－5に示されているメアリーのオーラが、図表22－4に示されている彼女の現在のオーラよりもすでにはるかにきれいになっていることに注意してもらいたい。

では、患者の右側に移動しよう。つながりを保つため、常に患者の身体に片手を置いておく。右手を患者の左足の裏にあてがい、左手を患者の左足首に置く。そのためには、患者の身体を超えて手を伸ば

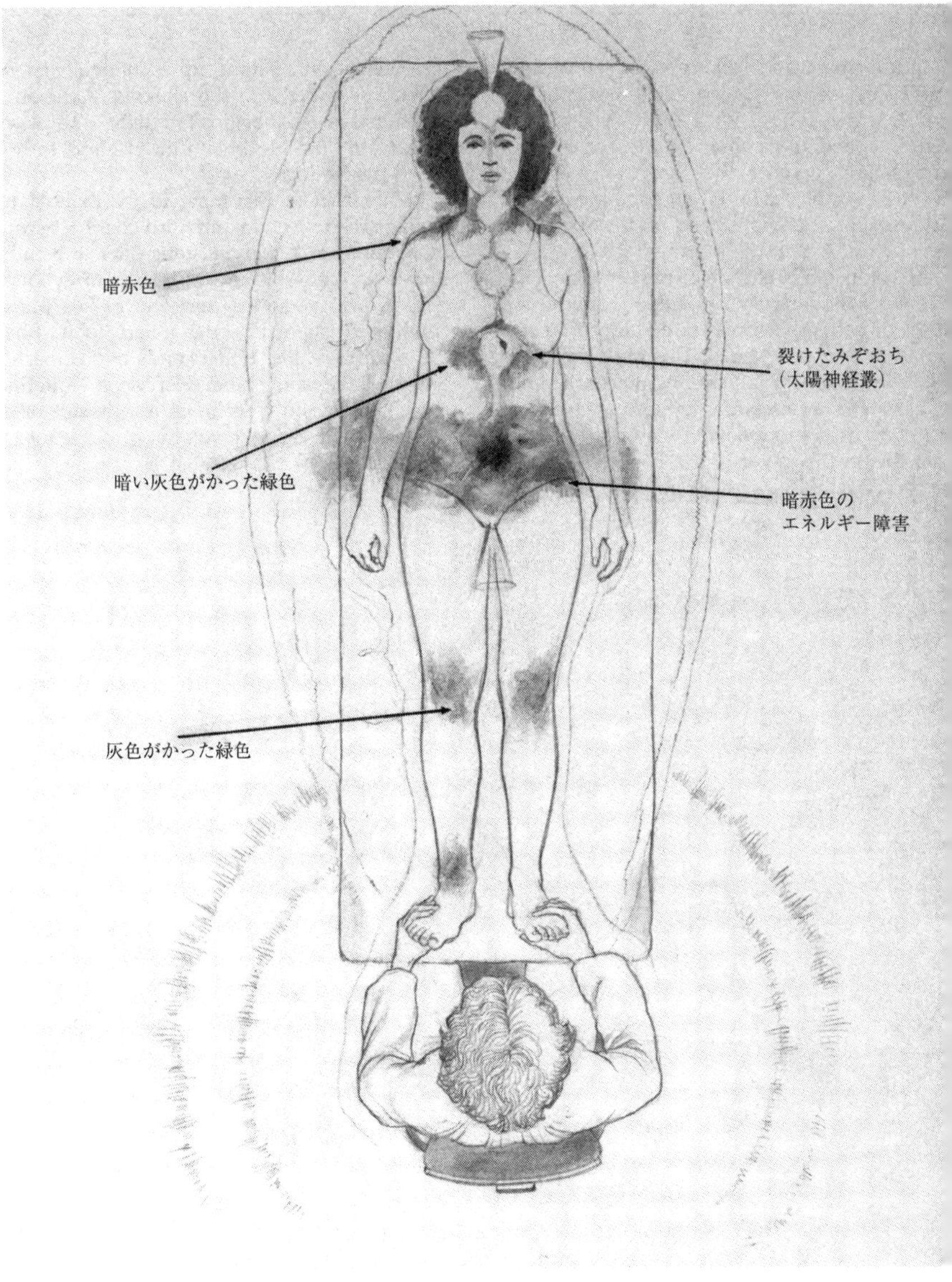

図表22－5　身体の左右のバランスを取りながら、足にエネルギーを流し始める

さなければならない（図表22－7）。患者の足を通してあなたの右手から左手にエネルギーが流れるようにする。最初はエネルギーの流れが弱いかもしれないが、エネルギーの流れの川が満ちてくれば、強くなる。足がエネルギーで満たされると、あなたの両手の間の流れは再び弱まるだろう。今度は右足裏と右足首に手を移動させ、同じ手順を繰り返す。左足と同じように右足もエネルギーで満たそう。次に右手を患者の左足首に、左手を患者の左膝に移動させる。あなたの右手から患者の左足首を通して、あなたの左手にエネルギーを流す。最初はエネルギーの流れが弱いが、おそらく脚の片側の方がもう一方の側より強いかもしれない。エネルギーの充塡が済んだら、右足首／膝の位置に移動する（図表22－8）。足首と膝の間をキレートすると、右の太ももと右の腰の暗雲が晴れ、そこのフィールドが明るくなる。すると、太陽神経叢の左側にある暗闇の一部がクリアになり始める。右脚から左脚へ、関節から関節へ、膝から股関節へ、左側が終わったら右側へと治療を続けていく（図表22－9）。治療を続けていくと、患者のオーラはどんどんきれいになり、患者は変性意識の状態に入り込むだろう。ここで、腰から第二チャクラに移動する（図表22－10）。今や、患者の骨盤エリアのフィールドはきれいになっている。特にあなたの手と手の間のエリアはそうだ。この態勢で、あなたの右手は患者の左の腰にあり、左手は恥骨の上の第二チャクラの中心にある。これを身体の両側で繰り返す。一つの場所から次の場所に移動するとき、あなたはエネルギーの流れが上昇したり下降したりすることで、オーラが浄化されていく変化に気づくだろう。あなたが新しい場所に手を置くと、エネルギーは、あなたのフィールドと患者のフィールドとの間につながりができるまで、最初はゆっくりと流れるだろう。エネルギーの流れは増加してピークを迎え、その後ゆっくりと減少し、停止するか、またはとても低い速度で流れ続ける。これは、移るべきときだということを意味する。エネルギーの流れは、疼《うず》くような感覚や熱波のように感じられる。移る前に、身体のどの部分であれ、両サイドに均等にエネルギーが流れていることを確認

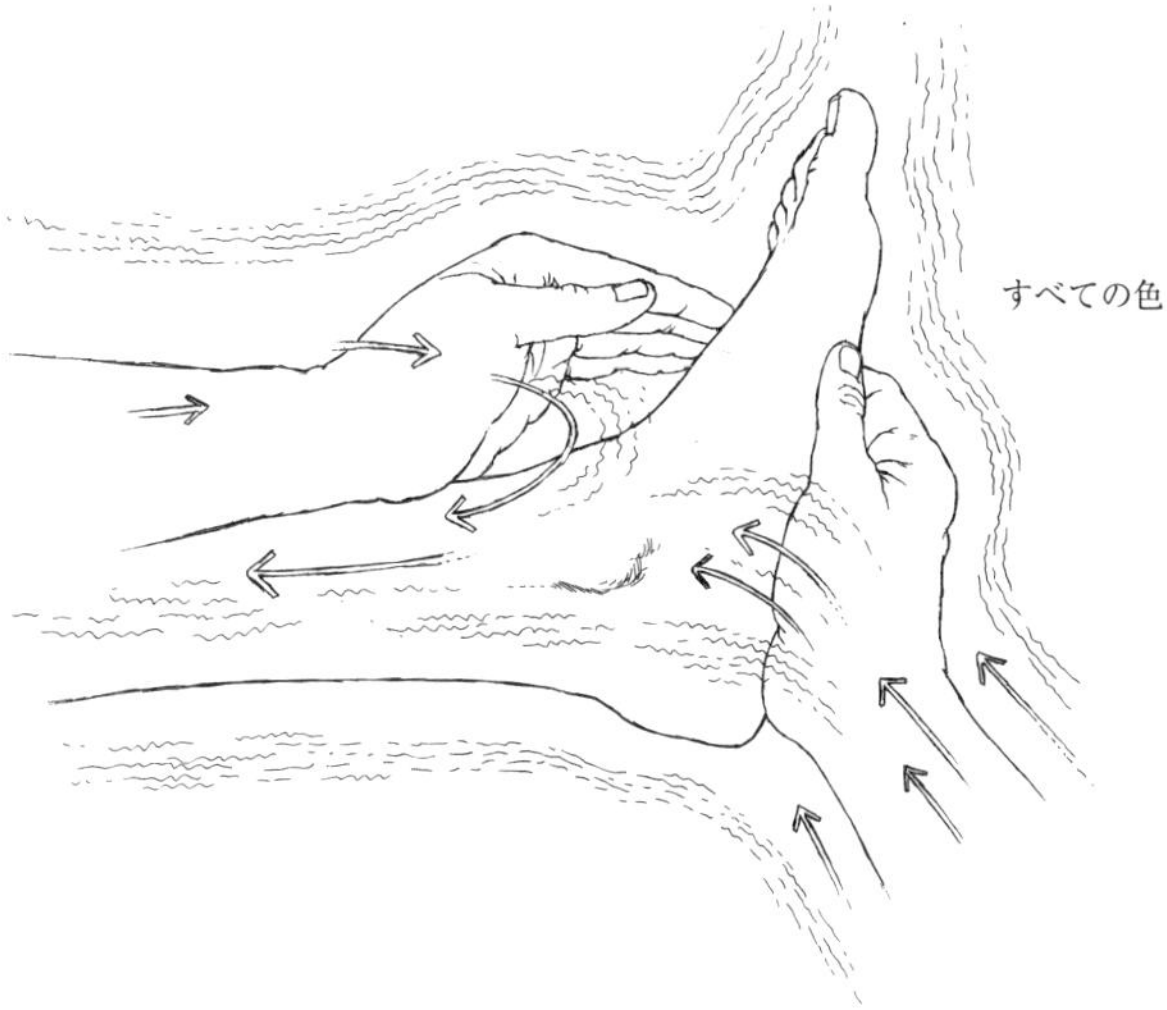

図表22－7　オーリックフィールドのキレーション時のエネルギーの流れ

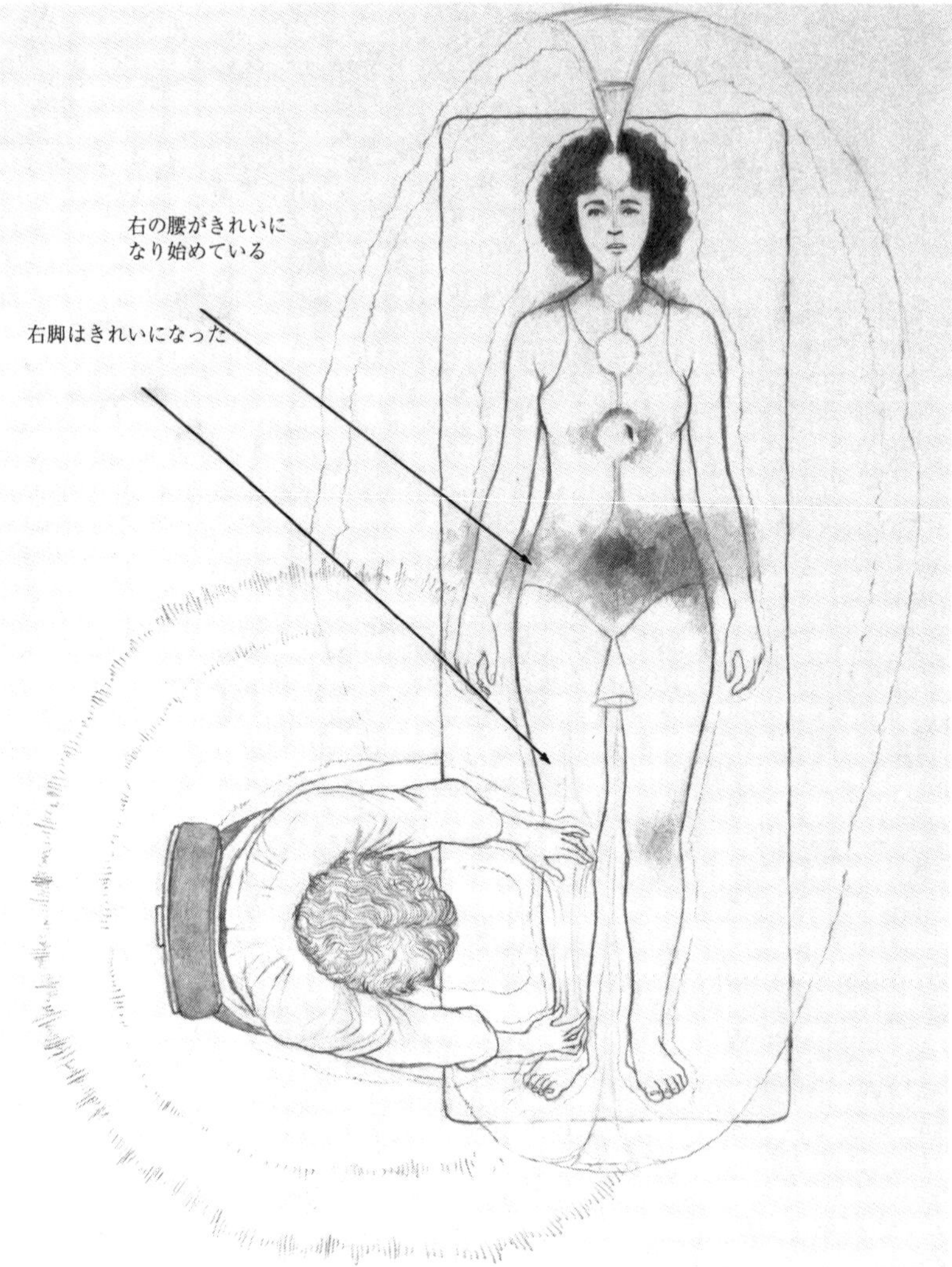
右の腰がきれいに
なり始めている
右脚はきれいになった

図表22－8　足首から膝の関節にかけてのオーリックフィールドのキレーション

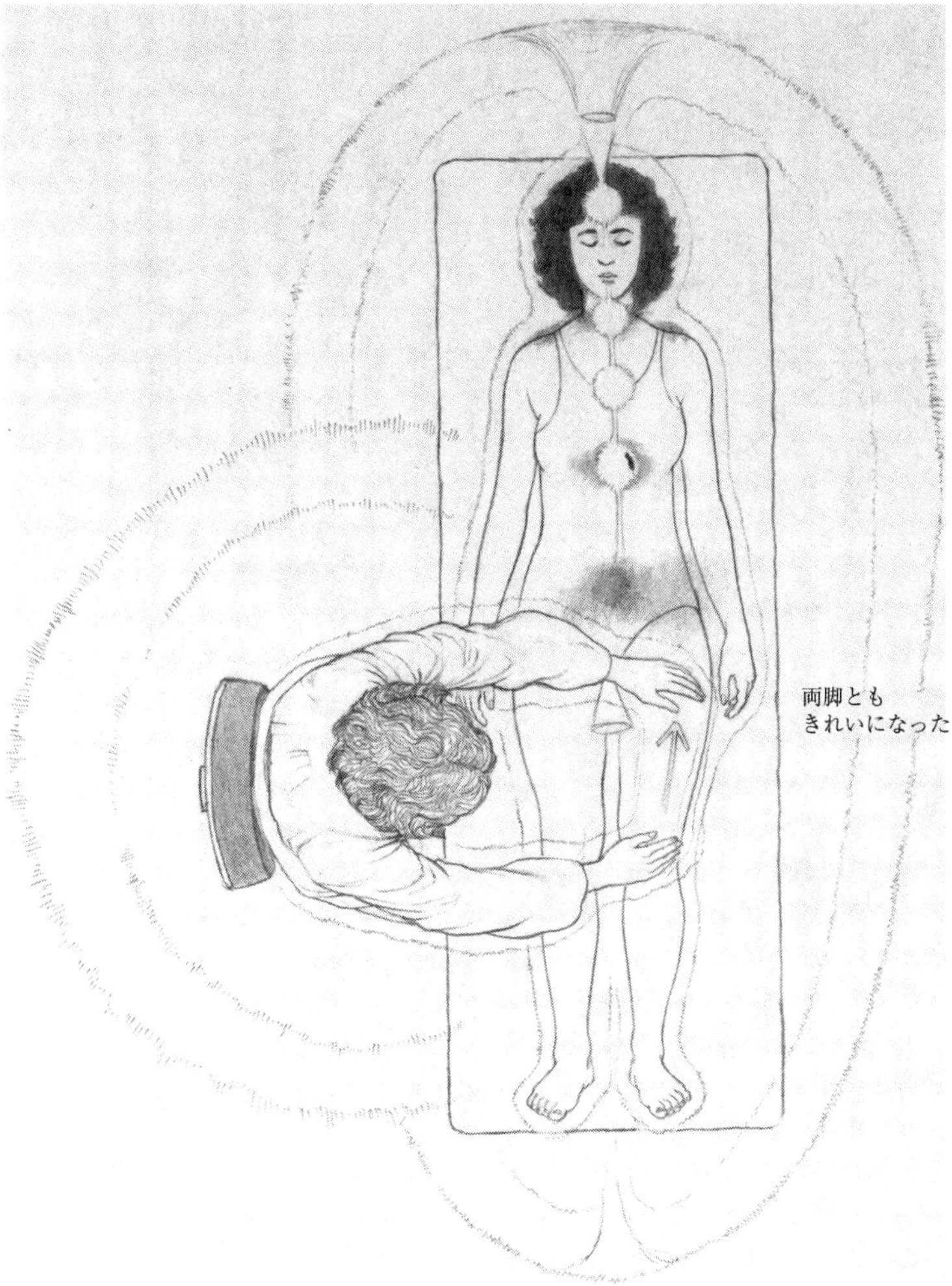

図表22－9　膝から股関節にかけてのオーリックフィールドのキレーション

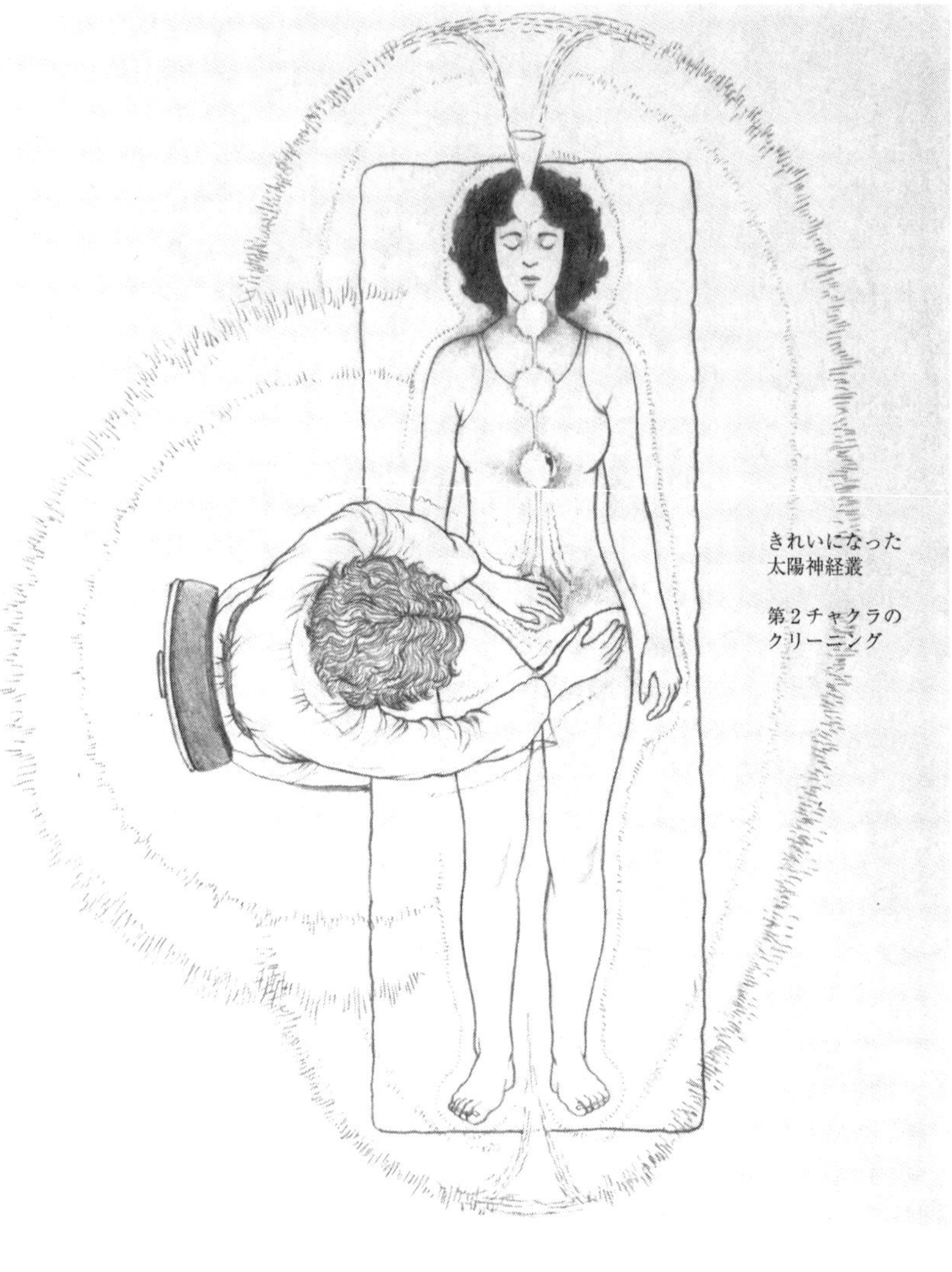

図表22－10　股関節から
第2チャクラにかけてのオーリックフィールドのキレーション

するのを忘れてはならない。これには、身体の両側だけではなく、それぞれの脚の両側も含まれる。

第二チャクラが徹底的に浄化され、チャージされ、バランスを取り戻した後、右手を第二チャクラに、左手を第三チャクラに移動させる（図表22－11）。メアリーの場合は、第二チャクラと第三チャクラにもっと時間をかける必要があるだろう。もっとも詰まりが激しいチャクラだからである。このエリアを浄め終わったら、右手を第三チャクラに、左手を第四チャクラに置く。

直接チャクラでキレートし始めると、患者とのコミュニケーションが深まる。自分が患者と同じ速度で呼吸していることに気づくかもしれない。これは、あなたがミラーリング（まるで鏡のように相手の動作に自分の動作を合わせること）されていることを意味する。一旦、ミラーリングが成立すると、あなたはただ自分の呼吸を変えることで、患者の呼吸を調節できるようになる。患者の呼吸があなたの呼吸に従うのだ。ヒーリングのこの時点で、これを行うことが重要かもしれない。なぜなら、あなたはチャクラの中に入っていくと、感情的なものを解き放ち始めるからだ。感情的なものが解放され始めるやいなや、患者はその感情を抑え込むために、息を止めようとする。

メアリーは、今、第二チャクラと第三チャクラのつながりがより強固になったことで、自分の感情を抑え込もうとし始めている。あなたは彼女に呼吸するよう促す。すると、彼女は泣き出す。孤独を感じているのだ。あなたも孤独を感じる。あなたはメアリーの病気に関連する彼女の幼少期の経験を感じたり、見たりするかもしれない。それらを彼女と分かち合ってもらいたい。彼女は今や、病気とのつながりを理解し、さらに泣く。自分の感情を表現したため、彼女の第二と第三のチャクラは開き、一層浄められる。もしあなたがその感情を寛大に見守っているのが難しいなら、呼吸を変えて調整するのをやめ、意識をより高いレベルに持ち上げよう。その間も、エネルギーは送り続けよう。メアリーのチャクラが浄められると、彼女は落ち着き、静かになった。図表22－12は、キレーションがメアリーのフィールド

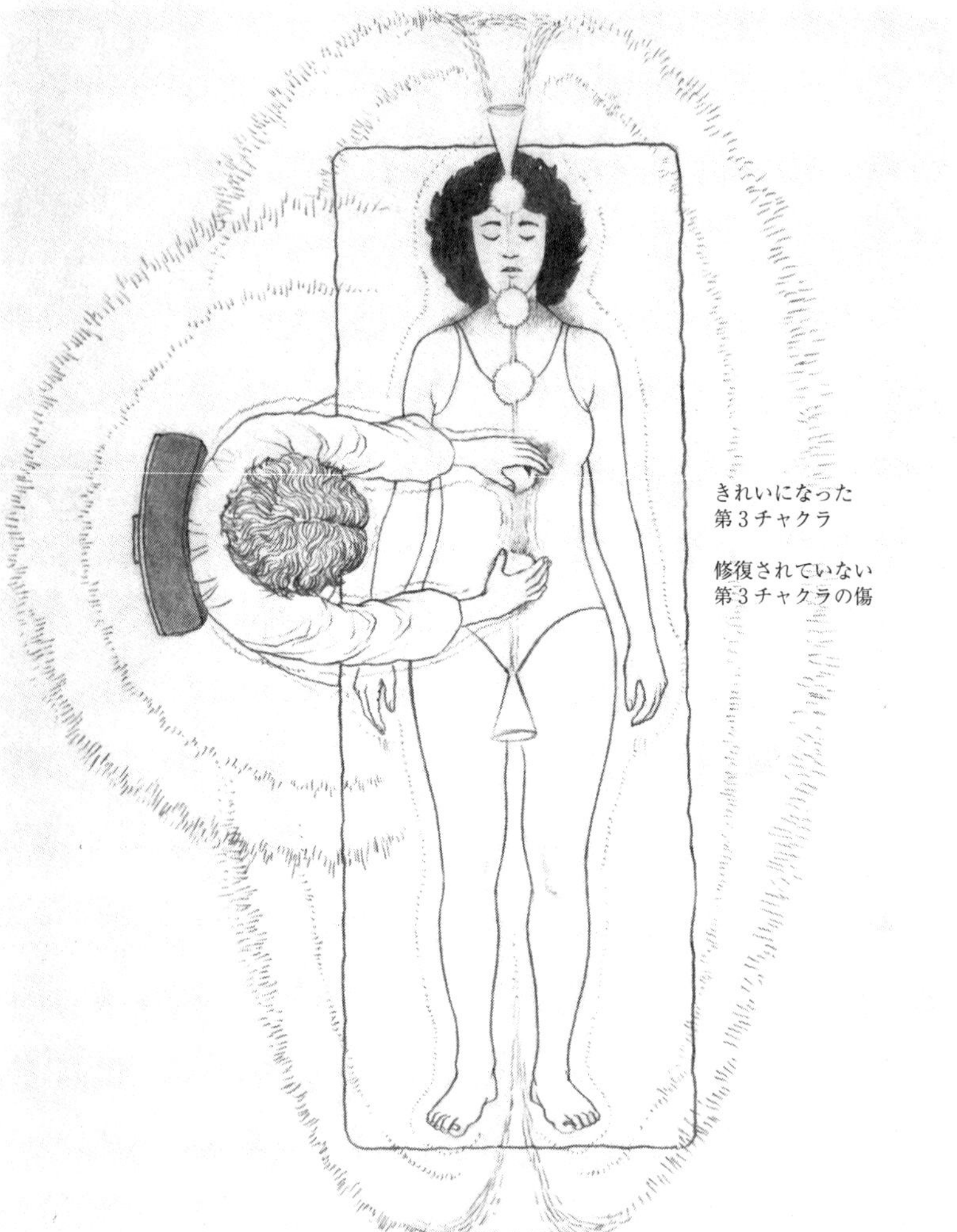

図表22－11　第2から第3チャクラにかけてのオーリックフィールドのキレーション

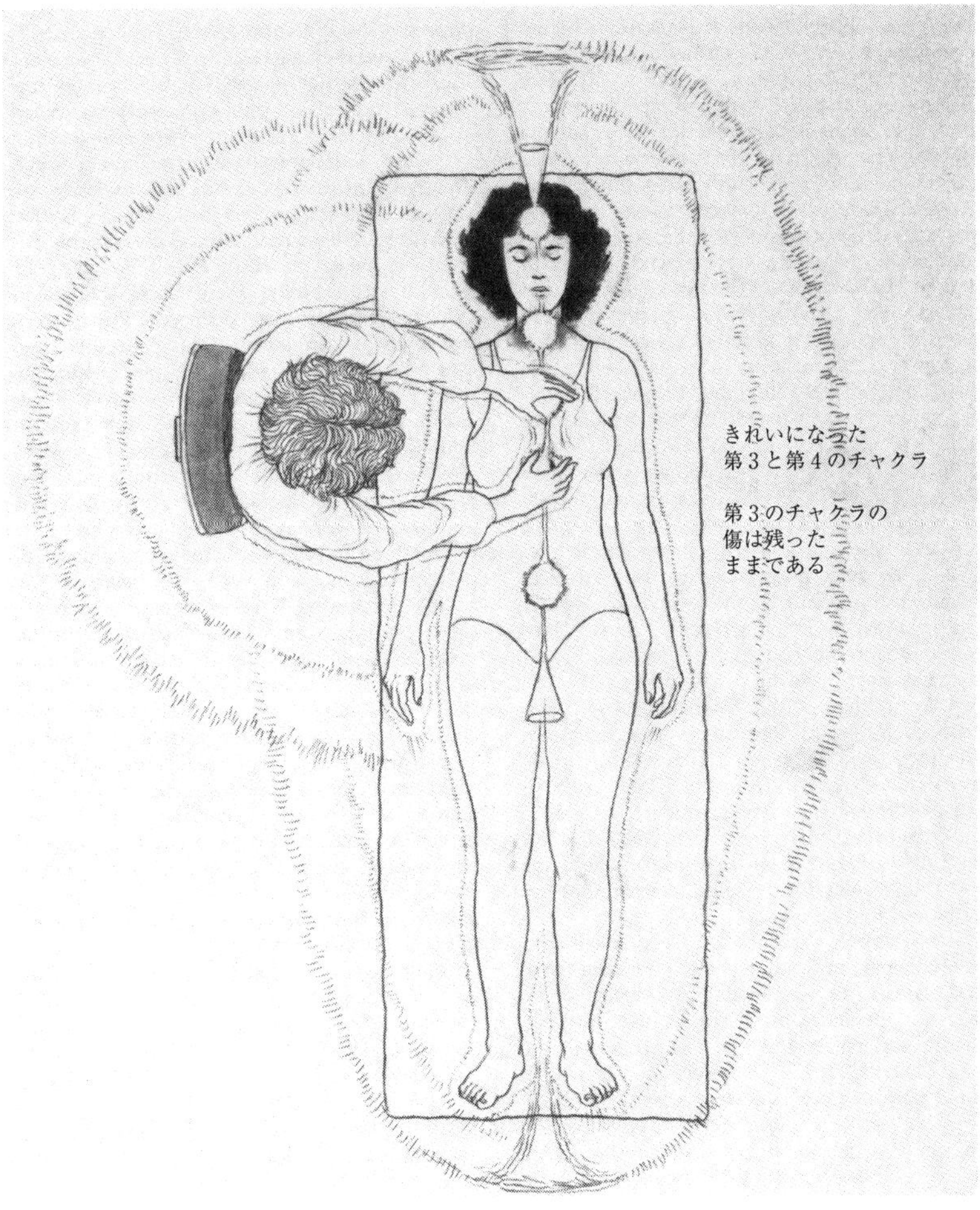

図表22－12　第3から第4チャクラにかけてのオーリックフィールドのキレーション

の下位の四つの層をきれいにしたことを示しているが、裂け目は修復できていない。第三チャクラは、裂け目がある第五層と第七層で特別な注意を要する。身体に沿って第四、第五、第六チャクラをキレートしていくには、左手を上位のチャクラに、右手を下位のチャクラに置く。第五チャクラに達すると、ほとんどの患者は、左手を首の上ではなく、首の下に当てた方が心地よく感じる。それが終わったら、両手を患者のそれぞれの肩に移動させ、座ったままの姿勢で身体を患者の頭の上に滑らせていく。メアリーのエネルギーフィールドの左右のバランスを取るようにしよう。そして、両手をゆっくりと首の両側に沿ってこめかみへと移動させ、その間、ずっとエネルギーを流し続ける。この時点で、あなたが生徒であれば、ヒーリングの手順6で説明したように、第六層のヒーリングに移る。第六層のヒーリングを行い、手順7のケセリックテンプレート・レベルの封印のところで述べたように、第七層の封印を行う。最初のうち、あなたがヒーリングに熟達するまでは、これ以上のことは期待しないように。最初は、これだけのことを完璧にやり終えるのに、相当な時間がかかるだろう。何時間も練習しているうちに、オーリックフィールドの上層部を知覚し始め、手順4と5で説明するようなワークを始められるようになるだろう。さらに後になって、第七層より上の層を知覚し、この後で述べる手順7で説明されているように、第八層と第九層での治療に取り組み始めることになるだろう。

私はすべての新しい生徒に、こうした方法で浄める必要があるものを見逃さないようにするために、完全なキレーションを行うよう言っている。後に、彼らがエネルギーを流すことやフィールドを知覚することにより熟練したとき、もはやすべてのチャクラをキレートする必要はないだろう。彼らは、どのくらい上までキレートする必要があるかがわかるだろう。心臓病の患者には、逆のキレートをすることが重要である。つまり、ハートチャクラからエネルギーを引き出すのだ。というのも、たいてい、暗いエネルギーで詰まっているからだ。

ここで、キレーションについての指針をあといくつか与えておこう。あなたは放射しているのではなく、チャネリングをしているのだということを思い出してほしい。これは、あなたが自分の振動数を必要とされるエネルギーのレベルまで上げ、（電気機器のコンセントを壁のソケットに差し込むように）自分自身を宇宙エネルギーフィールドに接続し、そのエネルギーを流れさせることを意味する。この方法ではないやり方でヒーリングを行えば、あなたはたちどころに疲れてしまうだろう。あなたが自分自身のフィールドの内部から癒すための十分なエネルギーを放射したり、自由に動かしたりすることはできない。あなたはエネルギーが流れる導管にならなければならない（チャネリングでのあなたの仕事は、自分の振動レベルを上げ、宇宙エネルギーフィールドとの回路を完成させることだけである）。あなたの波動をより高いエネルギーレベルに上げるには、あなたが行ったチャクラを開くエクササイズがとても有効である。事前にヒーリングの準備をしておくことで、あなたは高いエネルギーと周波数のレベルから始められる。ヒーリングをしている間、あなたは意識が高まった状態にあるので、ゆっくりと高いレベルに上がり続けるだろう。そのような意識状態に長くとどまっていればいるほど、十中八九、より高いレベルに到達することができるだろう。特に、集中を切らさず、適切な呼吸を心がければ。私が使っている最良の呼吸法は、吸う息と吐く息の間にほとんど間を置かずに長い連続的な呼吸をするものである。呼吸は鼻で行い、第18章で紹介したエクササイズのように、息を軟口蓋に吹きかけるようにして行う。また、オーリックフィールドを拡大することに集中してもいいだろう。もっとも重要なのは、あなたの周りのエネルギーフィールドとの繊細な共時的流れの中にとどまることである。エネルギーの流れの小休止は、より高い周波数が入ってこようとしていることを示している。少し待ってみよう。入ってこない場合は、そのまま続けよう。さらに波長が合ってくれば、あなたの中を流れるエネルギーの周波数に変化を感じ始めるだろう。最終的には、呼吸と焦点を調整することによって、特定の周波数レベルを保つことができるようになる。

両手を少し緊張させ、患者の身体にしっかりと当てがう。そして、あなたのすべてのチャクラで受けとめているエネルギーを患者の体内に送り込む。チャクラにもっとエネルギーを吸い上げさせるため、第21章で説明したエクササイズを使って、自分の身体を震動させてもいいだろう。

ヒーリングのこの部分では、おそらく、上位のチャクラよりも下位のチャクラを通してエネルギーを使うことになるだろう。また、たくさんのエネルギーが足の裏を通して大地から上がってくる。足が床にしっかりとついていることを確かめよう。そこから地球の中心に根を張り、その根を通してエネルギーを引き上げるところをビジュアライズする。このプロセスは下位のエネルギーボディに栄養を与え、チャージする。エネルギーが自由に流れるよう、常に快適な姿勢でいることが大切である。

患者のエネルギーシステムはエネルギーを受け取ると、それを必要としている身体のエリアに自動的に移動させる。たとえば、あなたの両手は足元にあるかもしれないが、エネルギーは背骨を上昇し、後頭部に流れ込んでいるかもしれない。キレーションが行われている間、また、患者をもっと特殊なワークに備えさせるため、ヒーラーはその貴重な時間を使って、霊的な観点から患者を「読み」、患者とコミュニケーションを取ることができる。これは、患者が心を開き、もっと詳しく自分の過去を分かち合い始めるときである。ヒーラーが両手を患者の上に置くと、お互いの信頼度が大幅に増す。ヒーラーは、また、問題のエリアをスキャンし続ける。

メアリーのケースでは、図表22-12を見ればわかるように、オーラがきれいになり、著しく明るくなっている。第二、第三、第四チャクラのエリアのキレーションの間に、彼女は感情を解放したおかげで、深くリラックスした状態になった。彼女のフィールドの最初の四つの層は、第五層と第七層のワークを支えるのに十分なほど浄められている。患者によっては、第六チャクラを通して完全なキレーションを行った後でも、そうはならないこともある。エネルギーの流れを妨げているフィールドの特定の場所を浄化する必要があるかもしれない。そのようなクリアリング（浄化）には二つの主要な方法がある。一つは、背骨のクリーニング。もう一つは、特定の領域からオーラの廃棄物を押し出すか、すくい出す方法である。

B．背骨のクリーニング

この時点で、患者は背骨のクリーニングを必要とするかもしれない（図表22－13参照）。背骨のクリーニングは、オーリックフィールドの主要な垂直流を浄化するので、おおむねよいことである。けれども、一時間のセッションでは、背骨に問題がない限り、ほとんどの場合、私はやらない。他にもっと大切なことがあるし、正常な背骨はキレーションの中にきれいになるからだ。このテクニックの一部は、私の先生であるC・Bから教えてもらったものだ。

背骨のクリーニングをするには、患者に寝返りを打ってうつ伏せになってもらう。患者がまっすぐ下を見て呼吸できるよう、フェイスホールやノーズプラグのあるマッサージ台を用意しよう。このワークは、患者が頭を横に向けていてはできない。

仙骨の周辺をマッサージする。親指を使って、仙骨の孔（神経が通る骨の小さな穴）をマッサージする（小さなくぼみがある大殿筋の上のエリア）。仙骨がどのような形をしているかわからない場合は、解剖学の本で仙骨を調べてみよう。仙骨は、先端が下を向いた三角形の形をした骨で、三角形の各辺に五つの小孔があり、融合している。最後の腰椎がその上に乗っていて、尾てい骨はその下の先端から下向きに伸びている。仙骨の小孔のところで、親指を小さな円を描くように動かし、親指を介して、赤味がかったオレンジ色のエネルギーを送り込む。このようにして、患者の身体の右側から始めて、各椎骨

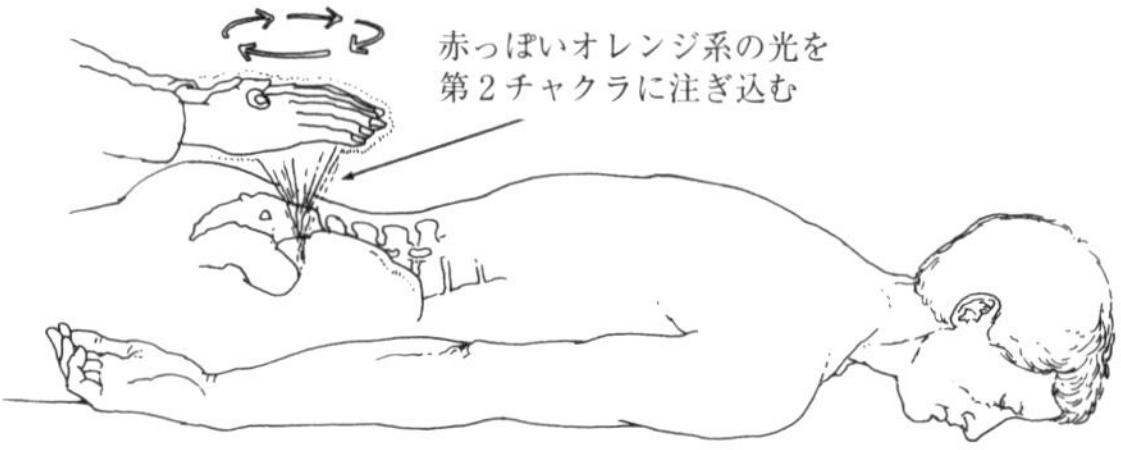
赤っぽいオレンジ系の光を
第2チャクラに注ぎ込む

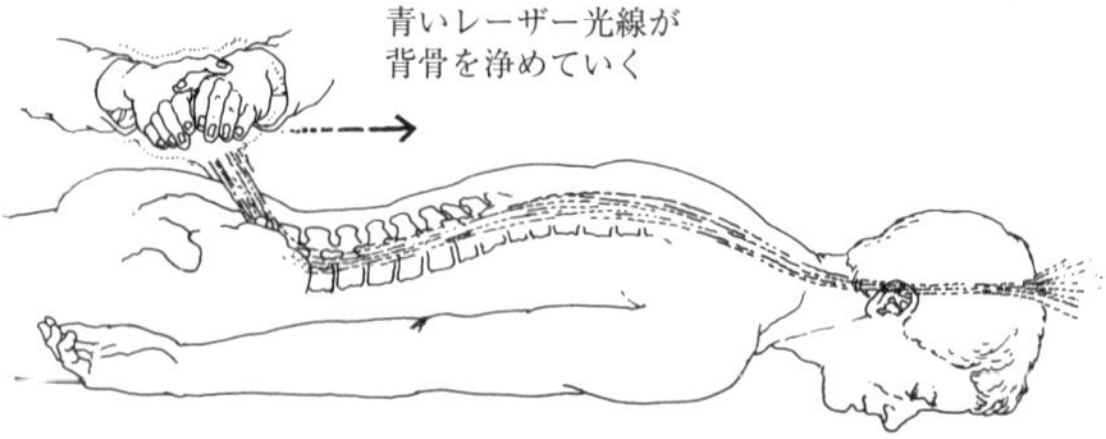
青いレーザー光線が
背骨を浄めていく

図表22-13　背骨のクリーニング（診断上の見方）

のそれぞれの側に親指を使ってアプローチしながら、背骨の一番上まで作業していく。右手の親指で時計回りに、左手の親指で反時計回りに円を描くのがもっとも効果的である。

次に第二チャクラの上で両手を合わせカップの形にする。両手をゆっくり時計回りに動かしながら、手からチャクラに赤味がかったオレンジ色のエネルギーを流し込んでいく。それを行うには、あなたのエネルギーの流れを、赤味がかったオレンジ色の周波数に保てなければならない。このテクニックは、色を使ったヒーリングを扱う第23章で紹介している。チャクラをチャージし、それが済んだら、あなたの両手を背骨に沿って上に動かしていく。あなたの手が第二チャクラを離れると、光が青いレーザー光線のようなビームに変わる。背骨に沿って上がっていくとき、エネルギーのつながりを「断ち切らない」よう気をつけよう。両手を背骨に沿って上に移動させていくとき、楽に動けるよう身体の位置を決めなければならない。

青いレーザー光線を使って、背骨をクリーニングし、王冠のチャクラを介して頭のてっぺんからすべての詰まったエネルギーを押し出す。主要な垂直流がきれいになるまで、少なくとも三回、全体の手順を繰り返そう。第四と第五のチャクラが開くのを助けるために、軽く叩くのもいいだろう。

C. 患者のオーラの特定エリアを浄化する

キレーションの間、あなたは超感覚的知覚を通して、次に肉体のどこを治療したらいいかを感じ始めるだろう。もっと熟達すれば、すべてのチャクラをキレートする必要はなくなるだろう。詰まったエネルギーのエリアにより直接的に働きかけるようになるからだ。だが、経験をたくさん積んだ後でも、一つのエリアに集中する前に、少なくとも心臓はキレートするべきである（より直感的になるためだ）。もっと直接的な治療は、詰まったオーラにエネルギーを流して活力を与えたり、停滞したエネルギーを突き動かしたりすることで行われる。あるいは、詰まったオーラのゴミを直接両手で掻き出すこともある。

特定のエリアに直接エネルギーを流すために、両手を別個に、または一緒に組み合わせて使うことができる。ブロックのいずれかの側（身体の前面か背面、下か上）に両手を置き、右手で押し、左手で引く（またはその逆）ことによって、エネルギーをあるエリアから別のエリアに導くことができる（プッシュ／プル／ストップ・テクニックについては第7章を参照）。ときには、それがふさわしいやり方である。だが、両手を組み合わせて使った方が適切だと感じるときもある。どちらのテクニックも、ブロックに直接エネルギーを導き、オーラに深く食い込ませる。また、オーラの中に新しいエネルギーを深く充満させ、チャクラを満たすよい方法である。図表22－14は、両手の位置を示している。両手を組み合わせる方法では、エネルギーを送り込もうとしているエリアの上で両手を合わせ、親指を交差させて、手のひらを下向きにしてカップの形を作る。両手はしっかりと組み合わせ、手と手の間や指と指の間に隙間がないようにする。

これを行うことによって、エネルギーを光のビームのように体内の奥に送り込めることがわかるだろう。この方法は身体をエネルギーで満たすこともできるし、身体を寛がせることもできる。ガイドは、必要なことについてあなたに指示し、適切なエネルギーを送り込むだろう。ガイドがこのテクニックを使ってブロックを解体しているなら、その後すぐに、送り込んでいるエネルギーの周波数を変えたり、エネルギーを逆流させたりすることで、多分ブロックを吸い出すだろう。あなたはただ導かれるままに手を動かしていく。そのうちに死んだオルゴンエネルギーのために、手を放したくなるかもしれない。そんなときは、ガイドにそれを取り除いてもらおう。

もう一つのテクニックは、あなたのエーテルボディの手を使って、患者のフィールドからブロックさ

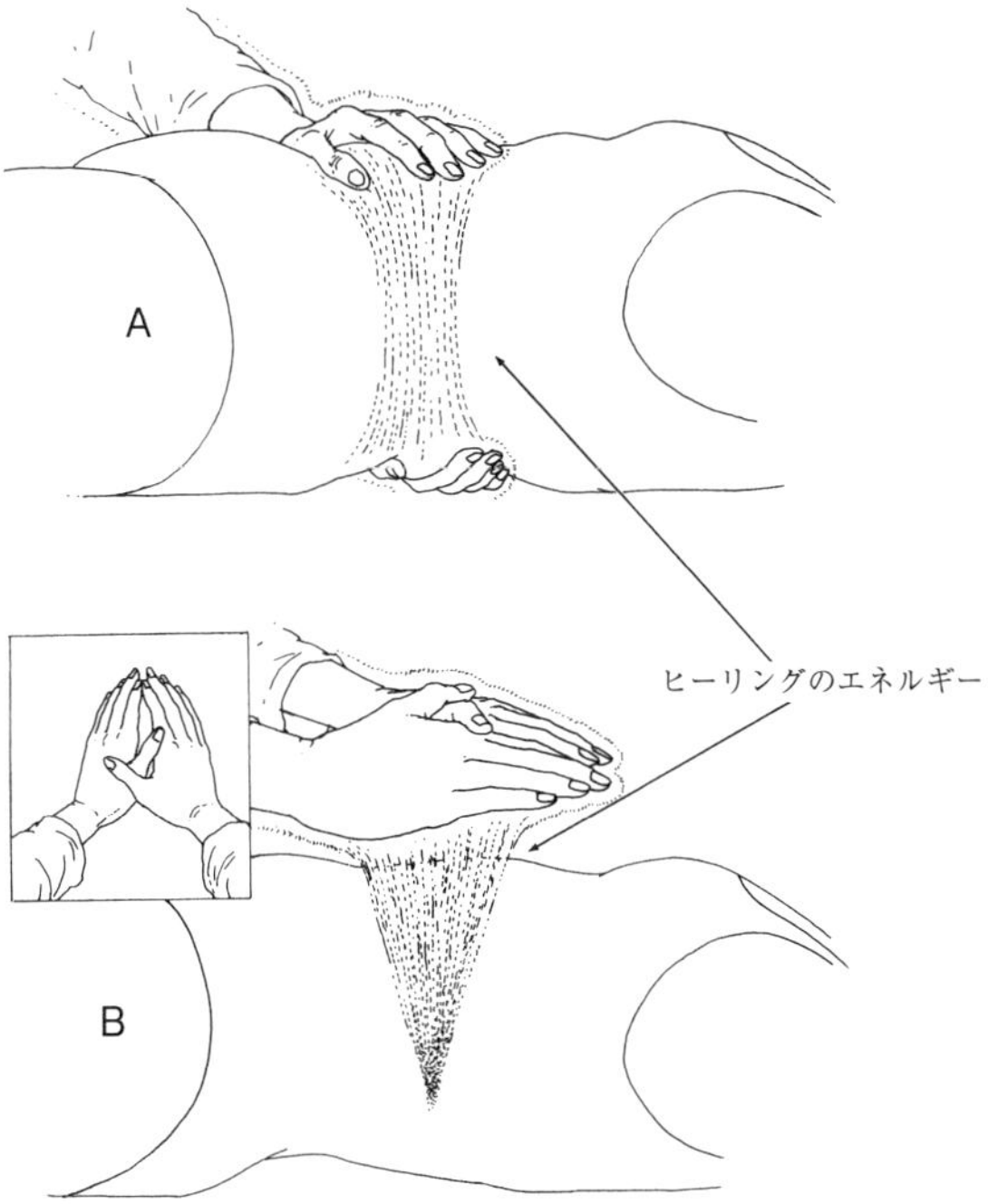

図表22－14　オーリックフィールドの深部に流し込まれるエネルギー

れたエネルギーを引き出す方法である。ブロックされたエネルギーを引き出すには、あなたのエーテルボディの指が非常に長いとイメージする。もしくは、指のエーテルの部分が長くなって、患者の身体を貫き、シャベルのようにエネルギーをすくい上げるか、すくい上げやすいようにかき集めるかするのをイメージするとよい。あなたはただブロックされたエネルギーを引き上げてオーラの外に出し、手に持っている。その間、ガイドはそれに光を当てる。そして、それが白い光に変わるまでエネルギーを与え、解放するのだ（このような方法だと、死んだエネルギーを部屋に充満させることはない）。その後、ヒーラーのあなたは、次のやっかいな仕事に取り掛かる。

ときに、水晶を使って、たまったエネルギーを捕まえ、引き出すこともある（第24章参照）。水晶は、レーザービームのような役割を果たすので、この種のワークにとってすこぶる強力なツールとなる。エネルギーブロックの中に入り込んで、切断し、かき集めるのだ。それをあなたが引き出して、ガイドに白い光に変えてもらうのである。

水晶を使うのは必ずしもよいことではない。一部の人々は、この種の切断治療をするにはあまりに敏感すぎる。ケセリックテンプレートの治療（後で説明するより高いレベルのワーク）後は、水晶を決して使用してはならない。使用すると、テンプレートの治療が引き裂かれてしまう可能性がある。患者は、テンプレートワークの後に、水晶による治療を要求するべきではない。（身体のどの部分であれ）それは前もって行うべきものである。前述のメアリーのケースでは、水晶は一切使用されなかった。

このワークが行われている間、ヒーラーは、チャクラや臓器がテンプレート・レベルで再構築する必要があるかどうかを確認するために、オーラ層をスキャンすることができる。ガイドは、エーテルテンプレート・レベル（第五層）かケセリックテンプレート・レベル（第七層）のどちらで治療をするかを選択する。テンプレートのワークは、オーラの最初の四つの層のクリーニングを徹底的にした後でなければ行うことができない。実際、オーラがはなはなだしく汚れている場合、ダークなエネルギーを通してエーテルテンプレート・レベルを見るのは難しい。

ガイドがケセリックテンプレート（第七層）の治療を行うことを決めたら、ヒーラーは水晶を患者の身体から取り去らなければならない。ケセリックテンプレートの治療では、患者が部分的に身体から離れることが必要である。そうでないと、患者は多大な痛みに襲われ、治療を行うことができなくなるかもしれない。私は一度、患者の身体から水晶を取り去らないまま、第七層の小さな裂け目を縫合しようとしたことがある。二秒ぐらい治療した後（私の手は患者の身体に触れていなかった）、患者は痛みで悲鳴を上げ始めた。私はすみやかに水晶を取り除き、縫合を済ませると、自分がレベル一、二、三、四に引き起こした大きな赤い炎症を、上記の浄化のテクニックを用いて治した。

ヒーリングのこの時点でガイドが、エーテルテンプレート（第五層）の治療を行うことに決めたら、水晶をどける必要はない。これは、エーテルテンプレートが負の空間で働き、身体と「感覚」でつながっていないからだと思う。

D．治療のためにガイドをあなたのフィールドに入ってこさせるエクササイズ

もしあなたがガイドを自分のフィールドに入れることに問題を抱えているなら、次のようなエクササイズをお勧めする。（もしお望みなら、このエクササイズは、ヒーリングが始まる前でもすることができる）。これは第21章のビジュアライゼーションのエクササイズであなたのフィールドをチャージした後でなければできない。

あなたのフィールドがチャージされ、バランスが取れている今、上記のエクササイズを繰り返し、ヒーリングのためにガイドがあなたのフィールドに入りやすいよう、少し変えてみよう。

もしあなたが誰かの上に手を置いているなら、これをする前に、そっとその手をどけよう。自分自身の第一チャクラに意識を戻し、それが赤く回転しているのを見る。その色を二回呼吸する。二回目の息を吸うとき、第二チャクラに意識を上げて、赤色が、赤味がかったオレンジ色に変わるようにする。赤味がかったオレンジ色を吐き出す。

第二チャクラに意識を集中させる。赤味がかったオレンジ色を吸って吐く。再び赤味がかったオレンジ色を吸い、第三チャクラに心の目を上げながら、黄色に変化させる。そして黄色を呼吸する。黄色を吸いながら、ハートチャクラに意識を上げ、緑色に変化させていく。緑色を吸い、吐く。緑色の呼吸をし、喉のチャクラに自分自身を持ち上げ、緑色が青色になるようにする。青色を吸い込み、吐き出す。青色を吸い込んで、第三の目に意識を上げると、青が藍色に変わる。藍色を吸って、吐き出す。藍色を吸い、頭頂に意識を持ち上げるときに、藍色を白に変え、頭のてっぺんで吐き出す。あなたが頭頂を通して上昇するとき、ガイドに、喉のチャクラの背面を通って、あなたのフィールドに入ってもらう。あなたは、ガイドが肩を回り込んで腕へと降りてくるのを感じるだろう。

あなたは、自分のフィールドがはるかに充実したものになっていると感じるかもしれない。このとき、あなたはガイドの腕があなたの腕を貫き、そこから光が流れ出ているのを見ることができるかもしれない。リラックスしよう。その感覚に慣れるのだ。もし自分の身体のある部分に手を置きたい衝動を覚えたら、そうしよう（後で、友人を助けよう。ヒーリングを必要としている友人の身体のある場所に、導かれるまま手を持っていくのだ。それはあなたが思っている場所ではないかもしれない）。美しい癒しのエネルギーを、愛がこもったあなたの両手から流れ出させよう。愛をもって他人に手を当てることを恐れないように。

4．オーラのエーテルテンプレート・レベル（オーリックフィールドの第五層）をヒーリングする

ガイドがエーテルテンプレートの治療をすることに決めたら、ヒーラーは、患者の身体の二箇所、普通は二つのチャクラの上に手を置き、そのままにしておくよう合図される。それ以降、ガイドは進行するすべてのことを制御し、ヒーラーは大方受け身となる。

エーテルテンプレートのヒーリングへと進んだ私は、行われている手術の全容を目撃し始めた。最初は信じがたかった。病院の手術室で外科医によって行われる、肉体レベルの手術にとても似ているように見えたからだ。もちろん、自分がすべてを投影しているのではないかとも思った。そこで、透視能力に長《た》けた二人の友人に、私たちの経験が相関しているかどうかを確認するために、何回かのヒーリングに立ち会ってもらえないかと頼んだ。私たちの見たものは一致していた。

これは、私たちが定期的に見たものである。私が受け身で患者の身体の上に両手をのせると、私のエーテルボディの手は肉体の手から離れ、患者の体内に深く沈んでいった。すると、エーテルテンプレートの治療を行っているガイド（私は外科医と呼んでいる）の手が、私のエーテルボディの手を通って伸び、文字通り手術を行った。ガイドの手が手術をしていたとき、私のエーテルボディの手の大きさが著しく拡大した。

手術をするために、ガイドは私の腕を通してチューブを差し込み、両手を通して患者の身体の中に入れた。明らかに、通常の外科医と全部同じ道具——メス、鉗子《かんし》、ハサミ、針、注射器など——を使っていた。それらの道具で切除し、削り取り、切り取り、移植し、再び縫い合わせたりしていたのだ。あるとき、大きな注射器が私の腕を伝って下りていき、患者の体内に入るのを見た。その後、患者の脊髄神経は縫合され、元気を取り戻した。私は友人を見上げて、「今のを見た？」と尋ねた。彼女は「ええ」

と答え、私が見ていたのと同じ光景を語った。それ以来、私たちは一緒に多くのヒーリングを行ってきた。見たものは常に一致していた。

この治療はすべて、オーリックフィールドの第五層で行われる。この層は、第7章で説明したように、負の空間に存在しているように見える。私の超感覚的知覚を通して見ると、負の空間は、写真のネガに似ていて、暗いところがすべて明るく、明るいところがすべて暗く見える。負の空間では、空であると思われるエリアがすべて満たされ、満たされていると思われるエリアがすべて空であるように見える。このレベルでは、何もない空間はすべて暗いコバルトブルーに見え、オーラのラインはすべてそのコバルトブルーのフィールド内の空の空間であるように見える。一旦、そうしたリアリティのレベルに入ると、完全に普通であるように感じる。

第五層は、肉体の次元に存在するすべての形の鋳型である。もしオーリックフィールドで形が壊れた場合、肉体次元で健全な形を取り戻すために、第五層のフィールドで再構築されなければならない。このように、すべてのオーラの手術は、フィールドの第五層で行われる必要がある。したがってエーテルの手術は、基本的に、患者のエーテルボディが成長し、健康になるための新しい負の空間を創出する仕事である。

私が霊的手術と呼んでいるこの種の手術の間、ヒーラーはいかなる状況下でも手を動かすことはできない。実際にほとんどの場合、手は麻痺しているので、いずれにしても動かすのはかなり難しい。私が試したときにはいつも、大変苦労した。ガイドが手術をしている間、ときに四五分間も、ただそこに座っているのは、多大な忍耐を要する。

手術が終わると、ガイドは治療したところを消毒し、切開した箇所をゆっくりと閉じ始める。ヒーラーのエーテルの手はゆっくりと表面化し、ヒーラーの肉体の手に溶け込む。繰り返すが、これには忍耐が必要である（ときに私はうんざりする）。最後に、患者の下半身に置かれた手（普通は私の右手）が離れ、ガイドはその手を身体から上げて、左手に持っていくよう私に指示する。それから私は左手をゆっくりと離し、繊細な手と指の動きで、一歩一歩、新たに再構築されたエーテルテンプレートの領域を、その周りの身体部分のテンプレートとつなぎ合わせていく。これは、ゆっくりとチャクラを介して手を上に移動させることによって行われる。切り口が閉じられ、新旧のフィールドが再びつながれるまで、ヒーラーの手は身体から離れない。

患者であるメアリーに話を戻そう。キレーションの最後の部分で、メアリーは落ち着いたリラックスした状態でマッサージ台の上に横たわっていた。彼女は身体の外に少し漂い、休息している。オーリックフィールドは自らを癒すために受け取ったエネルギーを利用し続けている。メアリーは食道裂孔ヘルニアのエーテルテンプレート治療を受ける準備ができている。第三と第四のチャクラ（図表22－15）に手を置くと、エーテルの手は下方に漂い始め、あなたがアクセスする最善の方法を通して、身体の内部をより鮮明に意識し始める。あなたはそれを感じるか、聞くか、見るかする。あなたは負の空間に座っているが、まったく普通に感じる。あなたの振動数が増加すると、あなたの身体の周りのエネルギーフィールドが拡大する。あなたは背後に気配を感じる。多分、一人だけではないかもしれない。そっと、本当にそっと、ガイドがあなたのエネルギーフィールドを通り抜ける。とてもなじみのある感覚で、心地よい。そして何よりも素晴らしい感覚である。あなたは天使のような静けさの状態に引き上げられていく。宇宙に親しみを感じる。自分自身の高次の創造的な力に身を委ねて座っていると、ガイドの手があなたのエーテルの手を通して、患者の身体に滑り込んでいくのが見える。その手が横隔膜のヘルニアを縫合するのが見える。最初は信じがたいが、その後、すべてが自然なように思えてきて、起こるがままに任せる。ここで重要なのは、患者がよくなることだ。あなたはありきたりの狭い常識の枠組みを超えて、ヒーリングを可能にする知識を信じる。ガイドは裂け目を修復し、第五層のテンプレートの残りの部分と新しく再構築されたテンプレートを再びつなぐ。それから、ガイドが自分のエネルギーを引き始めるのを感じる。あなたは、自分のエーテルの手が患者のフィールドにいかに深く入っていたかに驚くだろう。エネルギーフィールドが引き出され始めると、それが外に向かって動いていくのを感じるだろう。患者もここでそれに気づくかもしれない。次に、あなたは右手の自由がどんどん利くようになっていくのを感じるだろう。患者のオーラとのつながりが緩み、あなたはゆっくりと右手を引き始める。完全に引き上げたら、指を少し曲げて、手を動かしてみよう。今度はあなたの右手で第四チャクラに沈み込み、左手を緩める。ゆっくりと、優しく左手を引き抜く。これで第七層のワークに移る準備ができる。しかし、その前に、エーテルテンプレート・ヒーリングのコツをいくつか述べておこう。

　エーテルテンプレートの手術の間、ガイドが色の周波数、流れの方向性、施術の場所などをコントロールする。あなたが信頼して従えば従うほど、ガイドはより多くのことができるようになる。「通常」の手術の手順に加えて、ときどきガイドはヒーラーであるあなたに、両手と両腕を患者の身体の反対側まで伸ばし、そこで静止しているよう指示する。また、あなたの振動をより高いレベルに引き上げ、ラベンダー色の強い力ばかりか、ときには銀色の力さえ入ってこれるようにすることを求めることもある。流れがきわめて強いこの状況下で、あなたは動いてはならない。そうでないと、あなたの患者のフィールドだけでなく、あなたのフィールドも乱れることになるだろう。十分なエネルギーが、ブロックを壊すために注がれた後、ガイドはエネルギーを逆流させ、緩められたエネルギーを吸い上げ、外に出す。これは、より高いレベルのヒーリングであり、おそらく第六層のエネルギーを使用する。このヒーリングでは、特殊なエーテルテンプレートの形をフィールドから取り除く。たとえば、ウィルスやバクテリアの霊的な形などである。ある症例では、白血病患者の血液から白い種のような物体を除去し、それら

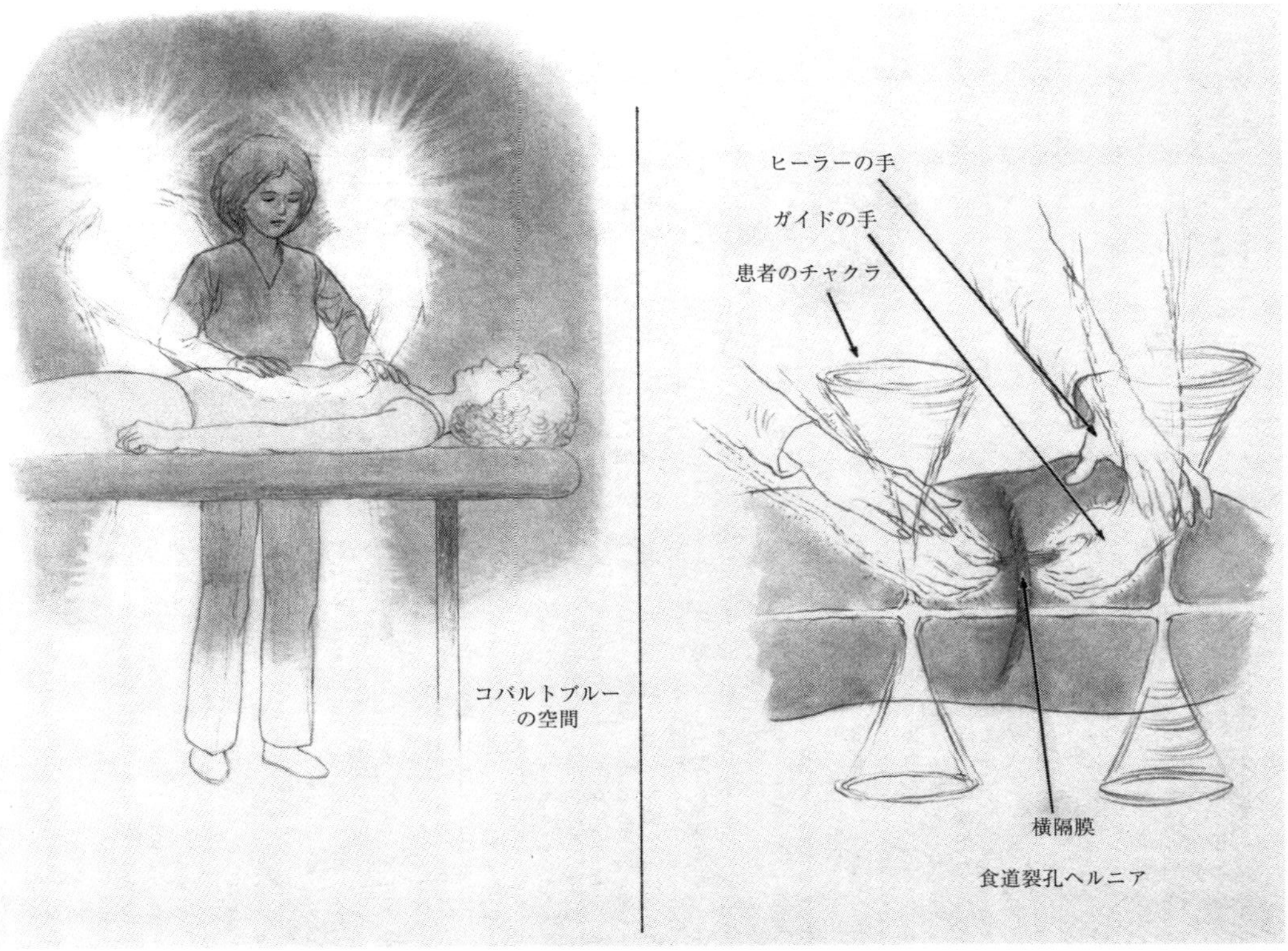

図表22－15　エーテルテンプレート・ヒーリング　霊的手術

がその人の肉体の中で、再生できないようにしたこともある。

超感覚的知覚を発達させた私たちの小グループは、ときおり、集まって私生活のことでお互いに助け合う。透視能力者、透聴能力者、あるいは超感覚者であることから生じるあらゆる人生の問題を話し合うのだ。私たちはまた、お互いにヒーリングをし合う（それぞれが患者になるのだ）。このワークはとても有意義である。ヒーラーだけではなく、患者も何が起こっているかを見るからだ。このワークは、私の知覚の多くを検証してきた。また、これらの経験を説明するための明確な枠組みを作るのにも役立っている。私たちは、オーラの各層の調べ方、その体験がどのようなものか、受け取った情報からどのような新しいヒーリングの方法が生まれるのかなどを学んでいる。

5. ケセリックテンプレートのヒーリングまたは金色のオーラの格子（オーリックフィールドの第七層）の再構築

第五層でオーリックフィールドが外観を損なっているときには、第七層でも外観を損なっていることが多い。そのため、ケセリックテンプレートの再構築が必要となる。それはたいていの場合、ヒーラーが第六層のヒーリングに集中する前に行われる。だが、ヒーリングのこのときまでに、いくつかの第六層の周波数は自動的に入ってきている。第七層の治療は、ヒーラーが大いに活動的になるという点で、第五層の治療とは大きく異なる。第五層では、ヒーラーの主な仕事は、自分を明け渡し、従うことだった。ここでヒーラーに求められるのは、呼吸や、指と手の動きで、活発に動きながらも、高い周波数レベルで、鋭い感受性と集中力を維持することである。第七層に到達するためには、多大な精神的な集中と呼吸のコントロールが必要となる。この層の金色の光は大変強く、弾力性がある。ほとんどの場合、それは並外れて強くて細い金色の糸のように見える。

患者のガイドは必ずヒーリングにやってきて手伝う。注意をしていれば、彼らが患者と一緒にヒーリングルームに歩いて入ってくるのが見えるだろう。この時点で、彼らは普通、患者を肉体の中から引っ張り出して世話をし、深いリラクゼーションの状態にさせ、テンプレートワークが行いやすいようにする。患者はおおむね、平和な状態で浮遊している。自分がどれだけ深く変性意識の状態に入り込んでいたかに気づくのは、ヒーリングが終わって立ち上がろうとするときである。

金色の光で第七層を再構築するケセリックテンプレート・ヒーリングは、大きく分けて二つの部分から成っている。臓器、筋肉、神経、その他の身体部分の格子構造をクリーニングして再構築することと、チャクラをクリーニングして再構築することである。ガイドの手は、ヒーラーの手と腕の中に入ることによって直接治療を行う。ガイドは肩越しに下りてきて、ヒーラーの手と腕の中に入る。ヒーラーの指からは、小さな黄金の糸が出てきて、ガイドに導かれるまま、素早く動く。その金色の糸は、ヒーラーの複雑な素早い指の動きよりはるかに速く動く。ガイドは普通、臓器のケセリックの格子状の構造を再構築するために身体から臓器の格子状の構造を取り除く。これは、患者の意識がそれを許す場合に限られる。私が言及しているのは、意識的な気づきではなく、もっと深い意識である。こうした瞬間、患者は変性意識の状態に入っていて、自分のガイドと話をしているが、肉体に戻ったとき、それを覚えていることもあれば、覚えていないこともある。

A．ケセリックテンプレートの臓器の再構築

ヒーラーの両手は、臓器のケセリックフィールドを除去するために、途方もない光の力と強力なエネルギーの爆発で動く。すると、臓器が身体の上に浮かび上がり、素早い指の動きで、青いエーテルの格子を白金の糸で金色のテンプレートに編み込んでいくことで、浄められ、再構築される。さらに体内の空間は、臓器が再び配置される前に、光で浄化され、殺菌される。再構築と消毒が済むと、臓器は体内

に戻る。まるで、吸い込まれるような感覚である。その後、臓器を元の位置に縫いつけ、青い光で満たし、活力を吹き込む。そして、内部麻酔として働く綿のような白い光で患部を満たし、鎮静化させる。それから、患部全体を保護するために黄金のエネルギーの包帯で覆う。

そのようなヒーリングの例が、図表22－16と22－17に示されている。私は胸にしこりのあるクライアントから電話を受けた。かかりつけの彼女の医師たちは、それが感染症なのか腫瘍なのか判別できなかった。彼らはそれを吸引しようとしたが、できなかったため、手術の予定を立てた。彼女と電話で話していたとき、すぐに私の心に、彼女の左乳房に濃い赤色のしこりがある映像が浮かんだ。それには濃い赤色の斑点があり、リンパ節がある脇の下の方まで広がっていた。私の「見え方」が正しいかどうかを確認するため、そのしこりが左乳房の乳首の少し左下にあるかどうかを聞いてみた。私が見た通りであることがわかったので、それが癌ではなく、乳腺炎のような炎症であると自信をもって言えると伝えた。私がそう断言できたのは、感染症を示す暗赤色の色のためである。また、それは一種の乳腺炎であるとガイドが私に言っているのも聞いた。けれども、腋窩《えきか》リンパ節がとても暗い灰色であることも見た。これは私を混乱させた。私は彼女に、一番の問題は乳房のしこりではなく、リンパ節の詰まりであり、全身とこの特定の組織（リンパ節）を浄化する必要があると伝えた。数日後の手術で、医師たちは炎症を起こした乳腺を摘出し、リンパ節の詰まりによる乳腺炎と診断した。

手術から三日後、彼女がヒーリングのために来院したとき、彼女の組織はひどく詰まっているように見えた。彼女の全身のリンパ系は広範にわたって詰まっており、胸骨の両側と腹部の左側に濃い緑色のエリアとして現れていた。彼女の全体のフィールドはやや灰色がかっていた。左胸の赤い領域は、ほとんどきれいになっており、オーラの中で明るい赤の筋のように見える傷跡だけを残していた。手術で残された傷の周りは薄い赤になっていた。下位のボディで通常のキレーションとクリーニングを行った後、

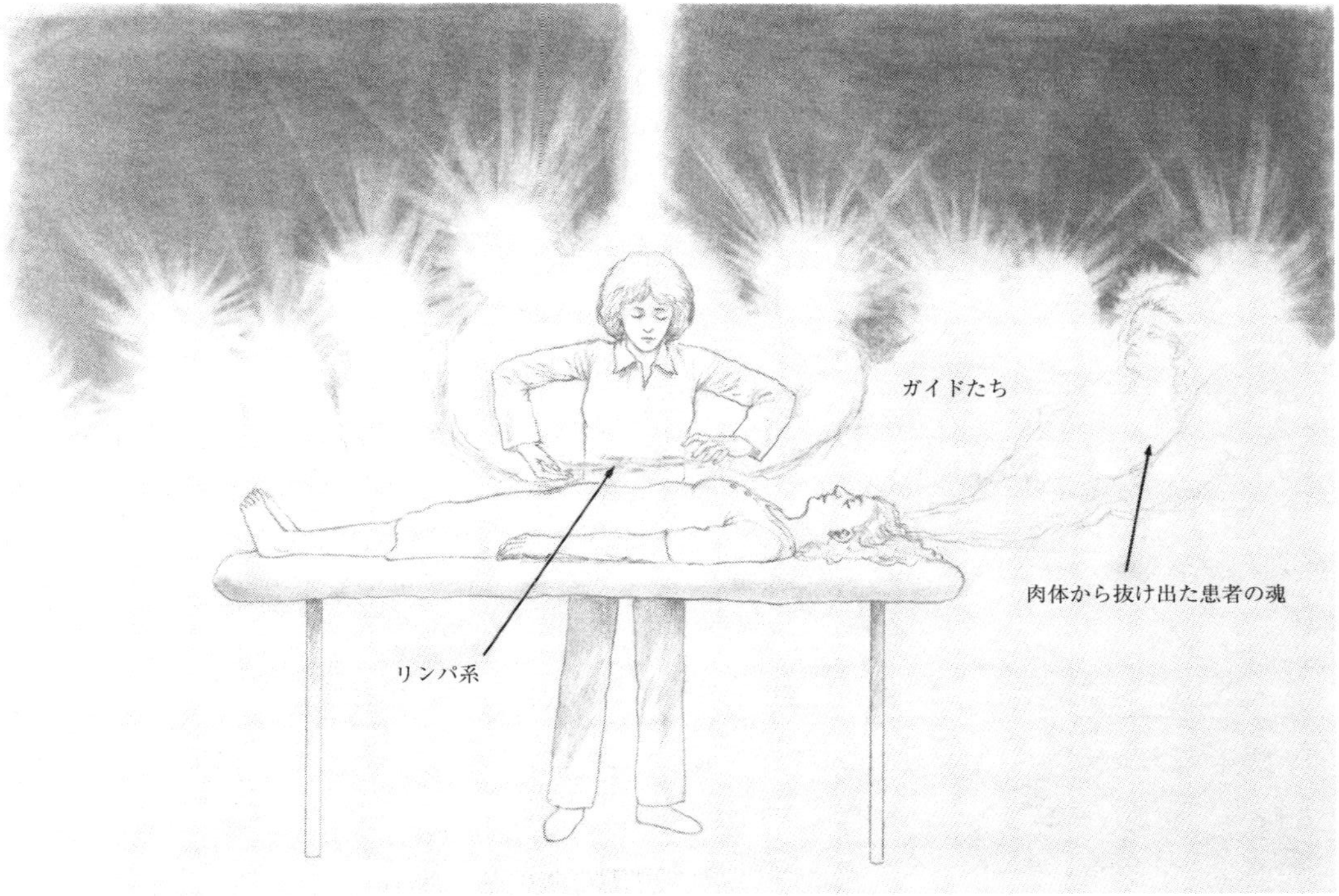

図表22－16　リンパ系のケセリックテンプレート・ヒーリング

ガイドは彼女のリンパ系全体を取り出し、先に説明した方法（図表22－16）で元に戻す前に、クリーニングした。彼女の胴体全体は再びチャージされ、最初に青い光、次に金色の光で保護された。（第七層の）リンパ系はとても清らかで金色に見えたままだった。赤い筋は消えていた。図表22－16は、ガイドがヒーラーを通してリンパ系をクリーニングしているところである。テンプレート・ヒーリングが行われている間、患者の頭のところにいるガイドたちが、身体の外に出た患者を支えている。

B．ケセリックテンプレートのチャクラの再構築

チャクラの再構築でも同じような手順が踏まれるが、チャクラが取り出されることはない。チャクラが受ける損傷で代表的なのは次のようなものである。引き裂かれて開けられる、保護膜が傷つけられる、渦巻が詰まり、回転速度が遅くなる、チャクラの先端がチャクラの心臓部か根元部分に正しく収まっていない、渦巻が突き出しているか、覆いかぶさっていて、跳ね返ったバネのように見える。チャクラ全体がほとんど消失してしまうこともあるし、ほんの一部が影響をこうむることもある。たとえば、食道裂孔ヘルニアに罹患したメアリーの場合、太陽神経叢の小さな渦巻の一つが、いかにも跳ねたバネのように見えた。これを治すためには、それを押し込んで縫合し、一定の期間、保護膜を再生して覆う必要がある。こうしたことのすべては、ガイドがあなたの両手と癒しの光を導きながら行う。あなたの手は自動的に動くだろう。

では、変性意識の状態で、霊的なガイドたちに見守られ、肉体から脱け出して持ち上げられている患者のメアリーに話を戻そう。あなたは第五層のヒーリングを終え、第七層の裂け目を知覚することができるようになったので、ヒーリングのためにあなたの意識を第七層に上げるときがきたことを知る。あなたはまず、ナーザルラスプブレスの速度を上げる。そして、呼吸の速度を上げながら、自分の意識を

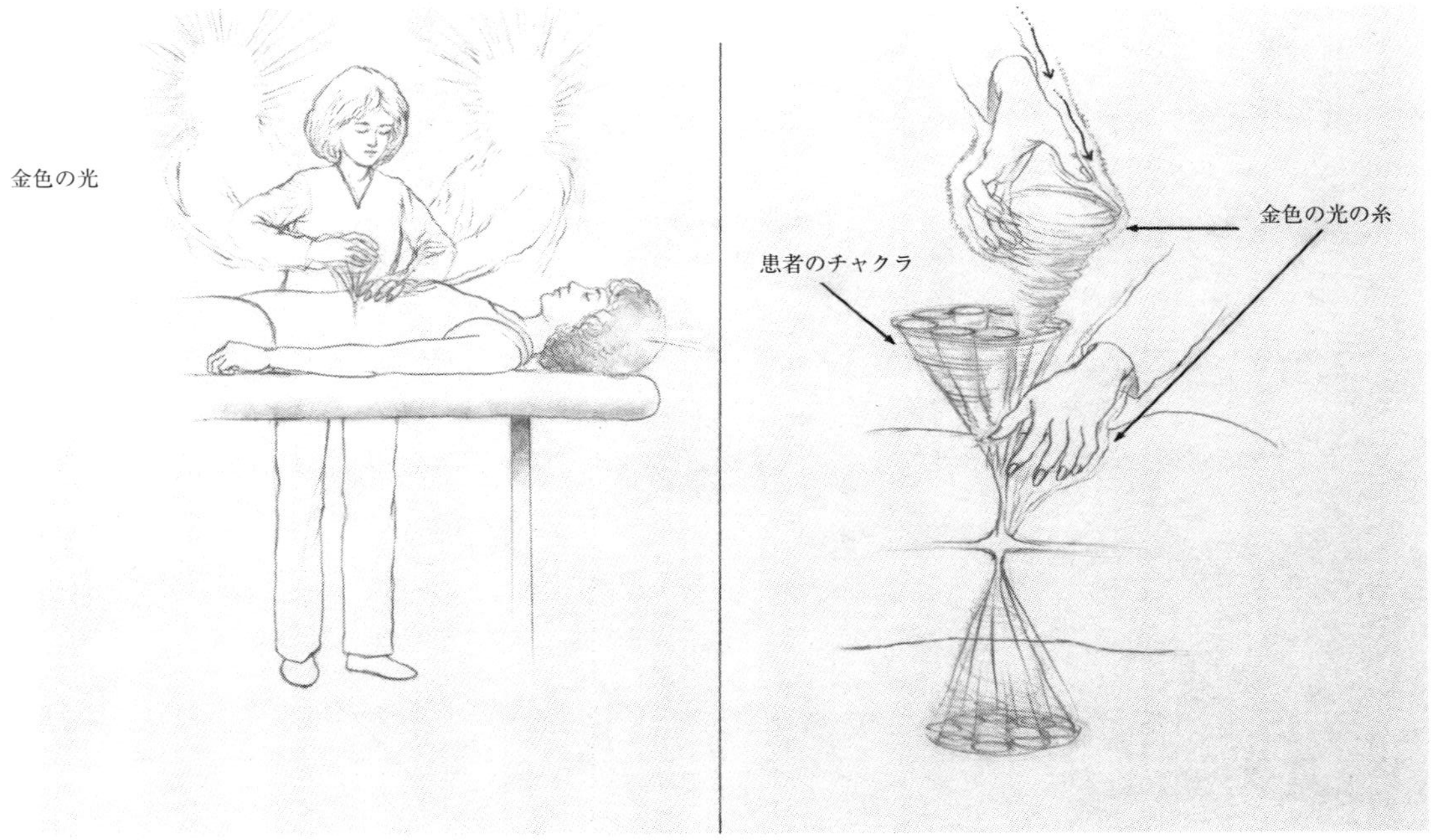

図表22－17　ケセリックテンプレート・ヒーリング　霊的手術

高めることに、できるだけ集中する。過呼吸の心配はいらない。引き寄せたエネルギーのすべてをヒーリングのために使うことになるからだ。意識を第七層に持ち上げたあなたは、存在するすべてが非の打ちどころがないものとして理解される「神の御心（Divine Mind）」を経験し始める。ガイドがあなたの第七層を介して再びつながると、すぐに金色の光があなたの両手から溢れ出す（図表22－17）。あなたの両手は、メアリーの第三チャクラの上をほとんど無意識に動く。金色の光の糸が、メアリーのチャクラの小さな渦巻を縫っているのが見えてくる。あなたの指は、この上なく素早く動いているが、金の糸の動く速さはその何千倍もある。金色の光が、いびつな渦巻を力ずくで元の位置に戻そうとしている。自分の中にこんなにたくさんのエネルギーが流れているのが信じられない。自分の身体がそれを許容できるかどうか不安になる。保護膜が再構築されている間、あなたは呼吸をし続ける。メアリーがこのことに全部気づいていて、何が起こっているのか知りたがるのではないかと心配になるかもしれないが、あなたは話せない。あなたのガイドを集中させておくためにするべきことがたくさんあるからだ。ようやく作業が完了し、チャクラが正常に戻る。あなたの呼吸のペースがだんだん落ちていく。治療が無事終わったことに、あなたは喜びを感じる。あなたの手は痛んでいるかもしれないが、気分は上々だ。

あなたはとても素早く、上位のチャクラを通して軽くキレートし、マッサージ台の頭の部分に移動する。メアリーの頭の両側に手を当て、左右の不均衡がまだ残っていれば、そのバランスを整えるために、優しくこめかみにエネルギーを流す。第五層と第七層が再構築され、オーラの形を維持できるようになった今、第六層の天空界の愛のエネルギーでそれを再びチャージするときである。

6．天空界レベルでのヒーリング（オーリックフィールドの第六層）

オーリックフィールドの第六層でのヒーリングは、主として、ハートチャクラ、第三の目のチャクラ、王冠のチャクラを通して行われる。両手の指を合わせて親指を交差させ、患者の第三の目の上で、カップの形を作る。自分の波動を光に届くまで上げた後、患者の脳の中心部に流し込む（図表22－18）。心理的には、まず心臓を通して宇宙の愛とつながり、その意識を光へと上昇させることで、あなたが知っている最高のスピリチュアルな現実に到達する。心臓を通り抜けたら、宇宙的な愛の状態になるまで待ってから、王冠のチャクラを通って上昇することがとても大切である。そうでないと、ヒーリングはことのほか精神的なものになってしまう可能性がある。患者であるメアリーを生かしているすべての粒子を深く愛することを伴わなければならないのだ。救世主の意識や宇宙の愛につながるには、誰かを自分の心の中に抱き、その人の幸福と永遠の生を全面的に受け入れ、肯定する必要がある。それはその人の存在を、愛をもって祝福することである。ということは、そうした状態を想像するだけではなく、その状態に入り込まなければならないことを意味する。その状態を保つことによって、あなたは光や、それまで経験したことのないような広大でスピリチュアルな現実に到達するのだ。

自分のバイブレーション（波動）を上げるため、あなたは能動的原理と受動的原理、二つの原理を用いる。まず、バイブレーションの周波数を上げるためにひたすら努力する。これは、喉の奥の軟口蓋に強く息を吹きかける呼吸、瞑想による集中、心の目で光に向かって手を伸ばすといった方法で行われる。主観的には、光を見上げて手を伸ばすような感覚である。上昇するにつれ、だんだん軽くなり、肉体への執着がなくなっていくように感じる。あなたの意識の一部が文字通り背骨を上昇し、肉体から上方に伸びて白い光の中へ入っていくような感じである。光の中に入っていくと、どんどん楽しくなっていく。宇宙的な安らぎと愛があなたを包みこみ、浸透するのを感じる。あなたの心は拡大し、普通の状態では理解できない幅広い概念を理解できるようになる。より大きな現実を受け入れられるようにもなるので、ガイドたちにとって、コンセプトをあなたに浸透させるのが容易になる。なぜなら、あなたは世界がどのようなものかについての偏見をもたなくなるからだ。つまり、ブロックの一部を脳から取り除いてしまったのだ。光に向かって一段上がるたびに、あなたは解放されていく。何年か訓練を重ねていけば、さらに高いエネルギーやコンセプトを導くことができるようになるだろう。

ある程度、意識を持ち上げることに成功したら、光に手を伸ばすのをやめて、白い光と調和するバイブレーションに高められたあなたのオーリックフィールドに、白い光を浸透させる。白い光はあなたのフィールドを通って、患者のフィールドへと流れ下っていくだろう。

白い光が患者の脳の中心領域に流れ込み、その領域のバイブレーションが白い光に同調する周波数に上がったら、次のレベルに上がる。患者がそのレベルに達したら、次のレベルに移動する。こうした段階を踏んでいくと、患者の脳の中心領域は明るくなる。患者のオーラは、乳白光の色を染み込ませた白い金色の光に満たされる。ヒーリングのこの段階で、患者は霊的なイメージを見たり、「眠りに落ちる」ことがある（私に言わせれば、これは、患者が日常的な現実に戻ったとき、その経験の記憶を保持する能力をまだもっていないことを意味するにすぎない。いつか患者はそうした能力をもつようになるだろう。このプロセスはそれを開発する役に立つ）。

このチャネリングの方法はとても強力なので、ヒーリング・プロセスの次の段階に移る前に、第六チャクラとのつながりを断つために、両手を軽く叩かなければならない。脳の視床エリアを明るくし、オーラを白い光で満たした後、時間があれば、私は大体、オーラの外側のレベルに直接いくつかの作業を行う。手のひらを上にして、指で道をたどり、普通は、天空界ボディの光線の絡まりを梳《と》かすのだ。この動きは、指で頭髪を梳《す》くのに似ている。まず両手を肌の近くにもっていき、オーラを持ち上げるかのように、外側に向かって身体に垂直に動かす。これは、患者に軽さの感覚を与える。そして、天空界ボディに光を加え、広げることによって、天空界ボディを強化する。時間があれば、あなたも試してみよ

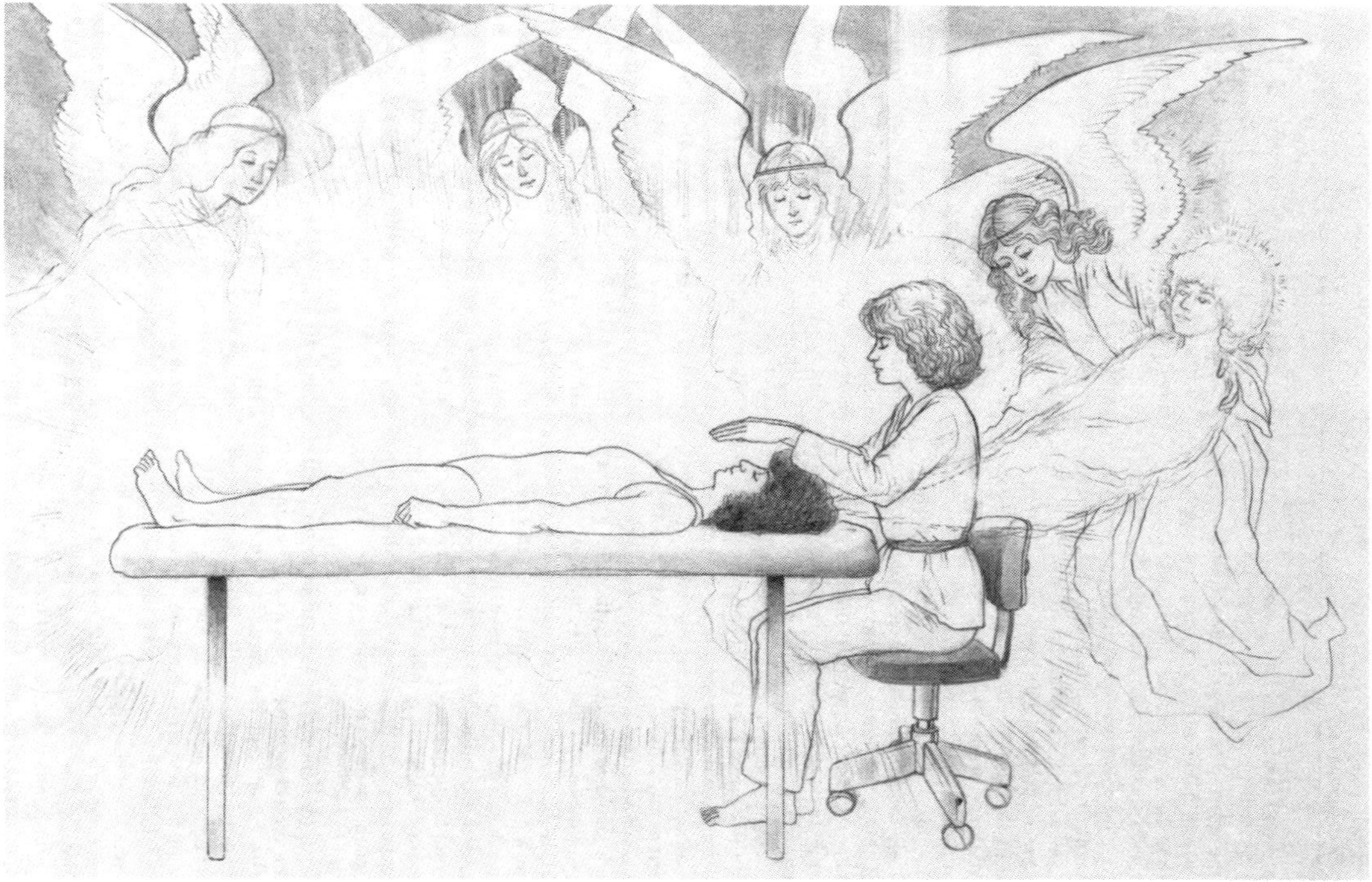

図表22－18　天空界レベルのヒーリング（オーリックフィールドの第6層）

う。メアリーは喜ぶだろう。

7．ケセリックテンプレート・レベルの封印

天空界のレベルが明るく広くなった後、私は卵の殻でオーラを守っているように見えるケセリックに移る。私はこの卵の外側の縁の上で手を動かすことによって、形を滑らかにし、矯正し、強化する。卵形は脚のあたりでは狭すぎるが、場所によっては広すぎる箇所もあり、中にしこりや限定的な帯をもっている（これらの帯の一部は過去生に関連しており、第24章で詳しく論じる）。卵はところどころ薄く、割れ目や穴さえあるかもしれない。それらを修復し、固いきれいな殻をもった卵の全体の形を取り戻す必要がある。私はそれらのことを簡単な触診で行う。塊になっているものがあれば、それを滑らかにする。光が必要なら、光が出るまでエネルギーを注入する。強化する必要がある場合は、強化するエネルギーを流し込む。オーラの外側のレベルはいとも簡単に動き、操作しやすいので、ヒーリングのこの部分はごく短い時間で済む。

オーラの第七層のヒーリングを完成させるために、私は患者の頭ごしに両手を伸ばして合わせる。私の両手は、オーラの卵の殻の膜の中、患者の頭上およそ七五センチぐらいのところにある。次に、患者の全身の周りで大きく掃くように両手を動かす。左手は左側を、右手は右側を掃く。エネルギーは、私の手から弧を描いて流れ出し、患者の頭上から足元に到達し、オーラの第七層全体を強化する。私が患者の胸の周りに金色の光の円を描くようにゆっくりと手を動かすと、オーラの卵の殻の層全体が強化される。

メアリーの第七層を強化し、保護膜の中に彼女を入れ、オーラの中でヒーリングを継続するために、両手を彼女の身体の上に持ち上げる。図表22－19に示すように、あなたはまだ彼女の頭の上の位置に座

っている。第七層の高さは、身体の上、七五センチから九〇センチの間で変化する。それが見えない場合は、メアリーの上の空間を、感覚を研ぎ澄まして両手で感じ取ろう。第七層に入ると、非常に微妙な圧力を感じるだろう。そのまま両手の親指を合わせ、手のひらを下にして、メアリーのオーリックフィールドの外側の縁にとどまる。エネルギーのレベルと意識を第七層に保つには、上顎の軟口蓋に強く息を吹きかけるラスプブレスが必要だろう。では、あなたの両手から金色の光を出して、メアリーの第七層の頭から足まで弧を描こう。その弧を固定したまま、両手を離していくことで、ゆっくりと弧を広げ、身体を包み込む。右手は右に動き、左手は左側に弧を描く。メアリーの周りを卵の殻ごとなぞるように一周すると円は完成する。

それが済んだら、優しく勢いよく両手を振って、自分のフィールドと患者のフィールドとのつながりを断ち切り、患者の右側に移動する。そして、外側から第七層と再びつながる（これ以前にヒーリングをしていたとき、私はエネルギーシステムにつながれていた。今では、それを断ち切り、もはやその流れの一部ではない）。両手を卵の殻の第七層の外側にそっと置き、声に出さずに患者に敬意を表し、患者のヒーリングを患者自身に戻す。また、あるがままの彼女（患者）に、生活の中で健康とバランスを創出する彼女の力に、そして彼女に自分が何者であるのかを思い出させる私のささやかな才能に敬意を表する。その後、再びフィールドとの接触を断ち、座って、日常の目覚めた意識に戻る（私が第七層のヒーリングに入る頃には、きわめて高い変性意識の状態に入っている）。私は手袋に手を入れるように、自分自身を自分の身体に戻す。そして、自分の身体のあらゆる部分にいる内的存在に集中する。それから、自分がこの世に生を受けたことに、あるがままの自分に、そして自分がこの世に生まれてきた理由に敬意を表する。必要とするすべてのヒーリングエネルギーが、このとき、自分の身体を介してやってくる。

この最後の手順は、ヒーラーが患者を手放すのに役立つ。手放せば、一週間ずっと患者を「連れ歩かなくても」済むからだ。このような方法で自己を称えるのは、癒しの仕事を、ヒーラーの私生活に組み込むことができるので、よいことである。これは必ず自動的に起こるとは限らない。ヒーリングに費やされる多くの時間、ヒーラーは変性意識の状態に入っているからだ。ときどき、自分ではなく他の誰かがその素晴らしいヒーリングの仕事を全部やっているように感じるかもしれない。私が知っているヒーラーのほとんどは、辛い経験をしており、そのことで自分を裁くのではなく、自分を称える必要があることに私は気づいた。それが愛と思いやりを学ぶ訓練のすべてだと信じる。

では、患者のメアリーと上記のことを繰り返そう。彼女の右側に移動し、外側から彼女の第七層に軽く触れる。彼女に敬意を表し、彼女のヒーリングを彼女に戻す。ヒーリングルームのどこかでメアリーから離れて座る。自分の身体に自分自身を戻したら、自分自身と自分の目的に敬意を払おう。

患者は大体、ヒーリングの後、意識がもうろうとし、しばらく休む必要があるだろう。これは、将来の参考のためにヒーリングの簡単な記録をつけるよい機会である。エーテリックテンプレートのヒーリングを行った場合は、少なくとも三日間、いかなる運動もせず安静にし、よく食べるようにときつく言おう。

しばらく休んだ後、メアリーに、起き上がる前に数分間、マッサージ台の端に座っているように言おう。さもないと、眩暈《めまい》を起こすかもしれない。彼女はあなたが何をしたのか興味津々だろう。このとき、あまり理屈っぽくならないようにすることが大切である。なぜなら、彼女を変性意識の状態から引っ張り出してしまうからだ。彼女が満足する程度にあなたがしたことを簡潔に説明しよう。彼女のリラックスした状態を乱すほどしつこく説明する必要はない。

ヒーリングの間に、おそらくあなたは、メアリーがどの程度の追加の治療を必要とするか気づいただ

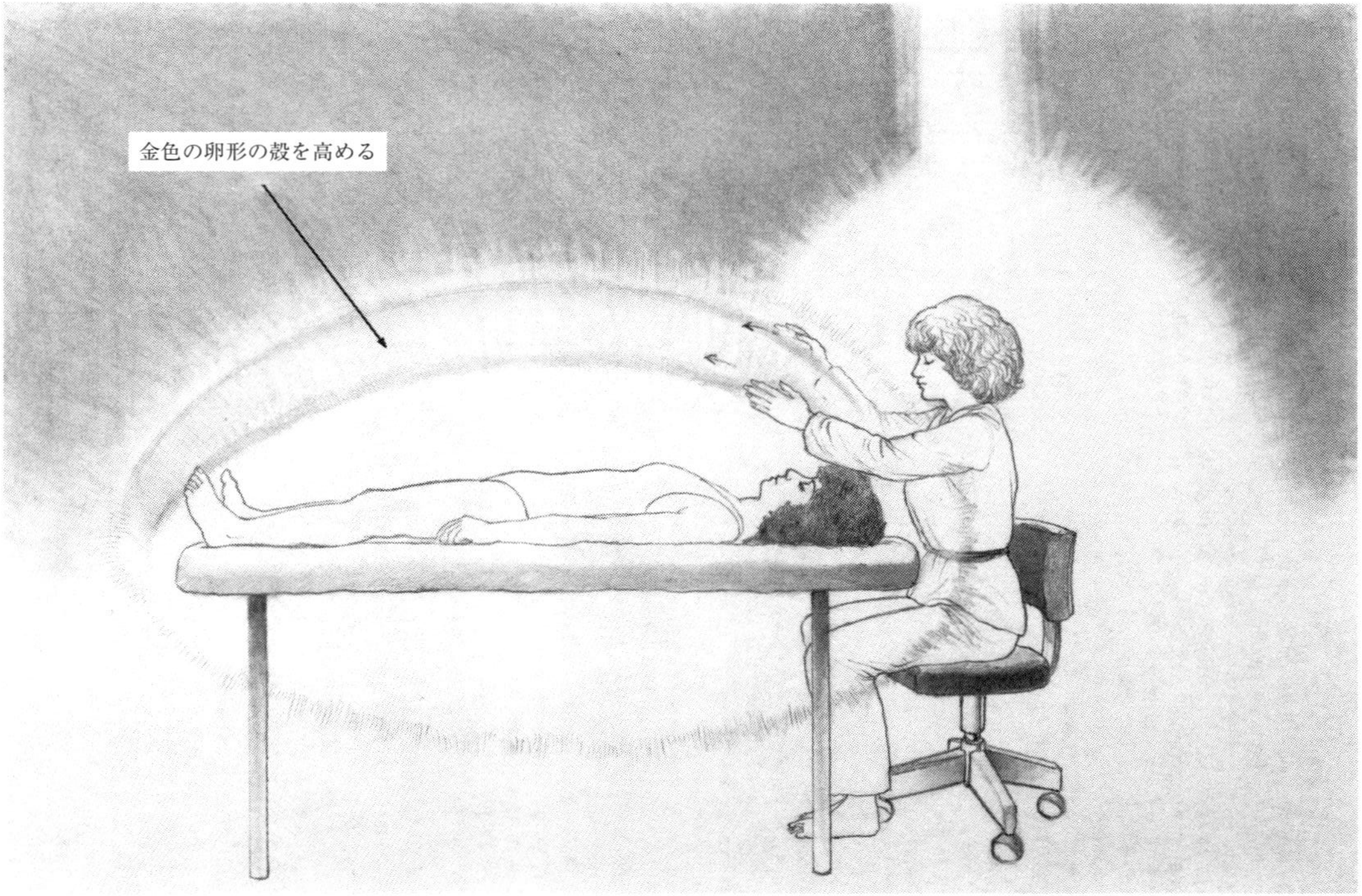

図表22－19　ヒーリングを完成させるためのケセリックテンプレートのオーラの封印

ろう。もしそうであれば、そのことを彼女と話し合って、必要なら翌週、再び来るよう勧めよう。あなたはヒーリングを一通りやり終えたところだ。爽快な気分である。メアリーとあなたに、コップ一杯の湧き水を与えよう。図表22－20（カラー口絵参照）は、ヒーリング後の患者メアリーのオーラを示している。図表22－4（カラー口絵参照）のヒーリング前の彼女のオーラと比較してみよう。

これが基本的な全領域のヒーリングの概要である。テンプレートワークの前のキレーションと浄化のヒーリングの最初の部分で、私はヒーリングに来た患者のガイドからの言語情報をチャネリングすることがある。患者は、ガイドが答える質問をすることがある。けれども、テンプレートワークが始まるやいなや、両方のことを一度に行うことができなくなる。高い集中力を要するエナジェティックテンプレートワークは、私の「脳の許容量」の大半を使用するようだ。患者もこのとき、深いリラックス状態に入ることで恩恵を受ける。会話はそうした状態から患者を引っ張り出す。

私は引き続きガイドたちから新しいトレーニングを受けている。一つのレベルを学ぶとすぐに、彼らは次のレベルに私を移動させる。ときどき、新しい霊的ヒーラーの一群が、私を通して治療するために入ってくる。

8．オーラの宇宙レベルのヒーリング（オーリックフィールドの第八層と第九層）

最近、黄金のテンプレートの上に二つの層のオーリックフィールドが見えるようになった。それらは本質的に結晶のように見え、とても繊細で高いバイブレーションをもっている。第七層以下のフィールドはすべて、ある意味で、今生《こんじょう》を通じて私たちを導き、サポートする乗り物である。これにはケセリックの中にある過去生の帯が含まれている。それらは私たちが今回の人生で学ぶべきカルマのレッスンを表しているからだ。

だが、宇宙レベルの第八層と第九層は、それを超えている。それらは、今生の人生を超える、真の私たちに関わっている。私たちは、輪廻転生を繰り返し、神に向かう進化の道を、ゆっくりと進んでいる魂なのだ。

私たちのエネルギーフィールドの七つの層には、今生でしたすべての経験と、今生の計画をする際にプログラムした、ありうべき経験の青写真のすべてが蓄えられている。私たちはまた、絶えず新しい経験を創造している。私たちには自由意志があるので、必ずそれらの計画された経験を選ぶわけではない。他人もまた自由意志をもっているので、どんな経験をするかには、複雑な事情が絡んでいる。換言すれば、する可能性のある経験の数は、実際にする経験の数をはるかにしのいでいるのだ。こうした可能な経験やありうる現実のすべてが、エネルギーフィールドの中に積み上げられている。それらはすべて、私たちが学ぶことを選んだ特定のレッスンを私たちの魂に教えるように設計されている。

ときに、これらのありうる経験が、もはや魂の成長に関係していないことがある。そのようなときは、オーラから削除する必要がある。これは、オーラの第八層から成される。ヒーラーが現在の人生の次元を超えたところに自分自身を投影し、下の七つの層に下降し、私が第八層の封印（シールド）と呼んでいるもので、ありうる経験をただ取り除くのである。

A．第八層のシールド

第八層のシールドは、今回の人生からトラウマを取り除くために用いられる。そのトラウマは当人の成長を著しく妨げているか、もはや必要のないものである。つまり、当人がどのような魂のレッスンを目論んだにせよ、もはや教えるという目的にかなっていないということである。

第八層のシールドが適切であるかどうかを判断するのは患者の高次の意識であり、自我のレベルではない。ほとんどの場合、患者はそれにまったく気づかないが、第八層のシールドの強力な効果を聞いたことがある人は、シールドを求めることがある。それは普通効果がない。シールドは適切なときに限って、ガイドからヒーラーに与えられる。誰かのフィールドから長期間居座っていたトラウマを取り除くと、大変な衝撃をもたらす場合がある。ときにシールドは、長期間居座っていたトラウマが身体から取り除かれるときに経験される突然の大きな自由から個人を保護するために必要とされる。基本的に、そのプロセスは、ヒーラーが患者のオーラにシールドを入れ、古いトラウマを引き寄せたり、実際にはなだめすかしたりして、トラウマが残した穴を無条件の愛のバラ色の光で埋めて封印するというものである。その後、患者は、時間をかけて、何年もの間、持ち歩いていた重荷を下ろしたことに慣れ、自分を癒していく（あなたが考えるほど簡単ではないのだ。突然、自由になると、人は恐怖を感じることがあるのだ）。最終的に、当人が自由であり続けるために肯定的な経験を積み重ねていくと、シールドは消滅する。

シールドを設置する手順はかなり込み入っており、普通は、一般的なクリーニングといくつかのテンプレート・ワークの後、行われる。決定するのはヒーラーではない。ガイドによって提案される。シールドは浸透を許さない耐久性のある平たくて青い光の「断片」のように見える。トラウマのすぐ上のチャクラの下端に沿ってフィットし、チャクラの根元に設置される。左手がシールドを設置するための開口部を作る。そのために、シールドのエネルギーフィールドが身体の奥深くチャクラの根元まで深く浸透し、右手がゆっくりとシールドを所定の位置に動かす。この動きはガイドによって監視されている。シールドはチャクラの下端から突き出し、外傷を受けた部分を覆うように、身体からわずかに角度をつけて下に伸びている。その下端は、トラウマに出口を提供するために開いている。

左手はシールドを固定し、トラウマのために出口を作る全行程の間、動かせない。というのも、オーリックフィールドの上部の解剖学的な部分を、治療を受けている部分から切り離し、ガイドがトラウマのある場所から分離したフィールドのその部分を引き離しておくための入口として機能するからだ。と同時に、患者の個人的なガイドたちは、普通、患者を保護し教えるために、患者を肉体から連れ出す。

シールドが設置されると、ヒーラーは右手をシールドの下に伸ばし、トラウマのエネルギー意識と交信を始める。トラウマに神とのつながりを思い出させることによってなだめ、離れさせるのだ。このような高いレベルからのヒーリングの手法は、下位のレベルでフィールドからブロックを取り除く方法とは大幅に異なっている。ヒーラーは離れる準備ができたトラウマのエネルギー意識に直接つながることによって、シールドを通して、トラウマが離れるための方法を提供する。トラウマは自発的に去っていくのだ。少しでも強要すれば、そのプロセスを混乱させ、ヒーラーに初めからやり直させるだけである。この方法は、トラウマが何も残すことなく離れることを可能にする。下位のオーラの層からのヒーリングでは、多くの場合、フィールド内のブロックは、トラウマの全体のエネルギーそのものではなく、エネルギーの一部が現れたものだ。より高いレベルのヒーリングでは、ある意味で、トラウマは独自の生命をもっているかのように扱われる。なぜなら、トラウマはエネルギー意識の欠かせない部分だからだ。トラウマが離れるとき、トラウマの影響もすべて一緒に離れ、患者はそのトラウマから解放される。シールドは、その変化を患者の生活に滞りなく統合するのを助ける。そして、もし患者がシールドされていなかったら起こりうるどんな障害をも防ぐ。トラウマが離れるとき、ガイドは愛情を込めてそれを受けとめ、光で満たす。トラウマ全体が離れると、その部分が金色や白色の光で焼灼《しょうしゃく》され、空洞が無条件の愛のバラ色の光で満たされる。そして、新しいバラ色のフィールドは、周りのフィールドに再びつながるが、すべては依然としてシールドの下に位置している。シールドの根元にある開いた出口のエリアは金色の封印で覆われ、そのまま残される。ヒーラーは、中に残っているシールドから自分の左手を切り離す。そして、ゆっくりと右手のエネルギーを左手のエネルギーが居座っていた場所に沈めていく。それで左手は解放される。その後、左手は新たに再生されシールドされたエリアを患者のオーリックフィールドの残りの部分に統合するために用いられる。ヒーラーはオーリックフィールドの上部を通してゆっくりと左手を動かし、フィールドをつなぎ直す。

シールドをセットした後、ヒーラーは、脈動する金色の光を、オーラの主要な垂直流に流し、強化する。患者はゆっくりと再び肉体の中に戻る。ヒーリングで行われるのはこれですべてかもしれない。ヒーラーは、患者をもっと落ち着かせるために第六層のヒーリングに戻るかもしれないし、ただ単に第七層でのヒーリングを終わらせるかもしれない。

この種のワークで、私にとってもっともやっかいだったのは、ただ座って、トラウマをなだめて離れさせる方法を学ぶことだった。これは、トラウマをすくい取ったり、引っ張ったり、高いバイブレーションで叩いて緩めたりするのとはまったく異なる。第七層の上に昇り、神の意志に沿う完璧な平和の状態でそこにとどまるのは困難である。ゆっくりとした長い呼吸をコントロールし、神の意志に身を委ねることに心を集中させなければならないのだ。人のすべての細胞の内には神のひらめきが存在する。その神のひらめきは、否応なく神の意志に従う。ヒーラーはその神のひらめきの中に座らなければならない。言い換えれば、私はトラウマと一緒に座り、神の意志に歩調を合わせながら、トラウマのエネルギー意識に接触し、トラウマの各細胞や身体のすべての細胞に、神のひらめきを運んでいることを思い出させなければならない。トラウマや身体のすべての細胞が神であり、光であり、知恵であり、それゆえ、必然的に宇宙の意志と一体化し、流れていることを気づかせるのだ。これは簡単なことではない。最初のうちは、ついついトラウマを引っ張り出そうとしてしまいがちだった。それをすることは、私の意志が介入し、私が一段低いレベルでの治療を選んだことを意味した。それはガイドたちを私の身体から叩き出し、私の全身を震わせた。ガイドたちは警告として私の身体を離れたか、私の低レベルの「意志」のバイブレーションに耐えられなかったかのいずれかである。そんなときは、最初からやり直さなければならない。

第八層のシールドは、ヒーリングセッションで、患者たちが生涯持ち運んでいたトラウマを取り除かれて自由になることに耐えられないときに必要となる。患者たちは、その空間を別の否定的な経験で埋めてしまいやすい。ある日、そのようなことを目の当たりにして、私は愕然《がくぜん》とした。

ヒーリングが終わり、その患者が靴を履いているとき、突然、再構築された黄金のフィールド全体が目の前でバラバラに崩れ落ちた。驚いた私は、「どうしてこんなにも早く、こんなことになったのだろう?」と思った。彼をすぐにマッサージ台の上に戻したかったが、それは適切ではない、癒し以上の何かが関わっているのだと気づいた。後に、霊的ガイドのエマニュエルが、私の友人パット(ロデガスト)・デ・ビタリスを介してチャネリングし、「その患者は、自分が望んだと言っていた状態を実は受け入れることができないことがわかったのだ。ヒーリングに関わる人生の、ある側面に向き合う準備ができていなかったのだ」と語った。それは自分にとって大きな痛みを伴う問題に直面することを意味し、単純に彼はそれをしたくなかったのである。

この経験の直後、私はシールドを入れる方法を学んだ。私はまた、この人物に別のヒーリングを施すオファーをすることはできないことを悟った。否定的な決断に彼を直面させ、事態を悪化させる可能性があるからだ。私は、彼がそうした人生の外的な問題に向き合う決断をした場所に、自分自身の意志で戻ってくるのを待つしかない。そうすれば、彼はヒーリングに来る決断をするかもしれない。私たちは、彼が内的に癒されている間、重荷を取り除かれることによって生じる衝撃から彼を保護するために、シールドを入れることができるだろう。その後、シールドは溶けていき、彼は徐々に、広がっていく自由を味わえるようになるだろう。

シールドによるヒーリングの興味深い例が図表22－21（カラー口絵参照）に示されている。私がベティと呼ぶその患者はビジネスウーマンだった。ベティはセラピーのクライアントだった。母親は彼女が三歳のときに死亡していた。数年前、私のもとでセラピーを始めたとき、彼女は生みの母親がどんな容姿をしていたかまったく知らず、母親の写真を見た記憶すらなかった。セラピーの過程で、彼女は母親の写真を手に入れることができ、母親との関係を再構築し始めた。このことは、彼女の自尊心を高めるのに役立った。生みの母親が彼女にとって現実になったからである。彼女はそれまでずっと継母を受け入れることができなかった。このプロセスはまた、継母との関係を改善するのにも役立った。彼女は生みの母を失ったことで、胸に大きな痛みを抱えていた。

数年後のある日、セラピーの最中、なぜ私が彼女にヒーリングをしなかったのか彼女が尋ねた。彼女がすこぶる健康だったからだと答えた。だが、その瞬間、ガイドたちが「入れ方を習ったばかりの新しいシールドの使用」を思い出させてくれた。次のセッションはヒーリングとなった。普通のキレーションと浄化の手順を踏み、治療を必要としないテンプレート・レベルを確認した後、ガイドたちはシールドをセットし、小さな子どもの頃、母親を失ったことによるトラウマを取り除き始めた。彼女の母親が、彼女自身のガイドたちに支えられて、霊になって現れるのを見たとき、私は大変感動した。

ガイドのチームがトラウマのエネルギー意識の物質を受け取り、啓発するのではなく、彼女の母親が愛をもってそれを受け取るのを見た（図表22－21参照）。その間に、私の患者のガイドたちは、彼女を保護し、教えるために、彼女を身体から引っ張り出した。シールドのプロセスの次の段階では、ガイドたちが、トラウマが取り除かれてできた空洞を、愛のバラ色の光で満たした。ヒーリングは、その後も続き、図表22－22に示すように、金色の光でシールドの底を封印した。それから、私たちはシールドされたエリアをオーリックフィールドの上半分と下半分に再びつないだ。そして、体内の主要な垂直流を強化した。それが終了する頃には、ベティの喪失によるトラウマは白色の光に変わっていた。

B．オーラの第九層のヒーリング

私はこの治療の手順についてはほとんど知らない。このレベルで作業しているガイドたちを見ていると、ただ単に患者のエネルギー体（とそれを含むフィールド）の側面すべてを除去し、新しいセットを入れているようにしか見えない。そのすべては私の視覚に、水晶のような光として映る。この治療は実行されると、きわめて迅速に患者を癒す効果をもっている。私の推測では、人生の使命を設定するために誕生や幼児期の経験を通過することなく、同じ肉体に生まれ変わることと関係している。私はこれを何度か目撃した。

ガイドのチーム

ときどき、異なったレベルで、違うガイドたちが治療しているように見えることもあれば、同じガイドたちが違うレベルで治療しているように見えることもある。異なるレベルで働くガイドのチームは、さまざまな特徴をもっているようだ。アストラル・レベルで働くガイドたちは、主に、ハートや愛情の問題に関心を抱いている。彼らは心をなごませるのがとても上手で、愛と思いやりをもち、詩的な表現で語りかけてくる。そして、欠点や過失を全部含め、自分自身を愛するよう教える。ケセリックやエーテルのテンプレートワークを行うガイドたちは、とても真剣で行動的であり、「積極的に仕事に取りかかりたい」と思っているように見える。彼らはテンプレートを完璧にすることとヒーリングを効率的にやることだけに関心をもっている。あまり多くの感情を表さないが、サポートすることをいとわず、包容力がある。彼らは指導するのを好む。第八層のシールドのガイドたちは、ゆったりとした寛容さと愛のある無限の忍耐力を感じさせる。第九層のガイドたちは、私には知覚するのが非常に難しいが、いささか人間的ではないように見える。

ヒーリングセッションのフォーマット

新人のヒーラーのお役に立てるように、改めてヒーリングセッションのフォーマットを、短縮バージョンで列挙してみたい。以下は、あなたがどういうところを練習する必要があるのか、どんな部分を自分自身の成長のためにワークする必要があるのかを分析する役に立つ、ヒーリングセッションの分析手法である。

1. 患者が入ってくる前に、光に自分自身を同調させる。「ヒーリングのためのチャネリング」で教えた方法でチャクラを開く。
2. その患者があなたのところに来た理由を聞く。よりによってどうして自分のところに導かれたのだろうか？　何を与えればいいのだろうか？　あなたの内なる情報源に心を開く。
3. 自分が何をするかを説明する。

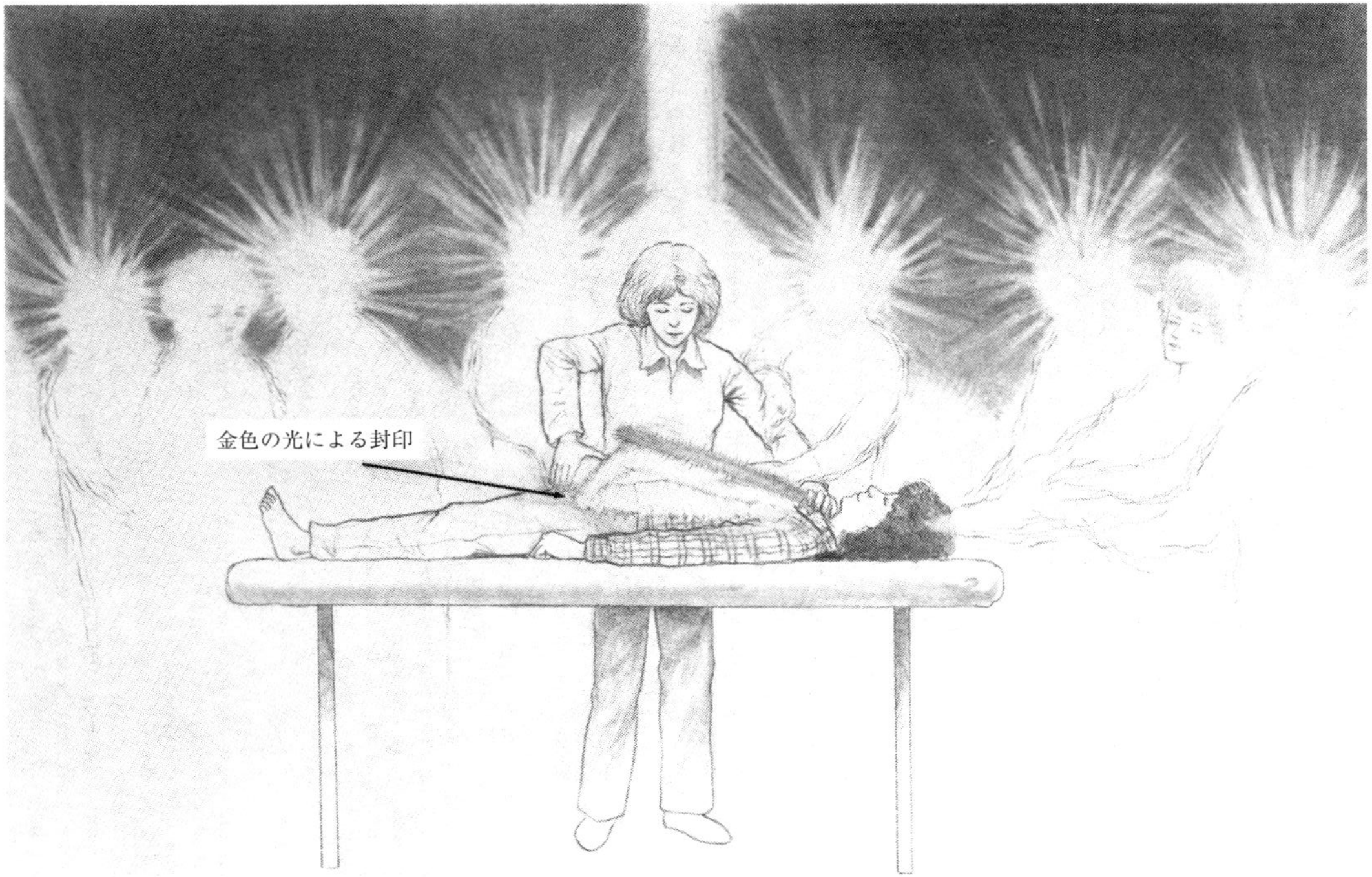

図表22－22　第8層のシールドを使った封印

4. 患者の組織内のエネルギーの流れを分析する。主なブロックは何だろうか？　患者はどのように自分のエネルギーを活用しているだろうか？　誤った使い方をしているとすれば、どこが間違っているのだろうか？　長年、誤った使い方をしてきた結果は？　患者の主な防衛システムはどのようなものだろうか？（第9章、第10章、第12章を参照）

5. 振り子でチャクラを測定し、記録する。（第10章参照）

6. 光に自分自身を同調させ、足並みをそろえる。アファメーション（肯定的な暗示）する。自分のエネルギーシステムと患者のエネルギーシステムを同調させ、バランスを取る。まだしていないなら、あなたのガイドたちを認識する。セッションの間中、周期的に、あなたの組織を、光、あなたのガイドたち、患者の組織と同調させ、バランスを取る必要がある。

7. 足裏の太陽神経叢の反射ポイントにエネルギーを流しながら、チャクラのリーディングをし、解釈する。理性、意志、感情が均衡するポイントを見つける。患者が種々の問題に対処し、閉じたチャクラを開くために、主として閉じているチャクラと開いているチャクラをチェックする。主要な問題を見出す。あなたが拾うことができるいかなる情報をも霊的に読み取る。病気の引き金は何か？　患者が自分自身を癒すのを助けるために、あなたが強調する必要がある高次の自己の資質は何だろう？（第9章、第10章、第12章参照）

8. 身体組織をスキャンしながら、下層のオーリックボディのチャクラをキレートする。初心者の方は、ここからステップ16まで飛ぼう。もっと練習したら、ステップ9を加え、必要なら、ステップ10と11も行う。第五層、第六層、第七層のフィールドを知覚するようになったら、ステップ12、13、14、15を行うことができる。

9. 背骨のクリーニングをする。

10. あなたが引き寄せられる場所に直接施療する。自分が知っているさまざまな方法から手法を選ぼう。それをするとき、患者の感情の状態を観察する。エネルギーを取り込んでいるだろうか、それとも感情をブロックしているだろうか？　患者と共にいよう。共にブロックを通り抜けよう。特定の病の患部に関しては、ガイドたちに助けてもらおう。ガイドたちの言うことをよく聞くこと。

11. 下層のエネルギーボディの特定のブロックをきれいにする。

12. もしあなたがやり方を知っているなら、ここでエーテルやケセリックのテンプレートワークを行う。

13. 天空界レベル（第六層）に行く。脳の中枢部に直接白い光を送り込む。あなたの脳下垂体を振動させてバイブレーションを上げる。患者のバイブレーションがあなたのバイブレーションまで上がってきたら、次のレベルに上がって工程を繰り返す。脳の中枢部が明るくなるまで、これを行う。

14. この時点で、まだ見ていないなら、患者のガイドや天使やビジョンを見るかもしれない。もしくは、患者のためのダイレクト・メッセージを受け取るかもしれない。患者とのつながりをそっと断ち、開口部を閉じる。

15. マッサージ台の頭の位置から、両手を用いるテクニックを使って、背骨を通って第三脳室からの快い上下振動の流れを得ることを試みる。

16. この時点で、天空界ボディとアストラルボディの絡まりを梳きほぐしたくなるかもしれない（患者が落ち込んでいるか、感情を押し殺している場合は特に）。

17. 金色の光の円を描くことで、患者の卵の殻あるいは球体を高め、強化する。

18. 患者の右側に移動して、第七層とのつながりを取り戻し、患者と患者の自己治癒力を称える。

19. 優しくつながりを断ち、すべての開口部を閉じて、患者から離れる。完全に自分の肉体と地球の次元に戻るために数分間を自分に与えよう。自分を通してヒーリングのエネルギーを流れさせる。自分自身を称え、あるがままの自分と自分の治療を肯定する。

20. もし患者が肉体を脱け出していて、戻るのに助けを必要としているなら、足をつかんで優しく引き戻し、あなたの方にエネルギーを吸い込む。

21. 毎回ヒーリングの後、必ず患者に大きなコップ一杯の新鮮な水を飲ませる。あなたもそうする。

ヒーリングセッションの分析

1. 時系列的に何が起こったかを書き出す。ヒーリングの各段階はどのように進行しただろうか？　どの段階がやりやすかったか？　どの段階で苦労したか？
2. ヒーリングセッションのフォーマット4の質問に答える。
3. ヒーリングセッションのフォーマット7の質問に答える。
4. ヒーラーとクライアントの内的プロセスはどのようなものだっただろうか？　あなたは集中力を失い、必要のないところでエネルギーを無駄にしなかっただろうか？　そのときどうしたのか？　これをヒーラーとクライアントの性格構造に関連づけよう。
5. ヒーリングで何が達成されたのだろうか？　あなたは患者の内部の光に到達しただろうか？　患者のハイアーセルフの本質はどのようなものだったか？　あなたはどのようにして患者を支え、外に引き出したのか？
6. これまでに述べたことに照らして、あなたはどのような個人的なワークをする必要があるだろうか？

7. エネルギーの流れの前面と背面の絵を描く。

8. 病気の発端となった原因は何だったのか？　あなたはそれにどのように対処しただろうか？

9. 上記を踏まえて、次回はどのようなヒーリングワークに集中するつもりだろうか？　あなたの予後診断は？　その予後診断に対するあなたの方針は？

第22章の復習

1. ヒーラーがヒーリングを始める前に最初にすることは何か？
2. エネルギーを流すとは何を意味するのか？　身体をキレートするとはどういう意味か？
3. キレーションとは何をするのか？
4. キレーションのためにエネルギーを流すとき、ヒーラーは意識的に光の色をコントロールするのかどうか？　なぜするのか？　しないとしたらなぜか？
5. もしヒーラーの第一チャクラが低レベルのフィールドで閉じているとするなら、彼女はヒーリングで効果的に赤い色を使うことができるだろうか？　できるとすれば、なぜか？　できないとすれば、なぜか？
6. 心臓病患者のためのキレーションの道筋を述べよ。なぜそのような方法で行うのか？

7. 背骨のクリーニングの手順を述べよ。
8. エネルギーを流すときに、片手で、両手で別々に、両手で一緒に行う場合の違いは何か？
9. 第五層のヒーリングで、あなたがガイダンスに従わず、ガイドが指示を出し終わる前に手を動かすと、どうなるだろう？
10. 人が第七層を引き裂くかもしれない三つの方法を挙げよ（第15章も参照）。
11. フィールド全体のオーラに裂け目がある場合、どの層を縫い合わせる必要があるか？
12. 第七層が引き裂かれたとき、あなたが第七層に手を伸ばして縫うことができないとしたら、エネルギーの漏出はどうすれば止まるだろう？
13. キレーションは裂けたオーリックフィールドを修復するだろうか？
14. なぜ患者は第七層の治療の際、肉体を離脱するのだろうか？
15. 白い光を使ったヒーリングで、どのようにして自分のエネルギーと意識を集中させるのか？　どこに注意を向ければいいのか？　また、どのようにしてスキャンするのか？
16. それぞれのオーリックレベルでのヒーリングについて述べよ。
17. 第八層のシールドとは何か？　それは何のために使われるのだろうか？　それが使えるかどうか誰が決めるのだろうか？
18. あなたが再び患者と接触したくなるまで、心理的に患者から離れていることを可能にする、ヒーリングを終わらせる手順を述べよ。
19. ヒーリングのためのチャネリングと、情報のためのチャネリングの違いは何か？

考えるヒント

20．ヒーリングを行うのは誰か？

第23章　色と音によるヒーリング

カラーライト（色光）によるヒーリング、色の変調

ヒーラーは自分を通してチャネリングされてくる色を一定に保つ必要がある場合が多い。色を保つのは、自分の周波数帯域を一定に保つことも意味する。実際に、ヒーリング全体を通じて、それをしなければならない。ヒーリングの最中には、いつでも患者が必要とする周波数の範囲内に自分のエネルギー・レベルを保つ敏感さが必要なのだ。色を一定に保ついくつかの例は、これまでの章で取り上げてきた。エーテリックテンプレート・ヒーリング、ケセリックテンプレート・ヒーリング（金色を保つ）、天空界の周波数に上昇する第六層のヒーリング、背骨のクリーニング、そして、チャクラがチャージされるまで、チャクラの色を一定に保つチャクラのチャージングなど。患者が必要なときにはいつ、どこで、患者に色の光を注入するようガイドに要求されるかわからない。そのようなときのために、あなたは特定の色の周波数になり、それを維持する方法を学ばなければならない。

前章で述べたように、ヒーリングで使用する色を自分で選んで作り出す方法を学ぶには、練習が必要

である。初心者の方は、自分を通して入ってくる色をコントロールしようとする前に、色彩によるエネルギー調整の方法を練習しておくことがとても大切である。ほとんどのキレーションは、色をコントロールすることなく行われる。けれども、ヒーリングの後半で、ガイドは、自分が使いたい特定の色の中にあなたが「座る」ことや、その色を一定に保つことを求めるかもしれない。色をコントロールする仕方を学ばないと、無意識のうちに自分のフィールドの周波数を変えることで、あなたを通して送られてくる色に干渉してしまう可能性がある。だから、自分のフィールドを特定の色に安定して保てるようになる必要があるのだ。

ドロレス・クリーガーは自著『セラピューティック・タッチ　あなたにもできるハンド・ヒーリング』（上野圭一、菅原はるみ訳、春秋社）の中で、非常に優れた色彩によるエネルギー調整のエクササイズをいくつか紹介している。基本的にあなたは、特定の色の中に「いる」ことがどういうことかを学ばなければならない。それは、ビジュアライゼーションのように色を思い浮かべるということではない。もしあなたが赤を思い浮かべれば、あなたは黄色の中に「いる」ことになる。緑を思い浮かべても、やはり黄色の中に「いる」し、青を思い浮かべてもそうだ。ヒーラーはこれを「doing it in yellow（黄色でやる）」と呼んでいるが、これは考えるという行為そのものが、黄色を生み出すからだ。多くの初心者は「黄色でやっている」。青を生み出すには、あなたにとってどのような意味をもつにせよ、青に「ならなければ」ならない。だから、青の状態になるとはどういうことなのか、自分で実験してみる必要があるのだ。

送る色をコントロールするためのエクササイズ

青い服を着ているとき、あるいは大聖堂の窓から差し込む青い光の中に座っているとき、あなたはどんな気持ちになるだろうか？　あなたにとって青はどんな意味をもっているか？　繰り返しになるが、あなたはもっとも使い慣れている感覚を使わなければならない。あなたは、見る、聞く、感じる、どれを通してもっとも情報にアクセスしやすいだろう？　青はどのように見えるだろう？　また、どのように聞こえ、どのように感じられるだろう？　窓に吊るす水晶の形をしたクリスタルガラスを一つ手に入れよう。それが生み出す虹の色の一つ一つに指を当ててみる。それぞれの色はどのように感じられるだろう？　色つきのガラス板か、色のついた透明なプラスチックのシートを用意する。それを日光にかざしてみよう。それぞれの色と自分の関係を探ってもらいたいのだ。すべて同じ大きさの色のついた紙や素材の断片を集め、ごちゃまぜにして積み上げる。目を閉じて、その中の二つを拾い上げよう。目を閉じたままで。その色との関係を探ってみよう。どんな感じだろう？　好きだろうか、嫌いだろうか？　あなたの中にどんな気持ちを呼び起こすだろうか？　あなたを元気にするだろうか、それとも元気を失わせるだろうか？　穏やかな気持ちにさせるだろうか、不快にさせるだろうか？　あなたの身体のさまざまな部分にそれを置いてみよう。その色を身に着けたいだろうか？　次に、目を閉じて、どの色が一番好きかを決める。お好みなら、その色を予想するのもいいだろう。そうしたら、目を開ける。それぞれの色と自分との関係について、いかにたくさんのことがわかったかに驚くだろう。また、それぞれの色に抱いていた思いが、偏見に満ちていたことに気づくだろう。

パートナーを決め、手を握り、代わる代わる相手に特定の色のエネルギーを送ってみる。パートナーが何色かを告げることができるだろうか？　練習につぐ練習があるのみだ。赤を流すには、あなたの第一チャクラをきれいにしなければならないことを忘れないように。オレンジ色を流すには、第二チャクラを浄める必要がある。ということで、これらの練習をする前には、あなたのチャクラを浄化しなければばならないのだ。あなたのチャクラを浄化するためのエクササイズは、第21章に載っている。

オーラの色の意味

多くの人が私のところに来て尋ねる。「私のオーラの色は何色ですか？」それから、「その色にはどんな意味があるのですか？」と。「オーラ・リーディング」を受ける人はたくさんいる。リーダーは、「あなたのオーラはかくかくしかじかの色で、その色はかくかくしかじかの意味をもっています」と言う。この本を読んでいただければわかると思うが、私は普段そんなことはしない。「私のオーラは何色ですか？」と誰かに尋ねられたら、「どの層の色ですか？」と聞き返すことにしている。あるいは、構造化されていないレベルで優勢な色を読み取り、「主に青色で、幾分、黄色と紫が混じっています」というようなことを言う。

エマニュエルという名前のガイドをチャネリングする私の同僚のパット（ロデガスト）・デ・ビタリスは、「魂」レベルで色を読む。エマニュエルは、単にその人の魂のレベルの「オーラ」を示すだけである。それは今生でのその人の人生の使命につながっている。これらの色はパットにとって明確な意味をもっている。それに応じて、彼女は自分が見ているものを解釈する。彼女の色の意味のリストが図表23－1に示されている。あなたが見ているものを解釈するためにこのリストを使用するには、パットと同じレベルで見る必要があることを忘れないでもらいたい。

魂のレベルの色を読むには、深い瞑想を通して心を鋭敏にし、魂のレベルの色を見せてくれるよう頼まなければならない。ある程度練習を積むと、それらの色があなたの心のスクリーンに現れるようになるだろう。色と一緒に何らかの形や影も見えるかもしれない。患者に色の意味を理解してもらう際に、

図表23－1　魂と使命のレベルの色の意味

色	意味
赤	情熱、強い気持ち バラ色が混じると愛 澄んだ赤：表現された怒り えんじ色：淀んだ怒り 赤味がかったオレンジ：性的な情熱
オレンジ	野心
黄色	知性
緑	ヒーリング、ヒーラー、養育者
青	教師、感性
紫	霊との深いつながり
藍色	霊とのより深いつながりをもち始めている
ラベンダー	霊とのつながり
白	真理とのつながり
金色	神とのつながり。神のような愛をもって人類に奉仕する
銀色	コミュニケーション
黒	光の欠如。または深遠な忘却。挫折した野心（癌）
ベルベットブラック	宇宙のブラックホールのような他次元への入口
栗色	自分の使命に没頭する

それらのことも一緒に説明すれば、理解してもらいやすくなるだろう。もし赤を見たら、それは情熱や強い感情を意味する。バラ色が混じっている場合は、愛を意味する。澄んだ赤は、自由や表現された怒りを意味する。えんじ色は淀んだ怒り、赤味がかったオレンジ色は性的な情熱を意味している。色がオレンジ色の場合、その人が野心家であることを表している。黄色は知性を示している。緑が多い人は、ヒーリングや人を養い育てるエネルギーをたくさんもっている。青は教師や感性の色だ。魂のレベルで紫が見られる場合、その人は霊との深いつながりをもっている。一方、藍色は霊とのより深いつながりをもち始めていることを意味する。ラベンダーは霊とのつながり、白は真理とのつながりを意味する。金色は神とのつながりであり、神のような愛をもって人類に奉仕することを意味する。魂のレベルに銀色が入っていると、その人はコミュニケーションとつながっているか、コミュニケーションの才能をもっており、巧みなコミュニケーションができることを意味する。黒は光の欠如を示す。あるいは、深遠な忘却を表し、癌につながる。魂のレベルでは挫折した野心とみなされる。ベルベットブラックは他の次元への入口となる宇宙のブラックホールのようなものだ。栗色は、自分の使命を果たすことに打ち込むことを意味する。

ヒーリングセッションで使われる色

虹の色はすべてヒーリングに使われる。それぞれの色は、フィールド内で独自の効果をもっている。もちろんそれらの色は、色を代謝するチャクラをチャージするためにも使われる。赤は、フィールドをチャージし、癌を焼き尽くし、冷たい箇所を温めるために用いられる。オレンジはフィールドをチャージし、性的能力と免疫力を高める。黄色は、ぼんやりとした頭を聡明にし、直線的な精神の働きをよくする。緑色は、全体のバランスを取り、すべてのものを癒すために使用される。青は、冷静さと落ち着きをもたらす。また、エーテリックフィールドの再構築や保護にも使われる。紫は患者が自分の霊とつながるのを助ける。それに対して藍色は第三の目を開き、ビジュアライゼーションの能力を高め、頭をすっきりさせる。白はフィールドをチャージし、平和と安らぎをもたらし、苦痛を取り除くために使用される。金色は第七層を再構築し、フィールドを強化し、チャージするのに使われる。銀色は、強力なフィールドの浄化に使われる。ベルベットブラックは、神と共にある恩恵、静寂、平和の状態に患者を引き入れる。それは癌やその他のトラウマによって砕けた骨を再構築するのに適している。青紫は、ディープティシューワーク（筋肉の深部組織に働きかけるワーク）や骨細胞のワークをするとき、痛みを取り除く。それはまた患者が自分の人生の使命とつながるために、患者のフィールドを広げる役にも立つ。

ヒーリングをするとき、私は自分を通して出てくる色をコントロールしない。だが、出てきた色を一定に保つことはできる。稀にではあるが、故意に特定の色を送ることもある。図表23－2は、ヒーリングで使われる色と、ガイドが何のためにそれらの色を使っているのかを示している。各チャクラのチャージは、そのチャクラの色を、働きかけようとしているレベルのフィールド内に送り込むことによって行われる。私たちの社会では、みんなすでにかなり精神的、分析的、知性的になっているので、黄色い色はヒーリングセッションであまり使われない。

私のガイドたちがラベンダーや銀色を使うときには、これまで述べてきたヒーリングのテクニックとはいささか異なる方法で使っていた。私がフィールド内に除去する必要がある微生物を見つけると、ガイドたちはまずラベンダーを、次に銀色を使ってそれらの微生物を吹き飛ばす。最初にラベンダーの光を送り込む。それが微生物を高速で振動させ、どうやら叩きのめすようだ。ラベンダーの光がすべての

図表23－2　ヒーリングに使われる色

色	効能
赤	フィールドのチャージ、癌を焼き尽くす、冷たい箇所を温める
オレンジ	フィールドをチャージし、性的能力と免疫力を高める
黄色	第3チャクラをチャージし、ぼんやりした頭を聡明にする
緑	第4チャクラをチャージし、バランスを取る。全般的なヒーリング、フィールドのチャージ
青	冷静さと落ち着きをもたらす。エーテリック・レベルの再構築、保護
紫	霊とつながる
藍色	第3の目を開く、頭をすっきりさせる
ラベンダー	フィールドの浄化
白	フィールドのチャージ、平和と安らぎをもたらす、痛みを取り除く
金色	第7層の再構築、フィールドの強化、フィールドのチャージ
銀色	強力なフィールドの浄化（乳白色の銀色は第6層のチャージに使われる）
ベルベットブラック	患者を神と共にある恩恵、静寂、平和の状態に引き入れる
青紫	ディープティシューワークや骨細胞のワークをするとき、痛みを取り除く、患者が自らの人生の使命に気づくよう患者のフィールドを広げるのを助ける

微生物を始末できない場合、ガイドは強度と周波数を上げ、銀色に上昇する。この強力な電流が、微生物をその場から切り離すらしい。その後、ガイドは私の身体を通るエネルギーの流れを逆流させ、ラベンダーと銀色の光をすべて吸い取り、その光で微生物を運び出す。簡単に言えば、光の掃除機で吸い上げるようなものである。私が白血病患者の血液を浄化したあるケースでは、ヒーリングの翌日、患者は初めて血液検査をクリアした。それがこのヒーリングの臨床結果を医学的にチェックしてもらった唯一の機会である。

あるとき、同僚と一緒に、青紫の光の効果の実験を始めた。私たちはお互いにセッションを交換し合っていた。ストラクチュラル・ボディワーク・インスティテュート（カリフォルニア州サンタバーバラ）のダニエル・ブレイクは、私にディープティシューワークを行い、その代わりに、私のクラスを受講した。彼が私に施術をするとき、私たちはディープティシューワークとカラー・コントロールを組み合わせる実験をした。彼が自分の指先から強い青紫の炎を出し続けることができると、私の筋肉組織に、痛みを引き起こすことなく、深く入り込むことができた。もし彼が何かに気を取られて色を「低下」させると、私の筋肉は痛んだ。出てくる色をコントロールすると、彼の施術はより効果的になった。筋肉組織にずっと深く入り込み、筋肉と生体の構造により大きな変化を引き起こすことができたからである。このワークのある時点で、彼は骨のレベルに到達することができた。白い光が混じった青紫の炎を維持することで、私の大腿骨のわずかなねじれをまっすぐに伸ばしたのだ。超感覚的知覚で何が起こるか観察していた私は、大腿骨の骨細胞が自ら整列し直していくのを見た。きわめて心地よい感触だった。この骨のねじれは、骨の中の圧電効果が骨の成長を促すことに関係しているとへヨアンは言う。骨の中の圧電効果とは、次のようなものである。ウォーキングなどで骨組織に圧力がかかると、ささやかな電流が生じ、骨の中を流れる。すると、骨は電流の方向に向かってより早く成長する。もし（ウォーキングを通じて）骨にかたよった圧力がかかると、骨は歪んで、あるいはねじれて成長する。私の身体に元々あった歪みは交通事故によるものだった。ダニエルの治療により、私の大腿骨のわずかなねじれは永久に取り除かれたのだ。

ヒーリングのキャリアを積んでいたあるとき、ブラックライトを使うようガイドたちが提案した。尋常ではないように思えた。オーラの暗い色は病気に関連づけられるのが普通だからだ。しかし、この黒は癌の黒ではなく、黒のビロードのシルクのようなベルベットブラックだった。それは、子宮の中に宿った潜在的な生命力のようなものである。私たちすべての人の中にある未知の女性性の黒い神秘であり、未分化の生命に満ち溢れている。ベルベットブラックの空間の中に座ることは、創造主と一つになるためのもう一つの方法であるが、それには形がない。ベルベットブラックの空間内に座ることは、静寂と平和の中に座ることである。それは裁かれることのない、満ち足りた非の打ちどころのない世界である。ベルベットブラックの光を使うことは、神の恩寵の中に入り、あなたの患者をその恩寵の中に引き入れることを意味する。それは、その瞬間にあるすべてのものを完全に受け入れることである。ヘヨアンと他のヒーリングガイドたちと私は、癌患者や重篤な病気の患者と一緒に、丸一時間、たびたびこの場所に座る。ヒーリング効果は抜群である。それは患者を神と一体になる状態へと導く。

音を使ったヒーリング

私は、オーラの色が音に直接関係していることを発見した。フィールドに特定のピッチの音を鳴らすと、フィールドに特定の色を生み出すだけでなく、音そのものがヒーリングの強力な媒体にもなる。

多発性硬化症は、ヒーラーの間で、治療するのがもっとも難しい病気の一つとして知られている。多発性硬化症の人のフィールドに変化をもたらすのは非常に難しい。私が開催している数週間にまたがる集中トレーニングの一つで、参加した生徒の一人が多発性硬化症を患っていた。私と何人かの生徒は、そのトレーニングの期間中、ときおり、リズというこの生徒の治療を行った。数人の生徒が、仙骨エリアの彼女のフィールドにある大きな傷跡を知覚することができた。リズと行った最初のグループ・ヒーリングで、彼女は通常のキレーションを受け、多くの感情を味わった。そのグループの生徒たちは彼女を癒し、抱きしめ、一緒に泣いた。しかし、二時間目のヒーリングの終わりに、私と超感覚的知覚の使い方を学んでいた生徒の一人は、傷が知覚できなくなっていることを確認した。一週間が経過した頃、それぞれの生徒が、自分にもっともふさわしいヒーリングの形態に磨きをかけ始めた。ある者は水晶を好み、ある者は愛に集中した。霊的な外科手術や音によるヒーリング（サウンディング）をやる者もいた。その週の終わりに、私たちは再びリズにヒーリングを行った。それぞれの生徒が自分の選んだヒーリングの方法でベストを尽くした。何人かの学生が音を出し、二人が水晶を使ってヒーリングを行った。何人かは愛の中に座り、何人かはエネルギーを巡らせた。私たちは一つのグループとして協調して働いた。音を出す者が加わると、水晶でヒーリングをしている二人が、フィールドから傷を持ち上げることができることを私たちは発見した。彼らが出す音で傷が緩むのだ。傷が音でほぐされたら、それを切り取るメスとして水晶を使った。それから、音を出す生徒に少しだけピッチを変えるよう指示すると、傷の別の部分が緩んだ。それを取り除いた後、また音のピッチを変えると、さらに傷が緩んだ。このようにして、傷を完全に取り除くまで続けた。ヒーリングの後、リズは一五年間脚にあった痛みがなくなったと言った。彼女の歩行はかなり改善され、およそ四年後の今、これを書いている時点でも、まだその状態は続いている。これはリズのセルフ・ヒーリングのストーリーのほんの一部にすぎない。彼女は、ほぼ完璧に麻痺していた全身の機能をすべて取り戻したのである。

それ以来、私は定期的に音を使ったヒーリングを行っている。チャクラに直接音を当て、チャクラをチャージし、強化するのだ。身体から二・五センチぐらい離して、チャクラがあるところに口を当てる。各チャクラにはそれぞれ異なるピッチがあり、人によってもそれぞれ微妙に異なっている。

各チャクラにあったピッチを見つけるために、私は共鳴音が聞こえるまで音域を少しずつ変えていく。この共鳴音は、患者も聞いたり感じたりすることができる。私はフィールドを見ることもできるので、チャクラが音にどう反応するかも観察する。私が正しいピッチで音を出すと、チャクラは緊張し、素早く均等に回転し始める。チャクラの色はパッと明るくなる。しばらくの間、その音を出し続けると、チャクラはチャージされ、新しいレベルのエネルギーを保てるほど強化される。そうしたら、私は次のチャクラに移動する。そうやって第一のチャクラから始めて、七つのチャクラを順次、強化していく。

このサウンディングの興味深い効果は、患者の視覚化の能力を高めることだ。そのことはおおむね患者もはっきりと感じる。もし患者があまりチャージされていないチャクラをもっている場合、頭の中でその色を思い描くことができない可能性がある。しかし、対応するチャクラに数分間、音を聞かせると、チャクラの色を思い描けるようになる。

私がグループでサウンディングのデモンストレーションを行ったときはいつでも、チャクラと共鳴した瞬間をグループの全員が告げることができた。

チャクラへのサウンディングに使われるのと同じ原理が、身体の臓器や骨にも働く。私は、身体から二・五センチぐらい上の、ターゲットの臓器がある場所に口をもっていき、臓器に向けて音を出す。そして、その臓器に最大の効果を引き起こす音を見つけるまで、超感覚的知覚を使って臓器を観察する。その効果は、エネルギーの流れであったり、臓器の洗浄だったり、臓器の強化だったりする。私は単に反応を見ながら頑張るだけである。このようにして、数ヶ月間の定期的なヒーリングで、私は潰瘍性大腸炎を治すことができた。その患者は、何人かの医師に勧められていた結腸手術を避けることができた。この患者の治癒の一部は、一日に一、二回、テープに録音した音を流すことだった。

このタイプのサウンディングは、傷ついた椎間板を治す、組織の成長を促す、体内に滞った液体を排出する、神経系を調整する、身体の各臓器がお互いに負担をかけずに調和してよりよく働くよう調整するといったことにも大変有効である。私は、身体の各器官、組織、骨、体液が、人が異なれば、それぞれ健康的な機能を高めるために、異なる音色と抑揚を必要とすることを発見した。人は音色だけのサウンディングに加えて、さまざまな音を生み出すことができる。インドの伝統的な教えでは、それぞれのチャクラに、一つのサンスクリットの文字と特定の音があてがわれる。私はまだそれらを使ってワークしたことはないが、とても強力なヒーリングの形態であると想像はできる。

ロビー・ガスのような音楽グループの中には、意図的にチャクラを開くための音楽を演奏するグループもある。私が参加したコンサートでは、ロビーが合唱隊に、二時間ぶっ通しで歌わせた。その間、第一チャクラから始まって、順番にチャクラを開くための曲が選ばれた。歌い終わる頃には、ほとんどの聴衆が大部分のチャクラを開き、チャージしていた。誰もが素晴らしい時間を過ごした。音楽は並外れた癒しの力をもっているのだ。

第23章の復習

1. ヒーラーがチャネリングされている光の色を意識的にコントロールするのはどんなときか、例を挙げ、その理由を説明せよ。
2. 選んだ色をチャネリングするのが難しいのはどうしてか？

3.「doing it in yellow」とはどういう意味か?
4. 一般的に、赤、オレンジ、金色、緑、バラ色、青、紫、白は、ヒーリングにおいてどんな効果をもっているのだろうか?
5. ラベンダーと銀色の主な用途は何か? 両者の違いは?
6. 黒色の光はどのように使われるのだろうか?
7. 青紫の光をディープティシューマッサージと併用した場合、どんな効果があるか?
8. チャネリングされる色をどのようにして創り出すのか? いくつかの方法を挙げよう。
9. ヒーリングにおいて色と音は関係しているか? どんな関係か?
10. どのような物理法則で、サウンディングはオーリックフィールドで作用するのか?
11. サウンディングは各チャクラにどのように使えるのか? チャクラにどのような効果があるのか?
12. サウンディングはどのようにすれば器官に使えるのか? サウンディングの効果は何か?
13. 適正な音を見つけるにはどうしたらいいか? 最適な音であることがわかる方法を二つ挙げよ。
14. あなたのガイドが発する音を、受身でチャネリングすることができるだろうか? これまで話してきた能動的なサウンディングと、それはどう違うのか?

第24章　時空を超えるトラウマのヒーリング

多くの人々は、それぞれに霊的な道を歩んでいるうちに、ある時点で、過去生の経験と呼ばれる時を超えた経験をするようになる。ある人は瞑想をしていて、別の時代に別の人物であったことを「思い出す」かもしれない。また、心の深層に働きかけるセラピーでこれまでの人生で受けたトラウマを再体験している最中に、突然、「別の人生」で経験したトラウマが蘇ってくることもある。

時空を超える経験は、私たちの時間と空間の感覚が限られているため、おそらく完全には説明し尽くすことができない。私個人としては、「過去生」という言葉は、そのような経験を説明するのにまったく不十分だと考えている。第4章で見たように、物理学者も神秘主義者も、時間が直線的ではなく、空間が三次元にとどまらないことに同意する。多くの作家たちが、お互いの中に存在する多次元や多時間的なリアリティについて語ってきた。アインシュタインは、過去と未来のすべての物事が今に存在し、何らかの形で多次元のリアリティに織り込まれている時空連続体について語っている。イツァク・ベントフは、直線的な時間は三次元のリアリティがでっちあげたものにすぎないと言っている（その三次元に私は本書を詰め込もうとしているのだ）。

非線形時間を体験するためのエクササイズ

ベントフは、自著『ベントフ氏の超意識の物理学入門』の中で、そのことを明らかにするためのエクササイズを紹介している。あなたがはっきりと見える範囲に腕時計か置時計を置き、静かに座って瞑想する。あなたがすべきなのは、一分毎に時計の盤面を一周する秒針を薄目を開けて見ることができるようにしておくことだけである。瞑想中、高い意識の状態になったら、薄目を開けて時計の秒針を見る。何が起こっただろう？　多くの人は、この針が完全に止まってしまうか、劇的に遅くなるのを経験する。もちろん、それを見たとたん、あなたは感情的に反応し、通常の快適な直線的な時間の現実に引き戻されるだろう。秒針は前方にジャンプして、正常な速度に戻るだろう。一体、何が起きたのだろう？　ベントフが言うには、時間は直線的ではなく主観的に経験される。私たちは便宜上、仮の直線的な時間の構造を創造しているのだ。

エドガー・ケイシーもジェーン・ロバーツも、私たちの過去と未来のすべてがそれぞれの次元で今生きられている多次元のリアリティについて語っている。それぞれの次元のすべての人格は、より大きな魂や存在の表現の一部であると言うのだ。ロバーツによると、私たちは、こうした他の次元または「人生」に入り込み、変容のための知識と理解を持ち帰ることができる。そうすることによって、この次元や現在の人生は、私たちの他の人生や次元を変容させることができるのだ。もっとわかりやすい言い方をすれば、私たちがこの人生で今どのように生きるかが、私たちの過去と未来の人生の両方に影響を与えるということである。

このようなことはすべて、理解するのがかなり難しいが、リアリティの本質についての私たちの考えの限界を明らかにし、それに挑戦する役に立つ。

さまざまな治療とヒーリングのレベルで、私は、変容のプロセスをメインの目的にするなら、過去生を扱うことがすこぶる効果的であることを発見してきた。過去生は面白半分に扱うものではないし、エゴを増長させるために使うものでもない。私たちは皆、自分自身のことを、農民や物乞い、殺人者などではなく、偉大な女王やリーダーだったと思いたがる。しかし、そんなことはどうでもいいことだ。過去生の再体験の意義は、潜在能力を最大限に発揮し、人生の使命を果たすことを妨げている諸問題から人格を解放することにある。過去生の経験にまつわる問題は、過去生の記憶が自然で強制的ではない方法で掘り起こされたときには、現世で対処している問題と関わっているのが常である。これは、現在と過去の人生のつながりを確かめることを仕事にしているヒーラーやセラピストが心にとどめておかなければならないとても重要な事実である。心にとどめておけば人生の問題を癒す手助けをするために、過去生の記憶を今の人生の状況に当てはめることができるだろう。

セラピストによっては、たとえば、母親が子どもを抱くようにクライアントを抱きかかえるマザリング・セラピーのように、クライアントと身体を接触させるだけで、自然にクライアントの過去生を見るケースもある。そのようなとき、セラピストは、その情報を細心の注意を払ってセッションに織り交ぜて活用することができる。

過去生のトラウマを「見て」ヒーリングする

私が過去生のトラウマを「見て」癒す主な方法は三つある。それぞれがどのレベルでヒーリングが行われるかに関係している。ケセリック・レベルより下のすべてのレベルは、過去生のトラウマによって影響を受ける。最初の四つのオーラのレベルでは、過去生トラウマが、フィールド内の通常のエネルギーブロックのように見える。エーテルとケセリックのテンプレート・レベルでは、構造的な問題として現れ、さらに、ケセリックのレベルでは、卵の殻の形をしたフィールド・レベルにリングや帯として現れる。

私はクライアントと話していると、現在のヒーリングの状況や病気に関連する過去生のシーンを「与えられ」、過去生を「見る」こともある。あるいは、特定のブロックに手をかざして、過去生を見ることもある。卵の殻レベルの帯に関連する過去生を読むには、ただ両手を帯の中に入れ、過去生の映像を見るだけである。では、これら三つのヒーリングの手法を、より詳しく説明していこう。

オーラの下位四つの層での過去生ブロックのヒーリング

カリフォルニア州グレンデールのヒーリング・ライト・センターのピーター・ピーターソンから学んだ過去生のブロックを取り除く方法は、現在の人生でその人の自由を阻んでいる過去生のトラウマを取り除くのに非常に効果的である。

まず、この種のワークは、今の人生のブロックに実際に対処する。ヒーラーは、ブロックにエネルギーを集中させる。それがブロックを取り除き、普通、トラウマは解放される。最初の方の層は、今回の人生で発生したブロックである。それらが取り除かれた後、過去の人生で受けたトラウマが暴かれ、同じ方法で処理される。ヒーラーが、この治療を行うためには、経験を積んでいる必要がある。クライアントのきわめて強い、痛みや恐れ、怒りの感情を扱うことができなければならないのだ。ヒーラーは、どんな感情に襲われても、クライアントのそばにいなければならない。また、強い感情に影響されても、決して自分のエネルギーを引っ込めてはならない。クライアントが完全にブロックを取り除くことができるまで、クライアントを支える土台となるエネルギーを着実に出し続ける必要があるのだ。

通常の方法でヒーリングを始めるにあたって、クライアントとヒーラーと宇宙エネルギーフィールドのガイドたちの三つのエネルギーシステムのバランスを整えなければならない（第22章）。その後、キレーションの間に、ヒーラーは、システム内のブロックを自覚するようになり、直感かガイダンスを通して、そのセッションで集中する必要があるブロックに導かれる。その後、身体のその箇所に両手を当て、エネルギーを注ぎ込む。大抵、左手は身体の背面に、右手を前面に置く。

十分な量のエネルギーが流れたら、ヒーラーは、クライアントに、記憶の扉を開け、初めてそこにブロックができたときに遡るよう指示する。クライアントが時間を遡る間、ヒーラーはそのブロックにエネルギーを流し続ける。クライアントが思い出そうとしていると、大抵の場合、ヒーラーは問題の出来事の映像を見る。クライアントもまた映像を見るか、その体験をしたときの感情を思い出す（その両方ということもある）。その後、クライアントはそのトラウマを、あたかも当時に戻ったかのように追体験するかもしれない。あるいは、傍観者としてその経験をただ眺めているということもある。ヒーラーは自分が見るものを、クライアントに告げることもあるし、告げないこともある。それは告げることが適切かどうかにかかっている。特に、クライアントがその場面を見ていない場合、必ずしも適切とは限らない。クライアントのエネルギーシステムは、クライアントがトラウマの再体験によって得られる情報にどの程度耐えられるかを決定する。だから、ヒーラーは常にクライアントのエネルギーシステムを尊重しなければならない。しかし、クライアントがトラウマを再体験して何らかの情報を得た場合、ヒーラーが自らの「見る」能力によって、その情報が事実かどうかを検証するのはよいことである。

こうした物事では、発見のタイミングがとても大切である。過去生の情報が適切なタイミングで明らかにされれば、当人が自分を理解し、自分をもっと愛する術《すべ》を学ぶ助けになるだろう。もしタイミングが悪ければ、自分や他者に対するネガティブな感情をつのらせるかもしれない。たとえば、その人が過去生で他人にひどく暴力的なことをした場合、そのことを今の人生で知っても、自分自身に大きな罪悪感を抱かずに、うまく処理することができないかもしれない。もしその被害者が現在、知っている人物だったら、罪悪感のために、人生の状況が悪化するかもしれない。あるいは、状況が逆転し、クライアントが現在の人生で知っている人の過去生での被害者であった場合、クライアントはその人に対してすでに抱いている恨みをつのらせ、正当化していることに気づくかもしれない。

トラウマがどんなレベルにせよ、適切なレベルで経験できたら、ヒーラーはクライアントに、それにこだわるのをやめて、捨て去る準備ができたかどうかを尋ねる。もし答えがイエスなら、ヒーラーはそれをえぐり出してフィールドから取り除く。トラウマを経験するプロセスが、フィールドからそれを切り離してしまっているので、取り除くのは簡単である。ヒーラーとクライアントは、トラウマがなくなって空になったそのエリアを、第22章で説明した心臓のチャクラを介して働くバラ色の光である無条件の愛で満たす。

クライアントが、トラウマを捨てるかどうかの質問に対して、「ノー」と答えたら、もっと体験すべきことがあり、体験し尽くしていないことを示している。あるいは、ヒーラーがもっとやるべき治療があると思っているのかもしれない。そのようなとき、ヒーラーは再びエネルギーを送り、クライアントがさらにトラウマを経験するのを助けるプロセスを再開する。その際、ブロックに送り込むエネルギーの強度と周波数の両方を上げる。そのエリアがきれいになり、クライアントがトラウマを捨てる準備を整え、そのエリアが無条件の愛のバラ色の光で満たされるまで、それを繰り返す。

そのエリアがきれいにならなかった場合、追体験した最初のトラウマの下に、別のトラウマが居座っているのが普通である。私は、時代が異なる人生の五つものトラウマが、身体の同じ部分に層状に重なっているのを見たことがある。この五つの層は、クライアントが今の人生のトラウマの層を浄化した後に残されたものである。言い換えれば、患者が経験するトラウマは、おそらくできた順番に、フィールドの中に積み重ねられていくということだ。一つのトラウマをきれいにすると、次のトラウマが現れ、処理され、浄化されていくのである。

クライアントが過去の人生を追体験すると、多くの場合、ロザリン・ブリエール牧師が「直流（Direct Current）フィールドシフト」と呼んだ大変強力なフィールド効果がある。そのシフトで、オーリックフィールド全体が通常よりもはるかに大きなサイズに拡大するが、依然として高い振動率を維持しているとブリエール牧師は言う。ほぼ二倍のエネルギーが約四八時間、フィールドにとどまり、クライアントはとても感じやすくなり、影響を受けやすい状態になる。その間、多くの無意識の記憶が解き放たれ、個人の意識の中に流れ込み続ける。ヒーリングが継続し、ひとりでに完成するまで、静かで安全な滋養のある環境にとどまることが何よりも大切である。この時期に外部の原因で不快な経験をすると、非常に深く影響されるので、絶対に避けるべきである。それは、健康的な流れのパターンを確立し直すときなのだ。もしフィールドを四八時間以上安定させることができれば、再確立された流れのパターンがシステムの正常な流れの一部となり、ヒーリングを永久的なものにするだろう。ヒーラーは何が起こっているのかをクライアントに説明し、癒しの期間の重要性を強調し、その期間中、自分自身を大事にするよう勧めることが大切である。この時期のパワーは尊重しなければならない。この期間は人がショック状態に陥ったときに似ているからだ。

クライアントがトラウマを次々に浄化し、今の人生から初めて、過去の人生へと時間を遡っていくと、ブロックされたエリアがどんどんきれいになっていく。次の層に移る前に、各層が無条件の愛のバラ色の光で満たされる。このように、身体のブロックを取り除く（ほとんどの霊的な道がそれをしている）

自然な浄化のプロセスは、最終的に過去生の浄化に行きつく。過去生の浄化は、個人の霊的な道の適切な時点で行われるのが、非常に重要である。それは、今の人生のブロックの浄化がすでに十分に行われ、私生活に乱れがなく、今ここで対処すべき問題を回避するために過去生の体験を利用したくならないときだ。

適切な時期に行えば、過去生の浄化は、どんなに霊的な治療をしても変えられないように思える人生の問題を解決できる場合がある。過去生の浄化は個人の現在の生活の中に劇的な変化を引き起こす可能性があるのだ。

たとえば、夫に虐待される破滅的な結婚生活を送っていたあるクライアントは、離婚できずにいた。彼女を離婚に踏み切らせたのは、一五もの過去生で男たちに種々の暴力を受けた体験を追体験したことだった。彼女は、男性が全権力（と全責任）を握っていると考える自分の隷属パターンが何代も続いているのを見た。男性が肉体的に自分よりも力をもっていることを信じ、それを証明するような状況の中で生きてきたことに気づいたのだ。彼女は自分のパターンを見て、依存と向き合い、自分の二本の脚で立って、一人になることの不安に直面しなければならないと思った。そのとき、夫と別れて、自分の人生を立て直す準備ができたのだ。そのことがあってから一年もしないうちに、彼女の人生は劇的に変わった。今、彼女は自由で、幸せで、健康である。一人になることへの不安も払拭した。自立心を取り戻し、自分の人生に責任をもつようにもなった。

オーラのエーテルテンプレートとケセリックテンプレート・レベルでの過去生のトラウマのヒーリング

過去生によって引き起こされたオーラの構造的な問題を癒すためには、第22章で説明したように、テンプレート・レベルで構造的な問題を癒すのと同じ手順に従わなければならない。ここでの重要な違いは、トラウマが過去生に起因するものだとわかったら、ヒーラーは、クライアントが現在の人生の問題を過去生の体験に結びつけるのを助けなければならないということだ。過去生に起因するオーラのこのレベルの構造的な問題は、大抵、肉体に先天的な障害となって現れる。それらの問題は、個人の魂の本質の中に深くしっかりと埋め込まれているので、どう処置するかが重要となる。先天的な障害をもって生まれた人にとって、肉体のレベルと精神力学的なレベルの両方で、その問題に取り組むのが自分の主要な仕事の一つになるのは当然である。問題を掘り下げていけば、そもそも魂はその問題を解決するために受肉したのだという霊的な問題に行き当たる。ヒーラーは、行おうとしている治療の全体像を念頭に置いておくことが重要である。普通、クライアントがヒーラーのところにやってくるのは、肉体を癒してもらうためである。だが、ここでの目的はそれだけではない。魂を癒すことも含まれる。テンプレートのレベルでは、オーリックフィールドをまっすぐにし、自然な流れ――全生命の普遍的な流れ――との調和を取り戻すことである。

次のジョンという青年のケースで最初に私が見たのは、オーラの構造的な問題だった。また、オーラの傷に関連する過去生の場面のビジョンも「見た」。図表24－1から図表24－5（図表24－1、24－2はカラー口絵参照）は、その後のヒーリングワークを描いたものである。

この若者は、何が問題なのかを事前に教えてくれなかった。図表24－1は、彼が到着したとき、ケセリックテンプレートのフィールドがどのように見えたかを示している。ケセリックテンプレート・レベルの正常なフィールドがどのように見えるかを示している第7章の図表7－13と比較してみてもらいたい。正常なフィールドでは、美しい黄金の糸が太陽神経叢のところに回転するチャクラの花びらを形成している。ジョンは美しい黄金の糸の代わりに、太陽の黒点のようなものをもっていた。絡み合った赤、黄色、黒のエネルギーの大きな塊が、ほとんど灰色に見える小さな渦巻を生み出していた。他のチャクラのほとんどは無傷だった（ここには示されていない）。背骨を上下する金色の垂直流は、黒点のエリアに向かって右に大きく逸れ、そのエリアがかなり暗くなっていた。オーラの背面にも、二つ目の小さな灰色の渦巻が形成されていた。ジョンが自分の人生について話すのを聞いていると、突然、ジンギスカンの時代と思われる彼の過去生が見えた。戦いのシーンで、ジョンは「敵軍」の兵士を、手にした武器で殺そうとしているところだった。彼は鎖のついた棒を持っていて、その鎖の先にはスパイクのついた金属の玉がついていた。そのスパイクで敵の頭部を刺したとたん、敵はジョンのみぞおちに槍を突き刺した。二人は刺し違えて共に死んだ。この経験は、生命力のエネルギーの力強い表現が、傷害と死につながるという信念をジョンに残した。

今の生涯でジョンは、自分の中から湧き出てくる生命力を、あますところなく力強く表現することを抑える傾向があった。代わりに、自分のパワーを分散させて小出しに表現したのである。劇を演出するという彼の職業が、自分自身のパーツをつなぎ合わせるツールの役割を果たした。さまざまな劇中の異なる登場人物に、強い生命力のいろいろな側面を表現させることで、彼は特定の表現がいかなる結果をもたらすのかを体験することができたのだ。

彼が診療所にやってきたとき、私はジョンが脊柱側弯症であることに気づかなかった。彼が振り向いたとき、肉眼で見ることができたのだ。それは先天的なもので、矯正手術を受けたことがなかった。この先天性の病気はあの前世の出来事の直接的な結果だと私は解釈した。

ヒーリングの手順で、キレーションの後、水晶を使って、太陽神経叢の近くにある傷に溜まっているエネルギーをかき出した（図表24－2）。この淀んだエネルギーは、オーリックボディの二層と四層から出たものだった。水晶は、浄化の目的を大変よく果たし、クレンジングのプロセスを加速させた。また、ヒーラーが淀んだエネルギーを少しでも吸い込むのを防ぐ役割も果たした。

図表24－3は、第二層と第四層のオーリック・レベルから出たたくさんの淀んだエネルギーが浄化されたら、何が見えるかを示している。私は、第五層のエネルギー・レベル、つまりエーテリックテンプレート・レベルの太陽神経叢に突き刺さった槍を発見した。槍の柄は完全にオーリックフィールドの中に埋まっており、螺旋状に巻いていた。それを取り除くには、まず柄をまっすぐにしてから槍を引き抜かなければならなかった。その後、傷をさらにきれいにし、そのエリアの生気を蘇らせた。

その後の数回のヒーリングでは、ガイドと一緒にケセリックテンプレート（または第七層のオーリック・レベル）のオーラを再構築した。最初に、そのエリアの臓器のテンプレートを再構築し、次にチャクラを再構築した。図表24－4は、チャクラの再構築をしている間、私が見ているものを示している。金色の光の糸が指先から出てきて、猛烈な速さで動き、そのチャクラの構造を構成する黄金の渦巻構造を作っていく。次に青いエーテル・レベル（最初のオーラの層）が満たされ、黄金のレベルの上に落ち着く。身体の細胞が青い（下位の）エーテル・レベルの上に落ち着くように、である。再構築後のチャクラは図表24－5のように、回転する金色の渦巻からなる美しい蓮の花のように見える。

チャクラを再構築した後、私とガイドは、黒ずんでずれてしまったメインの垂直流を再構築し、再びチャクラにつなげた。このようにして、ヒーリングが一通り終わると、私のクライアントは再び第７章の図表７－13のように、完全に機能するチャクラとメインの垂直流を取り戻したように見えた。

この治療を行うために必要だった五回ほどのセッションの間に、クライアントは徐々に身体のその部分に、より動きの自由を感じるようになった。その一方で、かつてバランスを失ったフィールドを補っていた背中の筋肉にあったコリも感じなくなった。彼はまた、私生活でもより多くの自由を感じるようになったという。

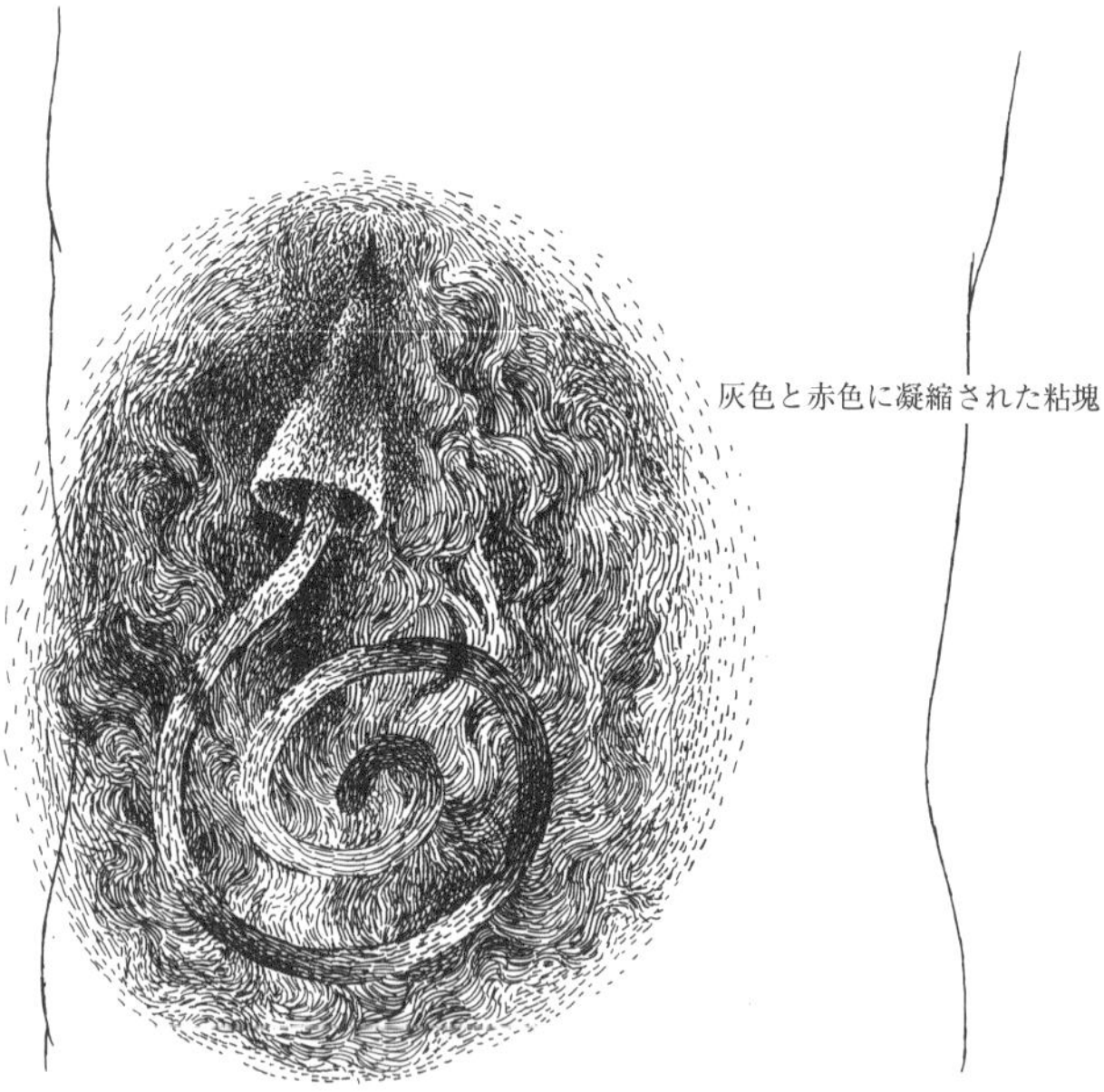

図表 24－3　オーラが浄化されたので現れた過去生の槍

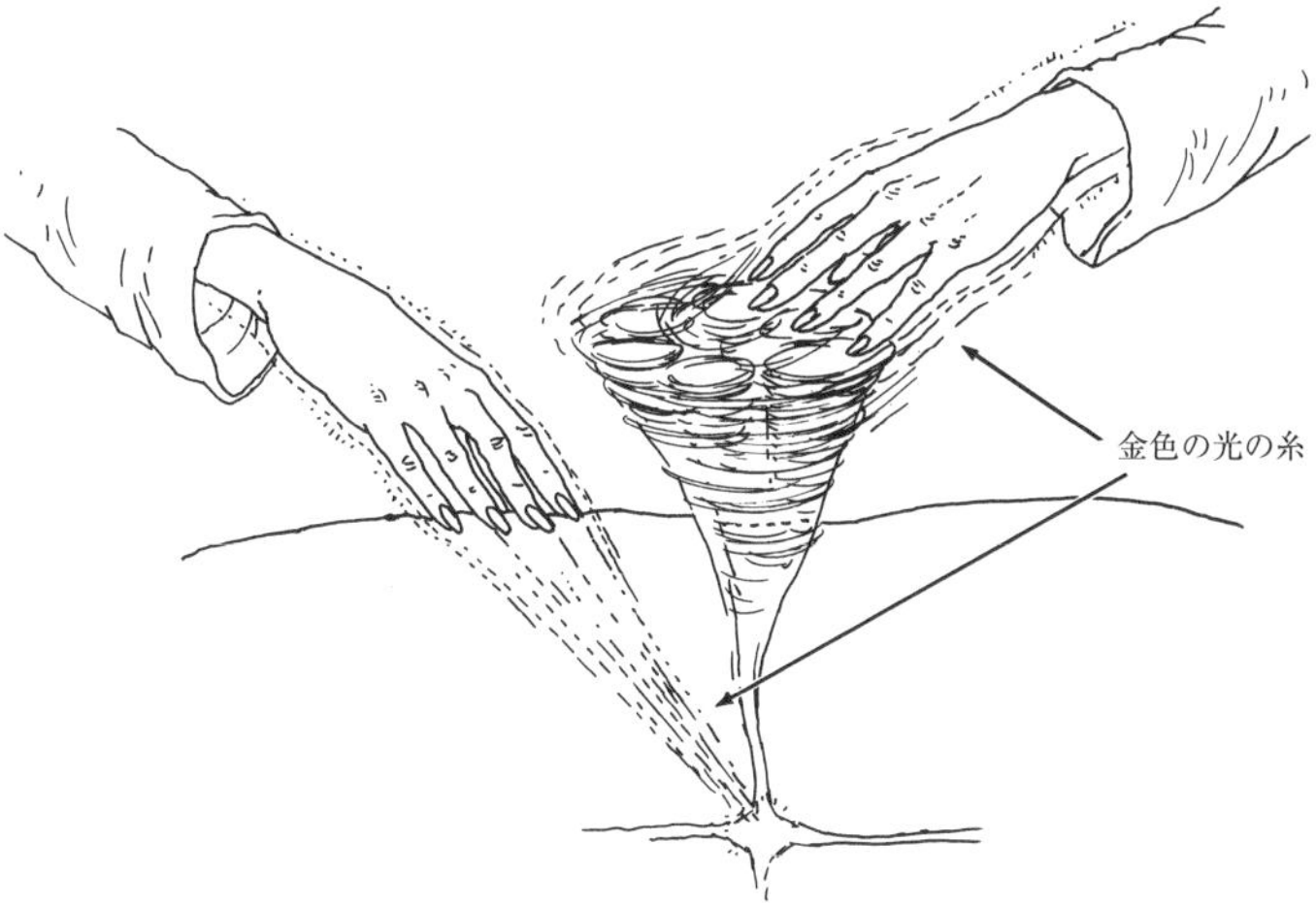

図表24－4　ケセリックテンプレート・ヒーリングの金色の光の糸

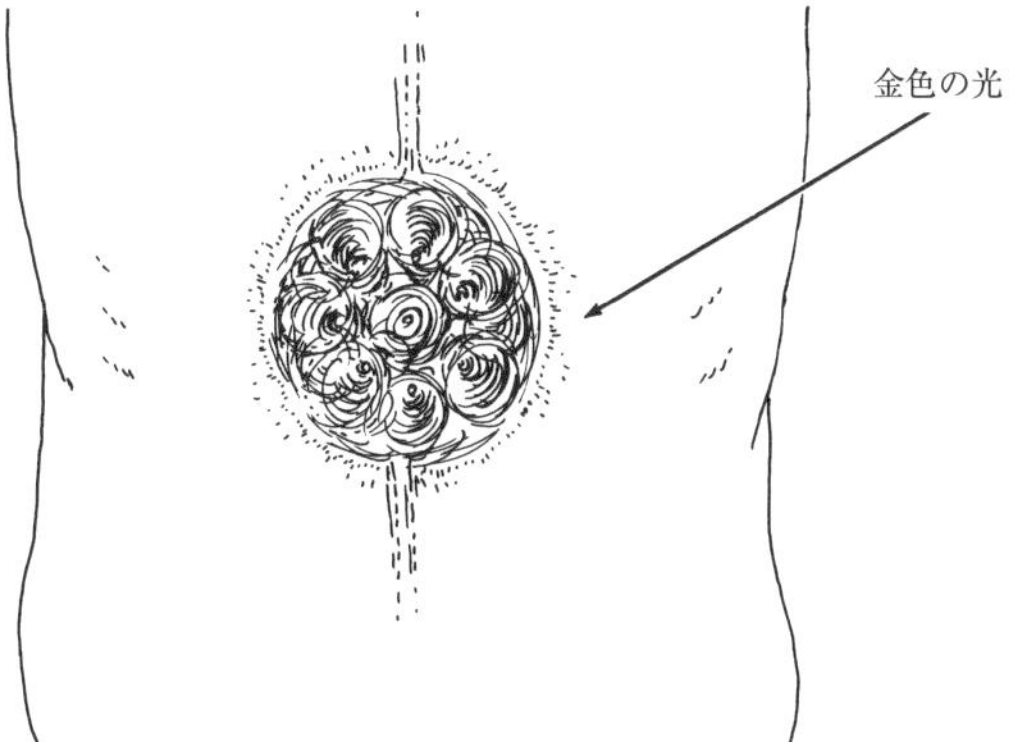

図表24－5　ケセリック・レベルで治療された第3のチャクラ

一ヶ月後、検査にやってきたジョンと会い、ヒーリングが持続していることを確認した後、彼をある人物に紹介した。エネルギーの再構築をやり終えた今、さらなる肉体の再構築のために、主として身体レベルで治療を行ってくれる人物である。ジョンの背骨がどれだけまっすぐになるかはわからない。それには、とても深いヒーリングがたくさん必要だろう（第23章の青紫の光のセクションを参照）。

ケセリックテンプレート・レベルの過去生の帯のヒーリング

前に述べたように、過去生を読むためのもう一つの方法は、オーラのケセリックテンプレート・レベルまたは卵の殻レベルに現れる色の帯の中に両手を入れるものである。両手を入れ、そこのエネルギーにチューニングを合わせれば、目の前に過去生の流れが見えてくる。

現在の生活で今起こっていることに関連する過去生の帯は、クライアントの顔と首の周りや、身体から七五センチから九〇センチはみ出したオーラの中に見出される。顔の上に両手をかざし、右手で帯を右へとなぞり、左手で左へとなぞれば、時の流れに沿って過去生が通り過ぎていくのを見ることができる。ただし、それで得られた情報をどうするかがすこぶる重要である。繰り返すが、クライアントがまだ受けとめる準備ができていないものを見せるのは好ましくない。もしクライアントが自分自身を浄化する作業をたくさん行っているのであれば、ありのまま知らせても大丈夫かもしれない。それは彼（彼女）の現在の人生に深く関わっているかもしれない。私は、クライアントの経過を熟知し、クライアントに心の準備ができているのを知っていない限り、その情報を伝えないようにしている。

私はこれらの過去生の帯を変えるようなことをほとんど何もしていないし、何もするべきではないと思っている。ときどき、両手を帯の中に通して、よりきれいにしたり、それらが重荷を背負っているように見えるときには、「軽く」したりすることがある。また、ときどき帯のエネルギーがすべて固まっているのを見たことがある。そのような場合、普通は、帯に沿ってそれを広げる。そうすると、当人は大抵、ある種の安堵感や負担が軽くなるのを感じる。

私の印象では、これらの帯は、その人が現世で引き受けた人生の使命に関連しており、成長するために必要なものである。これらの領域に手を伸ばそうとすると、非常にプライベートな個人的空間に侵入しているような感覚に陥ることが多いので、それらから手を引くようにしている。ヒーラーにとってもっとも大切なのは、クライアントがこれらの高いレベルのフィールドで行っている仕事の力を尊重し、ヒーラーとクライアントが、準備ができていることだけを行うことである。それは実際に、オーラのすべてのレベルで作業するための一般的なルールである。宇宙の壮大な計画の中にいる自分の仕事に奢らず敬意を払い、ヒーラーの中でもっとも偉大なヒーラーである無条件の愛を忘れないようにしなければならない。

第24章の復習

1. ブロックは、心理学的なレベルで見た過去生の経験とどのように関連しているだろうか?
2. 今の人生の生体エネルギーフィールドのブロックと前世のブロックとの関係を述べよ。
3. 手当てを用いた過去生療法のやり方はどのようなものか?
4. 過去生のトラウマを生体エネルギーフィールドから取り除いた後のヒーリングで行うべきもっとも大切なことは何か?
5. 過去生のヒーリングが適切なときはいつか? 適切でないときは? そのヒーリングは必要だろう

か？

6. 過去生のブロックはオーリックフィールドにどのようにして築かれるのか？

7.「直流フィールドシフト」とは何か？　それが過去生体験にどのように関わっているかを述べよ。

考えるヒント

8. 時間が直線的でないなら、過去生とは何か？

第六部　セルフ・ヒーリングとスピリチュアル・ヒーラー

「医師よ、汝自身を癒せ」
――イエス・キリスト

イントロダクション　変容と自己責任

自分の健康に責任をもてるのは自分しかいない。もしあなたが身体的な問題を抱えているなら、特定の治療プログラムに従うかどうかを、あなたが最終的に決断しなければならない。そのような決断は、細心の注意を払ってするべきである。はじめに、たくさんいる治療者の中からこれだという人を選び出す。誰を信頼すべきだろう？　治療法が効いているかどうかわからないとき、どのくらいの期間続ければいいのだろう？　これらの疑問は、あなたにとって何が適切かを慎重に調べた上でしか答えられない。

もし診断が信用できなければ、セカンドやサードのオピニオンを聞いても何ら問題はない。まったく別の治療法を試すのもいいだろう。もし自分の病気について言われたことにとまどっているなら、もっと医師に質問したり、本を読んで、自分がかかっている病について学ぼう。自分の健康管理を自分でやってほしいのだ。特に、悲観的な予後診断によって、委縮したり、落ち込んだりしないようにしよう。むしろ、自分自身をより深く見つめ、より視野を広げて利用可能な代替療法を探すためのメッセージとしてそれを受けとめるのだ。標準的な西洋医学には多くの答えがあるが、すべてではない。特定の不調を治すのに効果的でなかったら、他を探そう。万全の準備をするのだ。自分自身や自分の健康について学ぶべきことがたくさんあることに驚くだろう。そのような探求は、予想もしない方法であなたの人生を変えるだろう。私は、病が最終的に大きな喜びをもたらした、たくさんの人たちに出会ってきた。彼らは人生を深く理解して感謝の念に打たれ、病気にならなければ達成しえなかった充実感を手に入れたのである。

もし私たちが病気に対する態度を変え、病気が学ぶべきメッセージであることを受け入れ、理解するようになったら、個人的なレベルだけでなく、おそらく全国的なレベルやグローバルなレベルでも、病気に対する大きな恐怖心を和らげることができるだろう。

このパートでは、健康を維持する方法についての提案を行いたい。日々の生活の中での実践方法や、食べ物、住空間、衣服の選び方などについてのコメントもしている。しかし、健康を維持するためにもっとも必要なのは愛である。自分を愛することが最大のヒーリングである。しかし、自分を愛するにも日々の訓練が必要なのだ。

第25章　新しい医療の顔：患者がヒーラーになる

病気に対する私たちの見方が変わるように、治療法も変わる。病気の診断や治療がもっと効率的になれば、私たちは治療プログラムを個人によって変えられるようになる。人はみなユニークであり、ヒーリングで用いる薬剤の組み合わせも少しずつ変える必要がある。ヒーリングセッションもそれぞれ異なっている。ヒーラーは、広範囲な知識と豊かな愛情をもち、ヒーリングやチャネリングにおいて、自分の霊的ガイドと良好な関係を保たなければならない。洗練されたヒーリングは一つの芸術である。ここに、私が二年以上にわたって治療してきた患者の詳細な症例がある。これは、私たちの先にあるものを、垣間見させてくれるものだ。デヴィッドを選んだのは、彼の治療がヒーリングのあらゆるレベルと局面を例証しているからだ。それは、ヒーリングが長い期間にわたって行われるとき、患者の人格構造にいかに深く入り込めるかを示している。ヘヨアンは、「適切な物質を適切なタイミングで適切な量摂取すると、変容をもたらす物質として作用する」と語っている。この症例で、私は手当て療法、情報へのダイレクト・アクセス（チャネリング）、精神力学的分析を組み合わせて使っている。これらが、患者自身のやる気や自己責任と結びついたことで、病気の治癒だけでなく、とても深い変化を人生に引き起こした。この深い変化は、患者が自分自身の治癒に全責任を負ったからこそ可能になったのである。

病気の最初の原因を見つけることは、常にヒーリングの鍵となる部分である。情報へのダイレクト・アクセスは、そのための貴重なツールだ。このケースでは、病気の原因を、物理的な生活環境、関与している精神力学、患者の信念体系とスピリチュアルな人生プランの観点から議論している。

デヴィッドのヒーリング

デヴィッドはカリフォルニアで育った。両親は心理学者。彼は海とサーフィンと太陽をこよなく愛した。カリフォルニア大学で運動学の博士号を取得した後、教師になった。その後、インドにしばらく滞在し、そこでもう一人のアメリカ人、アンと恋に落ちた。だが、ひどい病気になり、アンと共にアメリカに帰国した。それからの四年間、癒しを求めてアメリカ中を旅し、伝染性単核球症の疑い、慢性持続性肝炎、未知のウィルス性疾患などさまざまな診断を受けた。中には、「すべては気の病です。悪いところなどどこにもありません」と言う者までいた。そうこうしているうちに、彼のエネルギーは急速に低下していき、どんどん働くことに支障をきたすようになっていった。私の診療所にやってくる頃には、一日か二日元気があっても、その後はエネルギーを失い、一日か二日寝込むというような状態だった。

デヴィッドは、図表25－1Aに示されているようなエネルギーフィールドの状態で私の診療所に入ってきた。もっとも明白で深刻な問題は、太陽神経叢のチャクラにあった。引き裂かれて穴が開いており、第七層を含めてフィールドのすべての層を縫い合わせて、元の形を取り戻す必要があった。第二のもっとも重要な問題は、第一チャクラの歪みだった。それは左に傾き、詰まっていた。それが原因で、基礎のチャクラを通してエネルギーシステムにエネルギーを取り込む能力が不足していた。穴からエネルギ

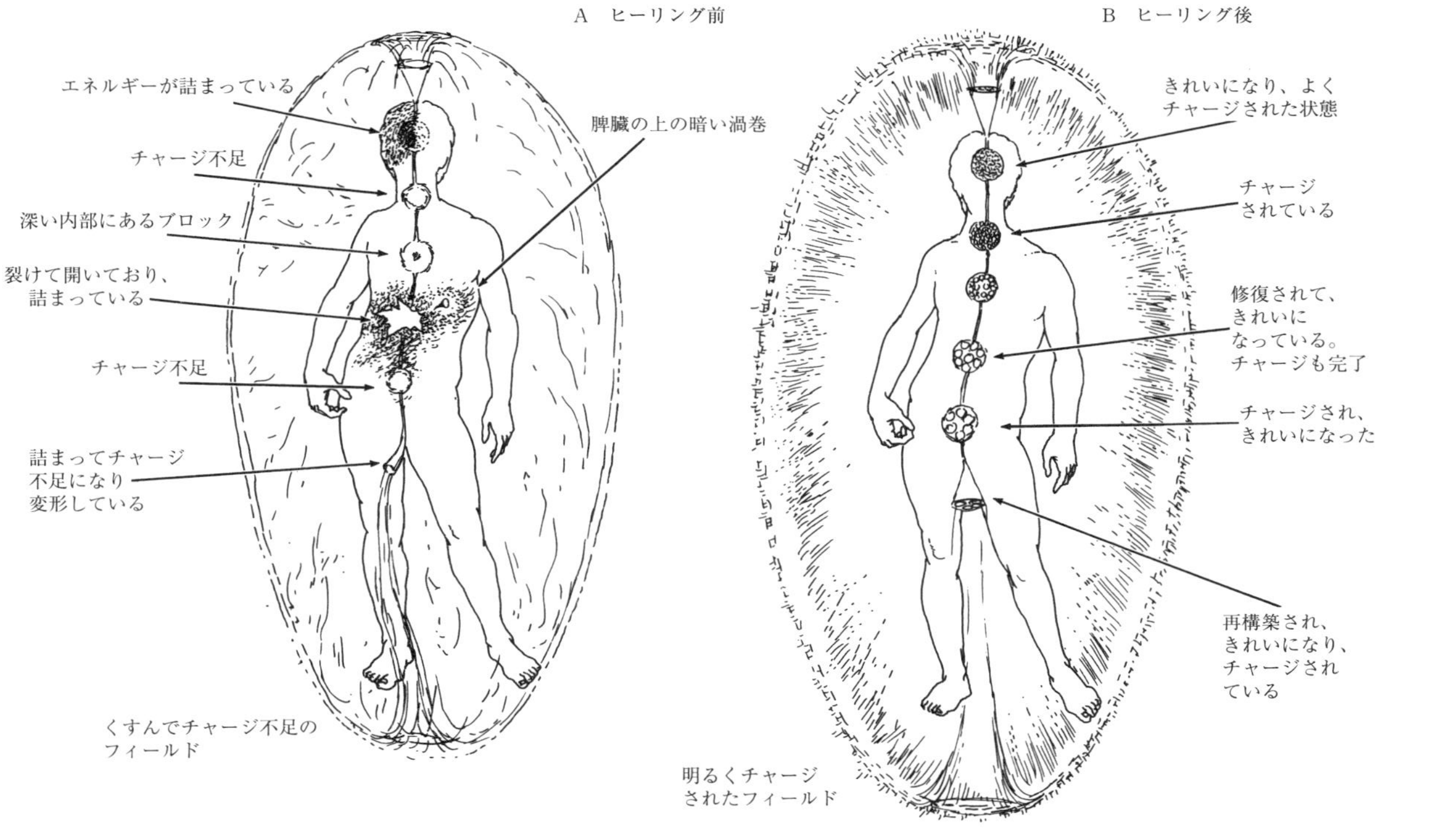
A　ヒーリング前
エネルギーが詰まっている
チャージ不足
深い内部にあるブロック
裂けて開いており、
詰まっている
チャージ不足
詰まってチャージ
不足になり
変形している
くすんでチャージ不足の
フィールド
脾臓の上の暗い渦巻
B　ヒーリング後
きれいになり、よく
チャージされた状態
チャージ
されている
修復されて、
きれいに
なっている。
チャージも完了
チャージされ、
きれいになった
再構築され、
きれいになり、
チャージされ
ている
明るくチャージ
されたフィールド

図表25－1　デヴィッドのケーススタディ（診断図）

ーを漏らしている第三チャクラと詰まった第一チャクラが一緒になって、エネルギーシステムを著しく枯渇させていたのだ。このエネルギーの枯渇は、肉体的にもはっきりと感じられる。というのも、前の章で説明したように、第一チャクラは体力に関連するエネルギーの大部分を代謝しているからだ。これらの問題に加えて、オーラは、性機能（落ちていた）だけではなく、免疫系にも関わっている第二チャクラも枯渇し弱まっていることを示していた。そこにはリンパ系のチャクラがある。ハートチャクラは、渦巻の奥にブロックがあることを示していた。ハートチャクラも、胸腺を介して免疫系に関わっている。このブロックは、ハートチャクラの渦巻を三分の二ほど下ったところに位置していた。私が人々の中にこの形状を見るときにはいつも、その人の神との関係や、神の意志についての信念が関連していた（これについては後にまた取り上げる）。喉のチャクラはチャージ不足だった。このチャクラは、コミュニケーションや自己責任、さらにはギブ・アンド・テイクにも関わっている。第三の目は詰まっていて、脳の中や松果体に入っていく道をすべて遮断していた。王冠のチャクラは弱々しく、エネルギー不足だった。オーラ全体が萎んでどんよりしていた。

臓器を調べると、肝臓に大量の詰まりと暗いエネルギーが見えた。変色した層もあった。一つは濃いどろどろした緑色で、一つは汚い黄色だった。その奥の背骨の近くには黒ずんでいる部分があった。肝臓のエーテルの土台そのものが破れ、変形していた。より近づいて見ると、多種多様な感染性の微生物が見えた、サイズと外観から見て、一部は細菌、一部はウィルスのようだった。これらの微生物は、膵臓、脾臓、消化管を含む腹の中央全体に広がっていた。膵臓の上には、高速で回転する小さな渦巻があり、黒板を引っかくような甲高い音を立てていた。こうした状態は大体、糖尿病や低血糖症のような糖代謝の問題に関連している。フィールド全体がチャージ不足で弱々しかった。第六層からくる明るく輝く光はなく、弱々しくどんよりしていた。重篤な病人の症状だった。

ヒーリングの生徒には、この時点で、リーディングするのをやめて、フィールドを分析し、ヒーリングのプランを立てるよう勧める。まず、どこから手をつけるか？　このシステムをチャージするためにできるだけ多くのエネルギーを使った方がいいか、それとも使わない方がいいか？　その理由は？　第七層の裂け目をいつ修復するか？　なぜか？　病気の引き金になった原因は何だと思うか？　それはオーリックフィールドにどのように現れているか？　回復は早いだろうか、それとも、ゆっくりだろうか？　この後のヒーリングの過程についての説明の中で、これらの質問のすべてが答えられることになるだろう。

ヒーリングの順序　第一段階　フィールドの浄化、チャージ、再構築

最初の数週間は、フィールドをキレートすることに集中し、第一チャクラを矯正してから、ゆっくりと、けれども確実に第三チャクラ・エリアの問題を修復した。ときどき、デヴィッドの肝臓と第三チャクラのエリアに手を置いて、三〇分から四五分座っていた。第三チャクラ・エリアが弱っているため、オーラを強くチャージするのは不可能だった。強いエネルギーのチャージは、そのチャクラをさらに傷つける危険があるのだ。その数週間、第一チャクラをまっすぐにして浄めるのは比較的簡単だった。それをプランに従って行ったが、それぞれのヒーリングの焦点はほとんど腹部の中央部に当てられていた。そオーリックフィールドの裂け目を修復するのには長い時間がかかった。相当大がかりな修復が必要だったからだ。オーラを十分にチャージすることはできなかった。第三チャクラを通して強くチャージすると、第三チャクラの裂け目がさらに広がるか、エネルギーの漏れがひどくなるかするからだ。デヴィッドが来るたびに、私たちはキレーションとチャージをし、第三チャクラ・エリアの一部を修復した。そ

して、傷の上に一時的な「シール（封印）」を貼るか、「包帯」を巻き、一週間かけて治した。翌週、さらに少しだけ作業をした。毎週、私はオーラの構造を修復するために、フィールドに深く入り込んだ。最初にクレンジングを行い、一歩一歩段階を踏んで、再構築していった。最初にエーテル・レベルの構造を修復し、次に、肝臓やそのエリアにあるその他の臓器のエーテリックテンプレート・レベルとチャクラを修復する必要があった。数週間経つと、デヴィッドのエネルギーが一定になり始めた。急激に上がったり、下がったりしなくなり、低い状態にとどまったままとなったのだ。これはデヴィッドには前進のようには思えなかったが、私にはそう思えた。私はフィールドがゆっくりと自ら再調整するのを見ることができた。彼の肉体が弱い部分をカバーしようとして強いエネルギーを出そうとしたが、それを維持できなかったために、彼のエネルギーが落ち、エネルギーは激しく上下していた。だが、彼の今の状態でも維持できる実際のレベルにまでエネルギーが一定になったのだ。これはデヴィッドをひどく落胆させた。

デヴィッドの第一チャクラが本来のまっすぐな状態を維持し始めると、第二チャクラはチャージし始めた。最終的に、彼はエネルギーと性機能を取り戻し始めた。また、感情的にさほど傷つきやすいと感じなくなった。

デヴィッドのヒーリングの最初の三ヶ月間、ヘヨアンはほとんど彼にコメントしなかった。ただ、私にこう言った「デヴィッドは十分なほど心理学的、霊的なレクチャーを受けた。まるで〝喉元まで宇宙法則を詰め込まれた〟ようなものだ」。それゆえ私は、治療のこの段階で、精神力学をうんぬんすることを控えた。この段階では、それはもっとも重要なことではなかった。チャージと修復の方がはるかに重要だった。ヒーラーは患者が治るペースに合わせて治療するしかない。最終的に、デヴィッドのフィールドは、第七層を修復するのに十分なエネルギーを高い振動で出せるほど強くなった。

すると、デヴィッドはより多くの情報を求め始めた。自分の個人的な人生の状況に照らして、自分の病気の意味を理解するために、質問をし始めたのだ。

ヒーリングの順序　第二段階　精神力学といくつかの発症原因

第三チャクラ（直線的思考）がよりスムーズに機能し始めると、デヴィッドの質問が始まった。母子環境によって形成された病の発症原因の構図がゆっくりと浮かび上がった。

第8章で述べたように、子どもはみな母親と強い絆をもっている。この絆は子どもが子宮にいるときに作られる。その絆は、母と子の間に残っているオーラのへその緒を通して見ることができる。このへその緒は母と子の第三チャクラにつながっている。誕生後も、母と子の間には、ハートチャクラを通して形成された強いハートのつながりがある。

デヴィッドの第三チャクラの元々の裂け目は、思春期に近い時期に、傲慢で支配的な母親に反抗したときにできたものだ。それ以前、デヴィッドは母親を喜ばせるためにできる限りのことをしていた。彼の心理学者の両親は、知らず知らずのうちに、息子を支配するために心理学の知識を誤って使用していた。

デヴィッドは自立するために、多くのティーンエイジャーがしていることをした。両親との絆を断ったのだ。不幸にも、彼が知っている唯一の方法は、自分を母親に縛り付けている絆を文字通り断つことだった。残されたのは、断ち切られたオーラのへその緒と太陽神経叢エリアの穴だった。もちろん、その年頃でもっとも自然なのは、他の人を見つけて絆を作り、母親の代わりにすることである（この段階では誰もが問題は母親にあり、自分にはないと考える）。不幸にも彼は、自分の付き合う女性がみんな支配的な女性であることに気づいた。彼のエネルギーシステムが自動的に支配的な女性を引き寄せたのだ。理由は単純で、デヴィッドがその種のエネルギーにつながることに慣れていたからだ。それが彼にとって「普通」のことのように感じていたのである（類は友を呼ぶ）。このような満足のいかない関係が彼を自己探求に向かわせ、最終的に、インドのアシュラム（僧院）に導いた。彼は問題が自分自身の中にあることに気づき始めた。

ハートのレベルでは、デヴィッドの第四チャクラは実際のところ母親のチャクラと強く結びつかなかった。母親は、最初から、彼をあるがまま受け入れなかった。彼がハートで母親とつながったとき、母親の言う通りの人間になる必要があることに気づいた。それは自分を裏切ることだった。デヴィッドは心の中で自分を欺いていると感じていた。どんな若者にも心の苦しみがある。彼はハートを介して母親と強い絆を結んだが、結局、それを伴侶に転移せざるをえなかった。そうでないと、性的能力を備えた一人前の男になれないからだ。それは初めての恋人である母親とはもてない経験だった。彼が母親とハートでつながっていなければ、伴侶を見つける時期がきても、モデルがなく、恋愛するのに苦労しただろう。

デヴィッドの人間関係での問題は、心を介して愛する人と結ばれる方法がわからないということである。それが彼をインドに導き、彼の言う「一つの大きなハート」をもったグル（導師）のところに連れていったのだ。このアシュラムでの経験を通して、デヴィッドはハートでつながる方法を学んだ。最初にグルと、そしてそこで出会ったアンとつながった。しかし、彼はグルとハートでつながることで、自分の意志を少しずつ手放していっていることに気づいた。彼は無条件の愛を学ぼうとしていたのだが、条件付きだった。自分の意志を放棄したデヴィッドは、再び自分を欺いていると感じ始めた。だが、今回、問題は単に別の人間を愛するということではなかった。人類を愛し、神を愛せるかという問題だった。その問題がデヴィッドの意志対神の意志という形で現れた。これはオーリックフィールド内のハートの形状に示されていた。デヴィッドは、もはや母親の「よい子」ではなくなった今、グルや神の「よい子」になったことに気づいた。彼とアンはアシュラムを去る決心をした。グルから離れるとき、第三チャクラに別の裂け目ができたが、彼は心の使い方を習得した。生まれて初めて、太陽神経叢のチャクラを通してだけでなく、心から女性と深く結ばれたのである。

受容と完璧な愛の追求は、人間の魂の中ではとても強く、多くのレッスンを通して導かれる。私は、七〇年代にスピリチュアルなコミュニティで何年も過ごした人々が、心を開くことを学びながらも、子どもの頃と同じように、ゆっくりと自主性の多くを手放していったことを知っている。多くの人が、自分自身の世界に愛をもち込む前に、組織的な共同体の中で深い愛を経験することが役に立つことに気づいたのである。これは、幼少期の家庭で深い愛を経験しなかった場合、特に言えることである。共同体の中で愛を経験し、不幸にもそのために自由意志の一部を手放してしまった人々は、愛を心の中にもち続け、他人が決めた神の意志ではなく、自分の心の中に顕れた神の意志に身を委ねる必要がある。

デヴィッドのヒーリングが進むと、慢性的にあったガールフレンドとの問題が、耐え難いものになっていった。彼が変わったために、恋人との波長が合わなくなったのだ。というのも、彼女は彼と同じようには変化しなかったからだ。彼らのフィールドは、もはや共振していなかった。

長期の関係をもっている人は誰でもこの現象を知っている。あなたが変わっても、あなたの恋人が同じ速度で変わらなければ、自分が誰と暮らしているのか、疑問に思う時期がくる。相手が変わっても、仲良くやっていけるのだろうか？　それは、お互いに忍耐と愛をもって暮らしていれば、普通は可能である。そうでなければ，いずれどちらかが先に行ってしまうだろう。デヴィッドとアンは自分たちの問題を解決することに一緒に取り組み始めた。二人は大きな愛と誠意をもって、状況を精神力学的に分析することにもっとも力を入れた。デヴィッドの主な関心は、自分の仕事や自由、そして自分自身のパーソナル・パワーを獲得することに向けられていた。一方、アンは、これからも自分のグルに従い、デヴィッドとは違った人生を構築したいと考えていた。

誰かと親しく付き合っている人は、母と子の間に成長する紐（へその緒）に加えて、親しい人との間にもエネルギーの紐を育む。これらはチャクラを通してつながっている。健全な関係では、これらの紐は明るく輝く金色で、バランスが取れ、ほとんどのチャクラを通してつながっている。多くの関係では、これらの紐が、親子の間に子どもの頃からあった不健康なつながりを繰り返すだけである。これらの紐の多くは、太陽神経叢でつながり、暗い色をしている。不健全な関係から健全な関係へと変化していく過程で、不健全な紐は、切断されてエネルギーをチャージされ、その人自身のコアに深く再接続されなければならない。それらは依存の紐であり、おのおのが自分自身を頼りにできるよう、個人の中に根づかせなければならない。デヴィッドと彼の友人は、ゆっくりと自分たちの依存の紐を切断した。これはとても怖いプロセスである。ときおり、何もつながるものがない空間に浮かんでいるかのような感じなのだ。これを行うことで、人は硬直した「幻想の安全性」を離れ、柔軟な自己信頼に取って代わらせるのだ。

離婚や伴侶の死を経験したことのある人なら、この現象を理解できるだろう。多くの人が自分の配偶者を「つれあい」と呼ぶ。私は、肉親に先立たれた人が、心を引き裂かれるように感じた経験を語るのを聞いたことがある。つれあいを失った人たちの話も聞いた。そのような深刻なトラウマでは、まるで自分の全身が引き裂かれたかのように感じる。これは文字通りの真実である。そのような痛々しい別れの後、太陽神経叢から幾筋もの糸が空中に垂れ下がっているのを何度も見てきた。

自分の力を取り戻すと、デヴィッドはヒーリングにおいてより積極的な役割を果たすようになった。彼はヘヨアンに具体的な質問をするようになった。たとえば、どのような身体的治療を受けるべきかをヘヨアンに尋ねた（デヴィッドの腹部中央にはまだ微生物が見えた。何らかの対処が必要だった）。デヴィッドは衰弱性疾患に効くカナダ製の血清があると聞いていた。それを使うべきだろうか？「ノー」とヘヨアンは答えた。「まあ、少しは効くかもしれないが、他にも強力な薬がある」とヘヨアンは続けた。ヘヨアンは、それがマラリアの治療に使われるキニーネのような薬だと教えてくれた。それからヘヨアンはプールの映像を私に見せ、名称はプールの中のクローリン（塩素）で始まると言った。薬の名称はクローリン・キニーネに似たクロロキンだった。デヴィッドがその薬を飲めば、肝臓をきれいに洗う作用があるとヘヨアンは言った。ヘヨアンはデヴィッドの肝臓が銀色の液体できれいに洗われている映像を見せてくれた。そして、デヴィッドがこの薬を手に入れるには、私たちが住んでいるニューヨークの医者に頼めばいいと付け加えた。また、デヴィッドは標準的な量を飲むべきではなく、必要に応じて量を変えるべきだと述べ、彼の超感覚的知覚と振り子を使って、彼が必要とする量を毎日チェックすべきだと言った。

その後、デヴィッドは探求を始めた。翌週、彼がクロロキンを持って私の診療所に戻ってきたとき、私は唖然とした。私はその薬について聞いたことがなかった。デヴィッドは、ヘヨアンが言った薬を聞いたことがあるかどうかを医師に尋ねた。医師はすぐに本棚からクロロキンの使い方が書かれた本を取り出した。それはデヴィッドのような慢性の持続性肝炎のケースに使われる薬だった。医師の診断がヘヨアンの診断と一致したため、医師は通常の服用量のクロロキンを処方した。

デヴィッドは毎日、振り子で服用量をチェックしながら、薬を服用し始めた。薬を服用して最初の五日間は、身体的にだけでなく、感情的にも強い影響を受けた。彼はとてつもない苦悩を味わった。（前述した）自分の問題を非常に強く感じたのだ。ある日の経験を、「恋人のお腹に埋もれて」その日一日過ごしたと表現している。彼は、それが浄化であることを知っていた。自分自身を癒すために、その感覚を追体験したかったのだ。五日後、彼は振り子による診断に従って、クロロキンの服用をやめた。

ヘヨアンはクロロキンを一定期間服用した後、一週間か二週間、汚れを洗い流すお茶とビタミン剤を飲むよう言った。五日間薬を服用した後、デヴィッドの大腸（どろどろした黄褐色をしていた）が、感染症の菌を取り除いたときに出た毒素で詰まっているのをオーリックフィールドから見て取れた。それを洗い流すお茶が必要だった。クロロキンの服用をやめて数日後、デヴィッドは、再び服用を開始するときであることを振り子で「読んだ」。彼はそれを実行した。数日間服用し、数日間休んだ。クロロキンを服用するたびに、デヴィッドは浄めを必要とする人格の別の層に沈み込んだ。そのたびに、彼はより強く生き生きとし、パワフルになった。薬を服用するたびに、多くの微生物が彼の肉体から排出され、彼のオーラはより明るく、豊かになっていった。彼は正真正銘、自己変容を遂げつつあった。ときどき、ヘヨアンは、ヒーリングの補助として、別種のビタミンや細胞塩（リン酸フェルム、リン酸鉄など）を摂取するよう勧めた。

私はヘヨアンに、なぜもっと早くクロロキンのことを教えてくれなかったのかと尋ねた。デヴィッドのフィールドの損傷があまりにひどかったので、修復が完了するまで、クロロキンの強い効果に耐えられなかっただろうとヘヨアンは言った。

ヒーリングの第二段階の最中、デヴィッドが精神力学に取り組むようになり、彼とアンは何度か決別した。二人は一〇年以上一緒に暮らしていて、二人の間には片付けなければならないことがたくさんあった。徐々に二人は距離を置くようになり、結局、別れた。オーラの観点から見ると、デヴィッドの太陽神経叢のチャクラはもはや破れておらず、彼のオーリックフィールドは非常に明るくチャージされていたので、アンとは波長が合っていなかった。アンは、自分の道を歩み、自分の新しい人生を創造するために、別の方法で変わることを選んだのである。

デヴィッドは力を取り戻すと、神や神の意志との関係に取り組み始めた。自分の中に神の意志を見つけるために瞑想を始めた。すると、自分のハートチャクラの奥深くにある抑制を解き始めた。そして、自分の心に身を委ねるようになった。エマニュエルは（一九八五年に）こう言っている。

意志をもって解放を望んでも、
束縛がきつくなるだけである。
なぜなら、それは意志に屈しないからだ。
それは自分を明け渡したものだけに降伏する。

それぞれの魂の最終レッスンは、
あなた自身の心の中に顕れる神の意志に
全面的に自分を明け渡すことである。

それからすぐに、デヴィッドはある女性と出会い、交際を始めた。この関係は、彼を支え、育ててくれた。デヴィッドのために関係を読んだところ、彼が新しいパートナーのフィールドに癒されているのが見えた。以前、デヴィッドは付き合っている彼女と一緒にいると、いつも自分のフィールドを萎縮させていたが、新しいパートナーと一緒にいるだけで、彼のオーリックフィールドは拡大するかのようだった。

デヴィッドのヒーリングに取り組んでいた最後の一ヶ月、彼のフィールドにそれまで見たことのない形状を見るようになった。それは、私たちが行ってきたヒーリングによって暴かれたらしかった。背骨を取り囲む繭《まゆ》のようだった。それがどのレベルのフィールドにあるのかは、私には判断するのが難しかった。しかし、この繭には、活用されるのを待っている多くのエネルギーが眠っているように見えた。私は、この繭についてデヴィッドに話さなかったが、主として第六チャクラを浄めるワークに取り組んでいるとき、それを黙って見守った。オーラの残りの部分はすべてきれいで、明るく輝いていた（図表25－1B）。

デヴィッドが最後のセッションにやってきたとき、別人のように見えた。彼のオーラはいつもの二倍も明るく、ずっと大きくなっていた。繭が開いたのだ。何が起きたのかを尋ねた。週末に、エクスタシーとかMDMAと呼ばれているドラッグをやったのだと彼は言った。メタアンフェタミンとサフロールから合成されたフェニルエチルアミン系の合成麻薬である。よく見ると、MDMAのせいで松果体の左側が開いたのが見て取れた。マリファナやLSDをやったこともあって、第三の目をふさいでいた粘液も、右側の方はきれいなっていた。まだやるべきことはあったが、デヴィッドのフィールドの全体的な変化は驚くべきものだった。

私の観察では、向精神薬はオーラにネガティブな影響を及ぼすことが常だったので、それについてヘヨアンに尋ねた。「それは服用する人によって違うし、服用したときのフィールドの構成がどうなっているかにもよる。デヴィッドの第六チャクラは詰まっていて、開く作業をしなければならない時期だったので、ドラッグは強い作用を及ぼした。しかし、当人が別のチャクラに集中する必要があった場合、効果はほとんどの場合、ネガティブなものになるだろう」とヘヨアンは言った。

別の女性患者がMDMAを服用してもいいかと尋ねたとき、ヘヨアンはこう答えた。「いいえ、あなたにはそれをお勧めしない。あなたに必要なのは、第二チャクラを強化することだから、オバトロフィンを摂取しなさい」(オバトロフィンは凍結乾燥した牛の卵巣から作られる)。彼女はオバトロフィンを服用し、デヴィッドがクロロキンを服用したときと同じような経験をした。ヘヨアンが強調したがっているのは、新しい医療は、全人を癒すために、すべてのレベルを扱うものでなければならないということだ。新しい医療は魂の運命に焦点を当てることを主要な課題とする。病気から学べる教訓とは何か？個人はどのようにすればその教訓を一番よく学べるのか？究極のレッスンは、あなたが神のひらめきであるということである。それを思い出せば思い出すほど、あなたは故郷に近づく。薬物は変容を促す物質として使うことができる。それが薬物の目的なのだ。薬物は病を癒さない。個人が自分自身を癒すのを助けるのだ。「適切な物質を適切なタイミングで適切な量服用すれば、個人が変容するのを助けてくれる」とヘヨアンは言う。

最後のミーティングの最中、デヴィッドはヘヨアンに多くの質問を投げかけた。彼の変化や繭の意味について明らかにされたことは、私たち全員を勇気づけた。デヴィッドは、約一ヶ月前、永久に続くと思われる奥の深い変化を自分の中で感じ始めたとき何が起こったのか尋ねた。私が繭を見始めたのもその頃だった。あのとき、デヴィッドは、自分の望み通りになりつつある人生を、自分で制御できると感じ始めていた。素敵な関係を手に入れた彼は、西海岸に引っ越すことを決意した。ヘヨアンは、一ヶ月前にデヴィッドは実際に転生を完成させたのだと言った。デヴィッドは六年前にインドに行ったときに、転生をやり終える最終ラウンドを始めていた。それは、彼が転生して心を開くことを選んだ、この人生の最後のサイクルだった。一ヶ月前、彼は実際にその使命を果たしたのだ。そのとき、彼は自由に肉体を去ることができたのだが、そうしないで、同じ肉体の中で生まれ変わることを選択したのである。ヘヨアンによれば、未来の生（来世）は生まれる前にフィールドに敷き詰められていて、個人が選択すれば、今の人生が終わったときに引き受けることができるということだ。これは肉体を離れることなく行うことができる。「それがどんなに効率的であるかを考えてみなさい」とヘヨアンは言った。デヴィッドの背骨の周りに現れた繭のエネルギーは、彼がこれから始めようとしている人生のエネルギー意識だったのだ。ヘヨアンはまた、今後の三年間は自分の存在の二つのレベルを一つに統合することに費やされるだろう、それに慣れるまでにはある程度時間がかかるだろうと言った。このエネルギーを自分の現実に統合すれば、彼はより多くのエネルギーと知識を手に入れられるようになるだろう。デヴィッドが望むならば、名前を変えてもいいとヘヨアンは提案した。そして、未来は過去と同じである必要はないのだから、と付け加えた。ここに彼らの対話の一部を紹介しよう。

デヴィッド「同じ肉体の中で生まれ変わるとはどういうことですか？」

ヘヨアン「ある意味、ここでは暗喩を使わなければならない、あなたは誕生前に霊的ガイドと共に座り、自分の両親を選んだ。また、今後起こりうる現実を選び、行うべき仕事を選んだ。それから、肉体を作る、組になったエネルギーを選んだ。あなたはある意味で大いなる存在の一部を切り離し、その意識で肉体を作るのだ。あなたは両親を選び、両親から得た遺伝的資質を選んだのだ。

あなたは座って、特別の目的のためにそれらすべてを選ぶ。ある人生において、あなたがその目的を達成し、目標に到達したら、別の人生を追加するのはいつでもいいたって簡単である。単に、新たな肉体で使われることになる新しい意識を、古い肉体と意識に織り込むだけでいいのだ。

こうして、自分の仕事を見事にやり遂げて、〝古い肉体〟に新しい意識を融合させたとき、あなたは、多くの変化が起こっていることに気づくだろう。というのも、二つの人生を一つに統合しようとしているのだから」

デヴィッド「もうすでに融合しています」

ヘヨアン「その通り。素晴らしいことではないか。あなたが死ぬとき、いや、肉体を去るとか、脱落すると言った方がよいだろう、もはや変容や変異、超越のための道具として肉体を必要としないのだ。もはやあなたは肉体を作ることはない。肉体は道具である。あなたがもっとも効率的な方法で変容させたいと願う自己の特定の部分に焦点を当てるために、あなたが創造した乗り物なのだ。肉体のすべての組織はその変容のために正確に作られている。あなたは、自分の仕事の中から、神経系、身体の自律機能、骨の細胞の中に至るまで、それを見るだろう。身体の各部分が、変容するための繊細で美しい道具であることに気づくだろう。それは重荷ではなく、贈り物なのだ。残念なことに、ほとんどの人間はそれを理解していない。

私たちと一緒に会議のテーブルに座ってあなたの人生を選ぶという暗喩を再度用いるなら、あなたは、いやあなたのより偉大な部分は、完全には受肉していない（おそらく、あなたは完全に受肉することはないだろうと言わざるをえない）。その偉大な部分が、あなたの次の変容にとっての最善の場所が、肉体の中なのかそうでないかを決めるのだ。そして、あなたが、いつの時代の人生であれ、肉体というこれらの物質的な乗り物をフル活用し終わったとき、それが、いわゆる生と死の一つの周期、あるいは物理的次元での輪廻転生の輪が終わるときなのだ。それは、もはや肉体という道具を必要としなくなったということにすぎない。自分が変えたいと願うポイントを見るのを容易にしてくれた直線的な時間や三次元空間から離脱するだけのことである。そのときである、あなたのより偉大な部分が決めるのは。あなたは偉大な魂である。受肉したあの小さな部分よりはるかに偉大で大きな存在になっている。あなたは、肉体を活用した方が利益になるかどうかを決めなければならない。それは鍬《くわ》がいいか、熊手がいいかを選ぶようなものだ。庭はまだ熊手でかく必要があるだろうか？　もし必要あるなら、どうして手ではなく、熊手でやらないのだろう、そうだろう」

デヴィッド「物理的次元で輪廻の輪を終えた後はどうなるんですか？」

ヘヨアン「そのときは、別の形で悟りの修行が続く。私たちも自分自身を浄め、神に向かっている。神にたどり着くまでには無限のステージがある。というのも、一つのリアリティのレベルから次のレベルに運ばれると、無限の空間に入っていくからである。現時点では、あなたは一定の高さまでしか行くことができない。あなたの認識能力はそれほど広くないからだ。悟りに近づけば近づくほど、認識力は広くなっていく。実のところ、それには終わりがない。より高いレベルでのヒーリングは創造的な活動になる。

あなたの肉体的現実は、今、次の局面に移行しつつある。そこでは、もはや変容は痛みに焦点を当てない。これからの変容とヒーリングは創造的な方法でムーブメント、音楽、芸術を包含するようになるだろう。光の中に入り、光を自分の中に保っていれば、ヒーリングは創造行為に変わる。闇が薄れてくると、変容のプロセスは癒しではなく創造性のプロセスになるのだ」

第26章　健康、自分らしくなるための挑戦

この章では、セルフ・ケア（自己管理）とセルフ・ヒーリング（自己治癒）の具体的な詳細に焦点を当てる。健康に関して、もっとも大切なのは、いかにして健康を維持するかということである。私の考えでは、健康を維持するためにもっとも重要な原則は以下の通りである。

1. 個人的なレベルと世界的なレベルの両方で、自分自身や自分の人生の目的との深いつながりを維持すること。それが自分を愛し、尊重することである。（第3章と第26章）
2. 健康と癒しが自分にとってどんな意味をもつのかを理解すること。（第14章、第15章、第16章）
3. 自分に気を配り、自分を大切にすること。これは、どこかでバランスが崩れたらすぐに教えてくれる内なる導きに耳を傾け、その導きに従うことを意味する。（第1章、第3章、第17章、第19章）

自分を大切にする

自分を大切にするためには、瞑想、運動、身体によい食べ物、よい衛生状態、必要に応じた適切な休息、自分に合った服装、快適な住まい、楽しみ、個人的な挑戦、親密な関係や友人などに日々、気を配る必要がある。それらに溢れる愛をミックスすれば、大きな収穫が得られるだろう。あなたの個人的なニーズは数週間や数年経つうちに変化する。柔軟になろう。ある時期には正しいことが、別の時期には正しくないかもしれない。どのような治療法が必要か他人に言われてするよりも、自分で決めることがもっとも重要である。それがヒーリングと健康維持の本質である。自分に責任をもち、パワーを取り戻すのだ。本書に掲載されているセルフ・ケアのヒントとヒーリングのエクササイズをリストにまとめたので紹介しよう。多様性が人生のスパイスであり、個人的な成長が変化によって加速されることを覚えていてもらいたい。

1．瞑想（第3章、第17章、第19章および第20章）。私のお気に入りの瞑想は、パット、エマニュエル、ヘヨアンと私が行ったワークショップで、エマニュエルに教えられたものだ。私はそれを「未来／過去の瞑想」と呼んでいる。

　楽な姿勢、できれば背中をまっすぐに伸ばして座る。呼吸に注意を向ける。息を吸って、吐く。吸う息と共に、未来と未来のすべての可能性を吸い込む。吐く息と共に、過去と過去に起こったすべてのことを吐き出す。ただ未来を吸い込み、過去を吐き出すのだ。あなたが吸い込むのが未来であり、吐き出すものが過去である。過去を手放そう。未来と、あなたが創造したいすべてのことを吸い込もう。過去とあなたが自分自身に課していた偽の制限を吐き出そう。未来は過去とは関係ない。過去を手放そう。未来を吸い込み、過去を吐き出し続けよう。あなたの過去のすべてが背後に遠ざかっていき、未来があなたに向かってやってくるのを想像しよう。いくつもの前世が背後に流れていき、いくつもの来世があなたに向かって流れてくるのを想像しよう。未来を吸い、過去を吐き出す。時間の流れを見つめ、自分自身を意識の中心とみなそう。あなたは意識の中心であり、経験があなたのそばを動いていく。あなたは現実の中心に座っている。そのあなたは変わらない。あなたは時間の枠の外に存在している。今、未来を吸い込む息と過去を吐き出す息の間に、間がある。吸気と呼気の間のその瞬間、あなたは永遠の今に滑り込むだろう。

2. 身体の運動（第21章）。これらの運動に加えて、エアロビクス、ノーチラス（特殊な機械を使ったフィットネス）、ヨガ、太極拳のような武術を提供するフィットネスセンターが全国にたくさんある。水泳やジョギングは好きだろうか？　何が一番楽しいだろう？　それらに挑戦してみよう。

3. 身体によい食べ物。これについては本書ではあまり触れていない。書店に並んでいる多くのダイエット本の中に、身体によい食事療法が列挙されている。私が勧めるのは、マクロビオティック派のルールに従った食事である。肉はごく少量にし、お望みなら有機飼育の肉を。特に赤肉（生肉や羊肉など）はお勧めしない。バランスの取れた穀物、野菜、サラダ、いくつかの果物はたっぷりと。旬のものを食べる。季節に応じて、冬の食事は、根菜類が多くなり、夏は新鮮なサラダ、野菜、果物などが多くなる。穀物は一年中必要である。

　摂取するビタミンには注意しよう。多くの人は定期的に摂取するビタミンの一部に強い否定的な反応を起こすが、そのことに気づかない。もしあなたがヒーリングの仕事をしているなら、良質のマルチミネラル／マルチビタミンで食事を補い、カルシウム、カリウム、マグネシウム、ビタミンCを余分に摂取する必要がある。あなたは通常より少し余分に必要かもしれない。ビタミンもそうだ。身体がどれだけ必要とするかは個人差があるので、あえてあいまいな言い方にしてある。何を、どのくらいの量、いつ、どのくらいの期間摂取する必要があるか自分で調べていただきたい。

食べるときには、食べ物に注意を向けよう。いかにもおいしそうに見えるよう、皿に盛り付けよう。その食べ物が自分の体内に入り、栄養をもたらし、エネルギーとなり、身体の細胞を成長させることを自覚しよう。食べ物は豊かな地球の恵みなので、よく噛んで味わい、何よりも楽しもう。ときには、飲み込んだ食べ物がどのようにしてあなたの体内を通り、消化されていくのかをたどってみるのもいいだろう。

あなたの身体が必要とするものを味蕾《みらい》（舌の感覚器官）に伝えるメカニズムであるアペスタット（脳の食欲制御中枢）に注意を払おう。アペスタットは食べたくてたまらなくなることとは違う。あなたが無性に食べたくなるものは何だろう？　普通、あなたが渇望するものは、あなたがアレルギーをもっているものである。それを食べてはならない。三日から一〇日で、渇望は消え去るだろう。身体が必要とするものを、身体に与えよう。身体のメッセージに耳を傾けるのだ。もちろん、四六時中、あるものが欲しくてたまらなくなるなら、どこかが悪いのかもしれない。もしあなたが年がら年中、甘いものを欲しがるのであれば、その訳を探ろう。おそらく、あなたの栄養の取り方が偏っていて、あなたの身体が不足を補うために、素早くエネルギーになるものを求めることをやめないのだ。

もちろん、あなたは、食品を保存するために使用されている添加剤の多くが、身体にとても悪いことを知っているだろう。また、私たちの食品のほとんどには、環境に含まれる殺虫剤、除草剤、肥料、化学物質などの毒物が少量含まれている。これに対処する最善の方法は、有機栽培された食品だけを食べることである。保存料の入った加工食品は買わないようにしよう。確かに、有機食品は調理に時間がかかるし、より多くのコストがかかるが、長い目で見れば医療費の節約になる。卵は有精卵のみ食べるようにする。

あなたがお住まいのところで有機野菜や有精卵を手に入れることができない場合は、クロロックス（米国の漂白剤）に浸して毒の効果の一部を除去することができる。食料品店から帰ってきたら、シンクを水で満たし、1／4カップのクロロックスを入れ、新鮮な野菜と卵を二〇分間浸す。その後、徹底的にすすぎ、汚れを洗い流し、食品を片付ける。また、特に食器類は、洗剤の残留物が消化器系の防御機能の低下を引き起こす危険があるため、すすぎを念入りにする必要がある。

食べ物が新鮮であればあるほど、健康的であり、生命エネルギーを与えてくれることを忘れないように。

4．よい衛生状態。身体を清潔にし、肌、歯、髪の毛のケアをすることが重要。身体を洗う際には、石鹸や、肌のＰＨバランスを整える酸／アルカリ・バランスのスキン・クレンザーを使用する。肌には、感染を防ぐ天然の酸性皮膜がある。アルカリ性の石鹸やクリームを使って、その保護膜を傷つけると、身体によいどころか、逆効果になってしまう。シャワーを浴びるときには、シャワーブラシを使おう。これは、あなたの身体が、新しい細胞が成長する余地を残すために定期的にはぎ取る皮膚の古い死んだ層を除去するのに役立つ。乾燥した気候のところにお住まいの方は、ｐＨバランスの取れた化粧水を使おう。それは肌の水分を維持するのに役立つ。石鹸や化粧品は、可能な限り天然で低刺激、無害なものを使用しよう。

髪のケアにも同じことが言える。髪の毛に残留物の多いリンスは使わないように。シャンプーはｐＨバランスが取れていて、身体に無害なものを選ぼう。

一日一回、デンタルフロスを使って歯間を清潔に保とう。少なくとも一日二回は歯を磨くこと。歯茎に炎症がある場合は、塩一に重曹八の割合で混ぜたものを使って一日に一回ブラッシングしよう。

5. 休息。どれだけ休息する必要があるかにはやはり個人差がある。あなたは夜型だろうか、昼型だろうか？　身体の声に耳を傾けよう。あなたの身体はいつ休息を必要とするだろう？　きっちり六～九時間、睡眠を取るのを好むだろうか、それとも夜は睡眠時間を短くし、日中、昼寝するのを好むだろうか？　疲れたときには、何時だろうが、休息を取ろう。すぐに横になれば、三〇分ほどで元気を取り戻せるのがわかるだろう。身体の声に耳を傾けるのだ。三〇分が無理なら、一五分でもいい。忙しくても、それぐらいの時間ならきっと見つけられるはずだ。

6. 服装。多くの合成繊維がオーラの自然なエネルギーの流れを妨害することを私は発見した。アクリル、多くのポリエステルとナイロンなど。ナイロンストッキングは、脚を上下するエネルギーの流れを強く妨げる。私の意見では、それが、現代社会の女性の病気の多くに関連している。ナイロンストッキングをはくのは、どうしても必要なときだけにし、代わりになるものを探そう。特にあなたが過敏症かもしれないと思っている場合、アルデヒドやホルムアルデヒドを含む繊維と石油から作った繊維を避けるのが賢明である。

天然繊維は、オーラに強いポジティブな効果をもたらす。オーラの質を上げ、維持するのだ。綿、絹、ウールが最適。混紡繊維もよい。綿五〇％の生地は素晴らしい。一部の合成繊維もいいようだ。私の身体とエネルギーフィールドはレーヨンやオーロン（アメリカのデュポン社のアクリル繊維）で作られたもの（ソックスなど）を好んでいる。

朝、クローゼットを見て「着るものがない」と思うのは、あなたに必要な色がないからかもしれない。今日は何色が必要だろう？　あなたのオーラの色が暗くなっているかもしれない。そんなときは、自分に必要な色の服を着て、自分自身を元気づける必要がある。

自分専用のクローゼットをもち、それにいろいろな生地の服をストックしておこう。そして、その日の気分に応じて、服を選ぼう。

あなたの服のスタイルはあなたに似合っているだろうか、あるいは、他の人のためにドレスアップしたりするだろうか？　あなたが身に着けるものは、あなたの人となりを表現することを忘れないように。

7. 住まい。あなたの住まいには、あなたが必要とするスペースや十分な明るさがあるだろうか？　あなたの住まいはあなたにとって快適だろうか？　世話をする時間があれば、植物はあなたの空間に素敵な癒しのエネルギーを与えてくれる。家はあなたが必要としている色をもっているだろうか？　家の中の空気は新鮮だろうか？　新鮮でなかったら、空気イオン化装置か集塵装置を手に入れよう。あなたの家や作業場で蛍光灯を使っているなら、他の照明器具に取り替えよう。

8. 楽しみ。娯楽は仕事と同じくらい重要である。楽しみに時間を割くのを惜しんでいる人は、仕事と同じように楽しむ時間を取ること。ずっとやりたかったことをやって、楽しもう。今がそのときである。よく笑って、自分の中のインナーチャイルドを発見し、すべての瞬間を楽しんでほしい。

9. 個人的な挑戦。誰でも、ずっとやりたかったことをもっていながら、翌年に先延ばししたり、自分にはできないと思い込んだりすることがある。それは間違いである。今年はやりたかったことをする年だ。観光旅行、創造的な挑戦、転職、なんであれ、少なくともそれに挑戦するチャンスを自分に与える必要がある。あなたがいつもやりたいと思っていた仕事があるだろうか？　それを探ってみてほしい。内に秘めた憧れを実現するにはどんなことが必要かを考え、計画を立ててみよう。あなたのもっとも深いところにある内に秘めた憧れ、つまりあなたが何よりもやりたいと思っていること、まさにあなたはそれをするためにこの世に生まれてきたのだ。それをすることが、あなたの健康の最高の保証となる。今、始めよう。必要なものを探り、始めるのだ。たとえ目標にたどり着くまで長い時間かかっても、旅立たなければ、目標にはたどり着けない。旅立って、目標に向かって歩み続ければ、そのうちにたどり着けるだろう。あなたの内なるガイダンスがそれを保証してくれるだろう。

10. 親密な関係と友人。私たちはみな、愛し合う人や友人を必要とする。その重要性を認識し、親しい関係を作る努力をしよう。そのために、あなた自身のルールを作るといいかもしれない。もし、あなたにずっと好きだったけれども、恥ずかしいので何もしていない人がいるなら、チャレンジしてみよう。好きだということをその人に伝え、友達になりたいと言ってみるのだ。意外にうまく事が運ぶことに、あなたは驚くだろう。もしうまくいかなかったら、別の人にトライすればいいのだ。

11. 事故や病気のときのセルフ・ケア。必要になる前に、自分のお気に入りの、地域の健康管理の医師を見つけておこう。今は、周りにたくさん専門医がいるので、必要になる前に何をしたらいいか、どこに行くのかを知っておいた方がいいだろう。信頼できる医師やヒーラーを選び、信頼関係を築こう。健康管理の医療従事者には、ヒーラー、ホメオパシーの実践者、自然療法士、鍼灸師、カイロプラクター、マッサージ師、運動療法家、栄養士などがいる。

自分で健康管理をしたければ、ホーム・ケアや家族ケアについてのコースを受講することをお勧めする。ホメオパシーは、女性にとっても男性にとっても、自分の家族の健康を取り戻すための素晴らしい方法である。私は何年にもわたってホメオパシーを使用してきたが、子どもたちが体調を崩したとき、適切なホメオパシーのレメディと簡単な手当て療法で治せることを発見した。扁桃炎から挟んだ指まで子どもによくある問題をすべてホメオパシーで治療し、成功してきた。

12. 家族に使えるお勧めの簡単なヒーリングテクニックは以下の通りである。まずキレート（第22章）を行う。キレーションは誰でも習得できる。すべてのチャクラを浄化したら、痛いところに直接手を当てる。相手に対する深い愛情をもって座る。そうすれば、二人とも素晴らしい気持ちになるだろう。

その箇所のエネルギーが詰まっているようなら、詰まったものを引っ張り出したくなるかもしれない。そんなときは、あなたの指が八センチ伸び、青い光で満たされるのを想像しよう。次に詰まっている場所に手を伸ばして、一つかみすくい上げ、空中に持ち上げよう。それを白い光に変えるのだ。あなたの指は、通常よりも八センチ長くなっているので、皮膚の下八センチまで体内に入り込むことができる。さあ、試してみよう。きっとうまくいくはずだ。とても簡単だから。

あなたの両手を、妻（夫、娘、息子）の頭の上に置いて、ヒーリングを完成させよう。それから数分したら、あなたの長い指で彼らのオーリックフィールド全体を梳く。手を身体から一五センチほど離して、頭からつま先まで、長い指でなでおろす。全身、すべての側面をカバーする。

最後に、両手をしばらく流水につけておく。水は心地よい温度にする。

もしあなたが病気か、傷を負っているなら、自分自身のためにできうる限りヒーリングを行ってもらいたい。友達にやってもらうのもいいだろう。あなたが病気を患っているなら、毎晩、就寝前に患部に手を当て、愛とエネルギーを送り込もう。そして自分がバランスを取り戻して元気になるところを思い描こう。あなたの身体から送られてくるメッセージがどんなものか聞いてみよう。あなたのどの部分が、どのように身体の声を聞いていなかったのだろうか？　この怪我や病は、個人的なレベルと人生の使命のレベルで、どんな意味をもっているのだろうか？　そしてもっとも重要なのは、自分を愛し、自分を受け入れることである。たとえあなたが重篤な病気にかかっていても、そのことで自分を裁いてはならない。自分自身を愛しなさい。あなたは、メッセージを、聞こえるぐらい強くする勇気をもっている。あなたは、自分が知りたいことを知るために、必要とあらば、どんなことにも向き合う決心をしたのだ。それはとても勇気ある行動である。そのことで、自分自身を敬いなさい。自分自身を愛するのだ、愛すべき自分自身を。あなたは神の一部である。神と一体なのだ。ここでヘヨアンのセルフ・ヒーリング瞑想法を二つ紹介しよう。きっと助けになるはずだ。

ヘヨアンのセルフ・ヒーリング瞑想

1. 内的視覚、直感、フィーリングなどあなたが望む方法で自分の身体をスキャンする。あなたがもっとも気になっている身体の箇所を見つける。お望みなら、ガイドの助けを借りてもよい。

問題のある箇所が見つからなかったら、今、あなたの人生で起こっていることで、あなたが気にかけていることに焦点を当ててもよい。

2. あなたが望むなら、気になっている箇所に形式、色、実体、形、密度を与えてみよう。それは鋭いだろうか、鈍いだろうか？ それがあなた特有の痛みなら、長く続くだろうか？ ずきずき痛むだろうか？ 痛みは強くなったり、弱くなったりするだろうか？

あなたの人生のその状況は新しいものだろうか？ 古くからあるものだろうか？ そうした状況に直面したとき、あなたはどのように感じるだろう？ あなたが慢性的に行ってきた、あるいは、習慣的に行ってきた反応はどのようなものだったのだろうか？ 私たちが話しているような特別の状況があったら、それについて考えてみよう。

例：あなたの身体に痛みがあるとしよう。それを感じたとき、あなたの心の中では何が起こっているのだろうか？

あなたの心はそれを感じ取って、恐ろしいレッテル（不治の病の病名など）を貼ってはいないだろうか？

自分の人生の状況の中で、怒りや恐怖を感じるだろうか？　自分の身体で起こっていることに恐怖を感じるだろうか？　恐怖を感じたとき、あなたは何をするだろう？　これまで、何の効果もないのに、習慣的に反応してこなかっただろうか？　習慣的な反応が機能しないことはあなたも知っている。痛みがまだ消えずに残っているからだ。特に痛みが慢性的な場合、あなたが習慣的にしてきた反応はまったく役に立たなかった。そのメッセージ（お望みならレッスンと言ってもいい）はあなたに届かなかった。だから、愛する人たちにあえて言わせてもらう。あなたの反応がどのようなものであれ、完全に間違っているのだ。状況を少しも改善していないのだから。

あなたの人生と身体を振り返ってみてもらいたい。あなたは身体を学ぶための教室として形作った。すべての病、すべての痛み、すべての障害は、あなたにレッスンを施すためのメッセージなのだ。

3. 次に私があなたに問いかける質問は、なぜあなたは自分の身体にそのような痛みを生み出すのかということである。痛みから何を学ぶことができるのだろうか？　そうした状況や痛みは、あなたが理解するまで、繰り返し何を語りかけてくるのだろうか？　あなたはその教訓を学ぶまで、似たような状況を生み出し続けるだろう。あなたは自分の最高の教師であり、巧みなレッスンを仕組んだのだ。そのレッスンから教訓を学び取るまで、次のレッスンには進めないだろう。

身体の痛んでいる箇所に気づいたら、そこに片手を当てることを勧めたい。あなたの大いなる意識を、身体のその場所に溶け込ませるのだ。そのとき、まだ恐れの根本原因がわかっていなければ、それを見出す努力をしよう。恐れの根っこにあるものを感じ取ってもらいたいのだ。感じ取れたら、愛情を込めてそれを感じよう。その恐れにもっとも適している愛はどのようなものだろう？　あなたの人生のどの領域でも、また、身体のすべての領域で、上述のことを実行しよう。あなたが罹患しているどんな病も、あなたが味わっているどんな辛い経験も、あなたが自分自身を存分に愛さなかった直接の結果なのだ。自分のやりたいことをないがしろにしてきた結果なのである。どのようにして内なる声に耳を塞いだのだろう？　どのようにして本来の自分になることを妨げたのだろう？　すべての病は、あなたがありのままの自分を愛してこなかったことや、本来の自分であるために自分自身を大切にすることを怠ってきたことを教える直接のメッセージなのだ。それがすべてのヒーリングの基本である。

4. もう一つのヒント：このレッスンは、あなたが間違いを犯したことや、あなたに悪いところがあることを指摘するものではない。

5. 答えがわかったら、自分が本当にやりたかったことをするのをブロックしたときの痛みや恐れがすぐに見つかるだろう。その時点であなたがすべきなのは、恐れと向き合い、身をもってそれを感じ、生活の中でそれに対処することである。恐れがあるときは常に、そこに愛が欠けていたのだ。というのも恐れは愛の対極にあるからだ。したがって、恐れがあるなら、自分が真実から外れていることと、ほとんどの場合、自分が恐れているものが現実ではなく幻想だということを確信できる。恐れているとき、あなたは自分の中心を見失い、全体性から外れているからである。その恐れに一歩踏み込む勇気をもてば、新しいレベルでヒーリングのプロセスを開始できるだろう。

寝る前の宿題

1．あなたの恐れをリストアップする。
あなたは何を恐れているのだろうか？
多分、身体に関することだろう。
あるいは、人生の状況に関することだろうか？
ひょっとしたら、一般的な恐れかもしれない。

2．その恐れを、あなたの人生の状況と結びつけよう。恐れは常に、あなたがやりたいのにやっていないことに直接関わっている。恐れはあなたが自分の偉大さを発見するのをブロックすると同時にその入口にもなる。

次のリストを完成しよう。

恐れ	人生の状況	どのように自分を愛さなかったか？ 何に／どのようにしてなりたいのか？

こうしたことはすべて、オーラとどのように関係しているのだろうか？　それはオーラを見ればわかる。これらのことには形と実体がある。知覚を広げれば、人々を見て、彼らがどんな風に自分自身を愛してこなかったのかを見ることができるようになる。そして、あなたはヒーラーとして、彼らが本当の自分を思い出し、自分自身を愛するようになるのを助けるつなぎとなる。ヒーラーであるあなたは愛そのものになるのだ。

自己制限を解消する瞑想

これは、本当は自分の力を存分に発揮したいのに、自分で設けた限界に縛られてしまっていることに気づいた人たちにとって、よい瞑想である。自己探求やヒーラー魂を養う役に立つ。なぜなら、病は自分で設けた限界に自分自身を閉じ込めてきた結果だからである。ヒーラーであるあなたは、他人の中にそうしたプロセスを感じ取るために、まず自分自身の中で理解できるようにならなければならない。そうすれば、患者がそれを見きわめ、自ら設けた境界を手放す手助けをすることができる。

こうしたことのすべては、オーリックフィールドに独自の形で現れる。それらはあなたを制限するエネルギーであり、意識である。オーラに働きかけてヒーリングをしている最中、あなたは、制限の実体であるエネルギーの形態に直接働きかけることができる。

1. 自分自身を拡大した意識の状態へと持ち上げる。
2. 自分に問う。私は何者なのか?
3. 答えが見つかったら、自分が何者であるのかを決めつけることによって、自分自身にどんな制限を課してきたかを探求しよう。その制限を見つけたら、あなた自身が自分に課してきた境界であることを認めよう。
4. その制限を境界の外に投げれば、境界は広がっていく。
5. もう一度自分に問う、「私は何者なのか?」と。どんな答えが返ってこようと、それは、あなたにもう一つの自己定義を与えてくれる。
6. 制限された定義から本質を切り離す。

7．制限を境界の外に投げ出し、さらに境界を広げる。

8．もう一度質問をする。

これからの一週間、定期的にこの瞑想をすること。私は、本質とは何かを定義するつもりはない。それはあなたがエクササイズを通して定義するものだ。

あなたがヒーラーになりたいと思っているなら、なれるだろう。まずやらなければならないのは、自分自身を癒すことだ。それに集中し、次に他の人が自分自身を癒すのを助ける方法を見つけることに専念してもらいたい。それが、ヒーラーとしてあなたが成長することにつながるだろう。次章では、その道がどのようなものかについて話したい。

第26章の復習

考えるヒント

1．この章で紹介した一一のセルフ・ケアのポイントについて、自分が一〇点満点で何点かを自己採点してみよう。はじめに1の瞑想から。

2．自分自身に低い評価を与えたポイントについて、あなたをブロックしている低次の自己や影の自己の反応を見出そう。そうした反応が根拠としている信念や制限された結論は何だろうか？

3. それらとバランスを失ったチャクラやその他のチャクラとの関係はどのようなものだろうか?

4. セルフ・ヒーリングのためのヘヨアンの瞑想を実践しよう。

5. 自己制限を解消するためのヘヨアンの瞑想を実践しよう。

第27章　ヒーラーの成長

ヒーラーになるというのは、とても個人的なことであり、私的な経緯が絡んでいる。どのようにしてヒーラーになるかに、決まったルールはない。すべての人の人生はかけがえのないものである。誰も他人にヒーラーの精神を授けることなどできない。ヒーラーの精神は内側から育ってくるものである。ヒーラーになるために、受講すべき多くのコースがあり、学ぶべきテクニックもたくさんある。そして、ヒーリングの過程で、実際に何が起こっているのかについて、異なる見解をもつさまざまな流派がある。中には、自分たちの治療をスピリチュアルと呼ばない人たちもいる。

私のヒーリングへの道は、スピリチュアルな道によって導かれた。それが、私にとってもっとも自然なことだったのだ。あなたにとってもっとも自然なことは何だろうか？　きれいに舗装された道ではなく、あなた自身の道を歩んでもらいたい。整備された道を選び、自分の新しいアイデアを創造するために活用するという手もある。私のガイドであるヘヨアンは、ヒーラーになることについて、次のようにコメントしている。

献身

「ヒーラーになることは献身を意味する。特定の霊的な修行や宗教、または厳格なルールへの献身ではなく、あなただけの真実と愛の道への献身である。人生の旅を続けていくうちに、その真実と愛の実践はおそらく変わっていくだろう。「天国」への道はたくさんある。あえて言えば、家（真実の自分）に帰っていく魂の数だけある。もし人類の歴史を隅から隅まで調べてみれば、私たち以前に旅をし、悟りを見出した多くの先人に出会うだろう。彼らがたどった道の多くは、現在、人類の歴史の中に埋もれてしまっている。一部、再発見されつつある人もいるが、ほとんどは埋もれたままだ。しかし、そんなことは問題ではない。というのも、人間の魂の奥深いところで、新たな道が絶えず形成され、それぞれの魂がいつどこにいようが、家に帰る道を提供しているからだ。親愛なる人たちよ、それが道なのだ。あなたや他のすべての人の内側から湧き上がる創造的な力の絶え間ない更新プロセス。それが家に帰ることの意味である。内なる創造的な衝動に突き動かされて、いささかも抵抗せずに、自由に流れる術を習得したとき、あなたは家にたどり着く。それが本来の自分を取り戻すということなのである」

試練

真実の道に自らを捧げ、それを人生の最優先事項にする決心をしたとたん、あなたは自分の人生で起こっているプロセスの全貌に気づくようになる。この人生のプロセスは、あなたを心の中の風景へと導き、あなたの個人的な現実の性質を変えてしまう。あなたは、自分の個人的な内的現実と「外」の世界との因果関係に気づき始める。

私はスピリチュアルな法則を学べるよう設計されたプロセスを、(自分のハイアーセルフとガイドに)慎重に導かれて一歩一歩歩んできた。真実や神の意志や愛の本質について集中的に学ぶことに、かなり長い期間費やしてきたのだ。これらの原則の一つに集中して取り組んでいる時期が過ぎると、試されているような感じがしたものだった。私は、真実や愛と共にあることや、神の意志が何であるかを考えるのがきわめて困難な状況にいることに、絶えず気づいていた。ときどき、私のガイドや天使や神が私を試しているようだった。ほとんどそれに応えられなかった。だが、最終的に、これらの試練が、私の意識よりもはるかに偉大な意識によって(私の全面的な同意のもとに)公案されていることが理解できた。私はその偉大な意識の一部なのだ。突き詰めれば、ある意味で、私がその試練を企てているのである。小さな「エゴの私」は、いつも、それの一部であることを望まない。私の賢明な部分はもっとよく知っている。

真の自分に出会う旅に踏み出したあなたが最初に直面するのは、あなた自身の恐れである。

恐れに対処する

恐れとは、より大きな現実から切り離されることに関する感情である。恐れは分離の感情なのだ。恐れは、万物の一体性につながる愛とは正反対である。

恐れを見つけるエクササイズ

自分に尋ねよう。人生のこの時点で、自分がもっとも恐れているものは何か? その恐れは現実についてのどのような仮定に基づいているのか？　それが起こったら、実際に何がそんなに恐ろしいのか？　あなたが避けようとしているのは、それが起こったときに湧く感情への恐れである。それは何だろう？　あなたの心の奥底には、自分が何事にも向き合い、乗り越えられるのを知っている場所がある。
　心の中を覗き込めば、自分が何を恐れていようが、恐れているものなど経験したくないと望んでいる自分が見つかるだろう。しかし、そうした望みを捨て、神のひらめきに自らを明け渡せば、おそらく恐れと向き合う必要があることがわかるだろう。恐れている経験を乗り越えれば、あなたの恐れは愛に満ちた思いやりへと変容する。それには、死にゆく経験も含まれる。エマニュエルはこのように語っている。

重要なのは、恐れを破壊することではない。
その本質を知り、愛のパワーに比べれば、
非力であるのを知ることである。
恐れは幻想にすぎない。

恐れは
鏡を覗き込んで、
自分に向かってしかめっ面をしているだけである。

自分の歩んできた道を振り返ってみると、はっきりとした成長パターンが見えてくる。起こっている最中には、その大きなパターンにあまり気づかなかった。そのときどきに、身近な問題を片付けることにほとんどの時間を取られていたのだ。

真実

私が、初めてフェニシア・パスワーク・センターに移り住み、個人セッションやグループセッションの形で、また、スピリチュアル・コミュニティの一員として参加するという形で「パスワーク」（アメリカで発展した、人間の存在全体——身体、感情、マインド、スピリット——を統合していくための療法・実践様式）を実践し始めたとき、すぐに真実の問題に直面した。私は真実を語っているのだろうか、それとも自分の都合で、ある現実を自分に納得させているだけなのか？　私は、自らを正当化して自分の行動を認め、人生の不快な経験を説明してくれる物事を信じる自分のやり方に気づき、愕然とした。私の主な防衛手段は、他人を責めることだった。あなたはどの程度、そうしたことをしているだろう？　わかりやすいものではなく、巧妙な手口を探してみてもらいたい。

自分の行動を調べていけば、あなたが思っていたよりもはるかに明確な形で、原因と結果の力が働いていて、実際に、自分が、さまざまな方法で、ネガティブな経験を生み出していることがわかってくるだろう。それを直視するのは辛いことである。そのような苦しい創造の下には、実際に、そのように生きようとする意図が隠されている。それは「否定的意図」と呼ばれている。私の否定的な意図は二つのことに基づいていた。一つは、人生は基本的に厳しく、うんざりするほど仕事があり、苦しいものだという信条である。こうした思い込みは一般的ではないが、一人一人の人間にとっては切実なものである。

自分の否定的な思い込みを見つけるエクササイズ

たとえば、以下の文章の傍線部を埋めてみよう。

「すべての男性は＿＿＿＿＿。すべての女性は＿＿＿＿＿。人間関係で私が傷つくのは、＿＿＿＿＿によってである。多分、私は病気になって、＿＿＿＿＿で死ぬだろう。私は＿＿＿＿＿によって、お金を盗まれるだろう。たとえ盗まれなくても、＿＿＿＿＿を失うだろう」

私の否定的意図がベースにしているもう一つのことは、否定的な喜びである。つまり、私は実際に否定的な経験を楽しんでいたということである。

警告、傍線部を埋めるときに、自分を欺いてはならない。どんなにたくさんのワークショップに参加しても、どんなに自分自身のワークに取り組んできたとしても、質問に答えることで必ず得るものがあるはずだ。私たちは誰でも、それほどあからさまではないかもしれないが、こうした否定的な楽しみのパターンをもっている。

誰でも人格のあるレベルでそれをしている。たとえば、自分の問題を他の誰か（母親、父親、妻、夫）のせいにすることで、自分は「よい子」になり、彼らを「悪者」にして喜ぶ。否定的な喜びには多くのバリエーションと形がある。実際に傷ついたり、病気になったり、負け犬になったりすることで喜びを感じることもある。私たちのほとんどは、犠牲者になるパターンを繰り返す。なぜなら、犠牲者になれば、必ず、二次的な利益を得られるからだ。成功しなかった言い訳をするのに、私たちは善人のふりをし、他の誰かに邪魔されなかったら、成功できたと言う。あなたが何かをできなかった理由の背後にある楽しみに耳を傾けてみよう。「私はそれをしたかったんだけど、母／父／妻／夫がさせてくれなかったの」、「背中があまりにも痛かったから」、「たくさんやることがあって、時間がなかったの」。これらの言い訳には、ネガティブな弁明がたくさん含まれている。今度、あなたが何かをしなかった理由を説明するとき、自分自身に耳を傾けてみよう。果たして真実を言っているだろうか？

なぜ私たち人間は、このような振る舞いをするのだろう？　否定的な喜びの原因を見てみよう。否定的な喜びとは歪められた自然な喜び、つまり、歪められたポジティブな喜びである。否定的な喜びは分離に基づいている。それに対して、ポジティブな喜びは一体感に基づいている。それはあなたを他者から切り離すことはない。ポジティブな喜びは、あなたの中心やコアから湧き出てくる。それは、自分の奥深くから流れ出て、創造する力になる。それはまた、楽しい動きとエネルギーを伴っている。否定的な喜びはコアから動きとエネルギーを伴って流れ出る本来の創造的な衝動が、歪められたり、ねじ曲げられたりして、一部ブロックされたときに生じる。これは主に幼児期の経験によって起こり、私たちの人格に結晶化される。たとえば、子どもがキッチンのコンロの真っ赤な炎に手を伸ばしたとしよう。母親は、やけどする前にその手を払いのける。快楽衝動がそこで堰き止められ、子どもは泣く。痛みと喜びがこのような単純な方法で結びつけられるのである。

否定的な経験を喜びと結びつける幼児期の経験は、他にも、もっと複雑なものがたくさんある。私たちは、ありのままの自分であってはいけない、みだりに生命力をみなぎらせてはいけないと絶え間なく告げられる。私たちが否定的な喜びを選ぶのは、それが本来の生命の衝動とつながっているからだ。私たちは今でもその命の衝動を感じる。たとえ喜びが否定的なものであっても、依然としてそれは生命の衝動である。動きもエネルギーもない死よりはましなのだ。歪められた喜怒哀楽の衝動は、私たちが成長するにつれ、習慣となる。

喜びの衝動を歪め、ありのままの自分でいることを拒むたびに、ある意味で、私たちは小さな死を迎える。浄化のプロセスとは、そうした小さな死の一つ一つから自分自身を復活させ、創造力を高めるエネルギー、動き、意識が自由自在に流れる喜びを取り戻すことなのだ。

フェニシア・パスワーク・センターで暮らした最初の二年間は、細心の注意を払って自分自身に正直になり、否定的な喜びを見つけて、肯定的な喜びから切り離し、自分がどんな理由でどのようにして否定的な経験を生み出したのかを突き止めようとした。自分の行動の根拠となっている誤った信念や誤解を探したのだ。

それをやれば、私にとってそうだったように、あなたの現実の見方が完全に変わるだろう。結局、あなたが、生活の中で生み出している否定的な経験に責任を取るようになれば、自分が変わって、肯定的な経験を生み出せるようになるだろう。きっとうまくいく。私がうまくいったのだから。私の場合、古い問題が解消され始めたのだ。

神の意志

二年間、できるだけ真実に生きることに専念した後、私は自分の意志に問題があることに気づいた。私の意志の使い方が人生に問題を引き起こしていたのだ。それは不安定だった。物事の決断をコロコロ変えていたのだ。私は内部に多くのレベルの「欲求」や意志の問題があることに気づいた。誰でももっている問題だと思う。それは自分を守ることからきており、インナーチャイルド、ティーンエイジャー、ヤングアダルトの意志の中にもよく見られる。これらの意志のほとんどは、要求が激しい。私たちの意志も成長する必要がある。私たちの奥深くには、神の意志のひらめきが存在する。多くの人々は、神の意志を自分自身の外にあるものとして経験する。それは、彼らが何をすべきかを教えてくれる他の誰かを常に探しているということである。そのことが、自分には価値がないという感覚を生み出す。私は神の意志のひらめきがすべての人間の中に存在することを発見した。あなたはそれを見つけるまで、時間を取って、自分自身の中に探す必要がある。それは存在する。あなたも例外ではない。神の意志に従うとはどういうことだろう？　外部の社会的な権威によって決められた神の意志に従うことではない。私は神の意志に従うことの意味を見つける決心をした。それには、自分の中にあるすべての小さな意志を、自分の中の神の意志のひらめきに同調させる必要があることに気づいた。（私にとって）それを行うための最善の方法は、毎日の実践に自分の意志を働かせることによって、意志を肯定的に使う方法を育むことだった。

私はガイドの講義（パスワークの基盤となっているエヴァ・ピエラコスのチャネリングによる講義）の中に、美しい献身の言葉を見つけた。次のように述べられていた。

私は神の意志に身を委ねます。
私は自分の心と魂を神に捧げます。
私は人生で最高のものを得る資格があります。
私は人生で最高の大義に仕えます。
私は神聖な神の顕現者です。

毎日、数回、私はこの献身の祈りを捧げた。二年間、毎日続けた結果、自分の中にある神の意志を見つけるには、これがいいのだとわかった。

エマニュエルは言った。「あなたの意志と神の意志は同じものである。……何かがあなたに喜びと満足をもたらすとき、神の意志があなたの心を通して語っているのだ」

自分の意志の使い方を調べてみよう。あなたはどれだけ外部の道徳に従って、自分自身に「するべき」ことを強要しているだろうか？　自分の心の願いにどれだけ耳を傾け、従っているだろうか？　自分自身を神の意志と同調させれば、私がそうだったように、愛することに専念する時期がきたことに気づくかもしれない。

愛

愛とは何かについて非常に狭い見方をしている人が多い。二年の間、どんな形で求められようと、私はできうる限りの方法で愛を与えることに専念した。そして、多くの愛の形を発見した。そのすべてはこう言う。「私はどんな手を使ってでも、あなたの幸福を守る」、「私はあなたの魂を尊重し、あなたの光に敬意を払う」、「私は人生の旅の道連れとして、あなたの誠実さと光を支え、信頼する」。あなたは、与えることは受け取ることだということを学び始める。あなたは愛を与えることで、愛を受け取っているのだ。

一番難しいのは、自分を愛すること（セルフラブ）を学ぶこと。自分自身を愛で満たせないのに、どうして他人に愛を与えられるだろう？　自分を愛するには鍛錬が必要である。私たちはみな、それを必要としている。セルフラブは、自分自身を欺かない生き方から生まれる。真実に生きることから生まれるのだ。

鍛錬しなければ、自分を愛せるようにはならない。あなたを鍛えてくれる簡単なエクササイズを二、三紹介しよう。

まず、あなたにとってもっとも愛しやすいものを見つけよう。小さな花、木、動物、芸術作品など何でもよい。次に、それと一緒に座り、あなたの貴重な愛を与えよう。何度もそれをした後に、自分の貴重な愛の一部を自分自身にまで広げてみる。広げられただろうか？　貴重な贈り物である愛をもっている人は、確かに、愛される価値がある。

もう一つのエクササイズは、一〇分間、鏡の前に座って、そこに映っている人物を愛するというものだ。批判はしないでもらいたい。私たちは鏡を見て、あら探しをするのが得意である。それはここでは許されない。このエクササイズでは、肯定的な賛辞のみ許される。あなたが本気でチャレンジしたいなら、自分自身を批判するたびに、最初からやり直そう。一度も批判せずに一〇分間、愛を貫けるかどうか見てみるのだ。

信頼

六年間の訓練をやり遂げた後、振り返ってみると、私の中で大きな変化が起こっていた。私は、ほとんどの時間、恵み深い宇宙の豊かさへの強い信頼と共にいた。あなたにもそれはできる。自分のわがまな意志を手放して、神の意志に同調し、どんな状況にも真実を見出して絶えず愛をもって応えていれば、信頼感を育むことができるだろう。それは自分自身への信頼であり、霊的法則や宇宙の一体性への信頼である。また、自分の人生で起こることは何であれ、より大きな理解と愛と成長への足がかりとなり、最終的には神の光に到達するための自己浄化になりうるという信頼である。

信頼とは、外部からあなたにもたらされるサイン（情報や出来事など）がすべて、それが真実であるはずがないと告げていても、心の奥底で、あなたは、それが真実であることを知っていて、その真実をもち続けることだ。それは盲信とは違う。たとえ恐ろしいと感じても、真実と愛に気づき、最善を尽くして従おうとする意志をもち続けるということである。

十字架にかけられたとき、イエスは、もはや信仰を感じていないことを認める誠実さをもっていた。「父よ、どうして私をお見捨てになったのですか？」と彼は叫んだ。彼は細心の注意を払って自分自身に正直になろうとした。その瞬間、信仰を失ったのだ。その事実を隠さず、別のものに変えようともしなかった。彼は自分の葛藤を正直に表現することで、自分を愛したのである。その後、「父よ、私の霊を御手《みて》に委ねます」と言い、信仰を取り戻した。

私は、霊的な道を歩む人々が、いろいろな信頼の段階を通り抜けていくのを見てきた。最初、彼らは因果関係のつながりを学ぶことから始める。肯定的な信念と行動が肯定的な報酬をもたらすことに気づくのだ。すると、彼らの夢が叶えられ始める。自分自身の中に信頼を築き始めるのだ。「うまくいった！」と彼らは歓喜の叫びを上げる。しかし、しばらくすると、彼らはより深いレベルで自分の信頼を試す準備ができる。おそらく彼らは、自分自身を試すというこの決断に自分では気づいていない。気づけば、試すことにならないからだ。どうなるだろう？　肯定的な原因と結果のプロセスを外から証明するものがすべて人生から消えてなくなるように思える時期がくる。物事がうまくいかなくなり始める。肯定的な見返りが少なくなり、当人は浮足立つ。古い悲観主義がその醜い頭をもたげてくる。スピリチュアルな法則はどこにいったのだろう？　「多分、あれは現実にはありえない楽天的な宇宙観だったのだ」。このようなことは、おそらくあなたにも起こるだろう。

それがあなたの人生で起こったら、それは飛躍的な成長を遂げるしるしである。あなたは、自分自身の人生において、突き詰めれば、人類の進化の一部であるあなた自身の人生において、はるかに長期的な因果関係を扱い始めているのだ。真実に生きることの報酬が、一瞬一瞬、人生を喜びに変える。スピリチュアルなご褒美を待つ必要はない。あなたは今、それを受け取っているのだから。今ここに生きるということは、ゆっくりとした人類の進化のプロセスを受け入れ、当面の限界を非の打ちどころがないものとして受け入れることである。

時間との付き合い方

自分を信頼できるようになると、私がいつも苦労していた物事の処理の仕方がわかるようになった。時間をかけてゆっくりやるということである。私を育てているときに、母親がもっとも困ったことは何だったか、一度、母に尋ねたことがある。「あなたは何かが欲しくなると、いつもすぐにそれを手に入れないと気が済まなかったの」と母は言った。

ここ数年、私は忍耐を学んできた。そして、ついに、私にとって忍耐とは何かがわかってきた。ここに、あなたにも役に立つ考え方がある。忍耐をもつことは、神の計画を信頼するという直接的な表明である。それは今のままで、すべてが自分にとって正しいことを受け入れることである。今の状況を作ったのは、他ならぬあなただからだ。それはまた、あなたが自分自身を変える努力をすることで、今、あるものを変えられるということでもある。焦るのは、結局、あなたが自分の欲するものを創り出せるということを信じていないということである。それは自分や神の計らいを信じていないということだ。物質的な次元で、あなたが望むものを表すのには時間がかかる。その現実を受け入れるために、私は次のようなアファメーションをこしらえた。「物事を達成するのにかかる時間に敬意を払うことで、物質的次元で存在することに深く関与している自分を尊重したい」。この次元に組み込まれている原因と結果のつながりがゆっくりしているように見えるのには理由がある。私たちは、理解していない人間関係の中にも、原因と結果のつながりをはっきりと見ることができなければならない。それらの関係は、煎じ詰めれば、まだ統一されていない自分自身のパーツ同士の関係なのだ。

パワー

ヒーリングのトレーニングの最中、あるとき、突然、私の両手から流れ出るパワーが増した。私には新しいガイド集団のように見えた。私は感染症を起こした患者のつま先の治療をしていた。両手を一定の方法でかざし、患者のつま先を貫くとても強力な青みがかった銀色の光を送っていた。手はつま先から二・五センチほど離れていた。エネルギーの流れが急に増えたので、患者は痛みで叫び声を上げた。手の位置を変えると、柔らかい白濁したエネルギーが手から出てきた。それが痛みをすべて取り去ったのだ。ガイドたちは、二種類の光線を交互に切り替えるよう私に指示し続けた。私は疲れていたが、ガイドたちは一五分おきに、この女性患者のヒーリングを行うよう私に指示した。そのヒーリングには、緊急性があったようだ。ちょっとしたヒーリングの積み重ねの結果は、強力だった。感染症も消え、手術をする必要もなかった。私は有頂天になって、ヒーリングの指導ガイドに告げた。「先生、私からたくさんパワーが流れ出ました！」彼女はあっさりと答えた。「それはそうと、あなたは愛によってヒーリングしたいの、それともパワーでしたいの？」私は、自分が強力なパワーを扱う準備ができていないと判断した。舞い上がって、「わあ！　私を見て見て！」という感じになってしまったのだ。私はガイドたちを送り出した。その後二年間、そのガイドたちとは一緒に仕事をしなかった。二年後、私は準備ができていた。愛についてたくさん学んだのだ。後になって、私と共に治療したのが、第五層からの霊的な外科医たちだとわかった。

真実、神の意志、愛に基づく信頼はパワーをもたらす。それは個人の奥深くから生まれるパワーであり、内なる神のひらめきから生まれるパワーである。パワーとは、内なる生命の神のひらめきが流れるにまかせ、それと同調してつながった結果である。それは、個人のコアからやってくる。あるいは、私のガイド、ヘヨアンが聖なる場所と呼んでいるところからやってくる。パワーをもつということは、自分の存在の中心に座ることを意味する。

パワーは、無条件の愛の中にいて、その愛を実践する能力をもたらす。それは、あなたのところにくるすべてのものに、愛をもって返し、自分を欺かないことである。あなたはまず自分自身を愛し、真実に生きることによってのみ、それを行うことができる。それは自分が感じることに正直になり、愛する場所に身を投じることである。もしあなたが、自分のした否定的反応を、押し殺して否定するなら、あなたは自分も、他人のことも愛していないことになる。何らかの方法で、ネガティブな反応を感じ、それを認めるなら、あなたの愛が入り込む余地ができる。あなたは自分自身を解放し、内なる愛の空間に入っていく。無条件の愛は、私たちの人生に、慈しみの行為をもたらす。

恩寵

真実、神の意志、パワーにつながる信頼、信頼につながる愛、それらを実践すれば、私たちは恩寵の働きが私たちの人生に入ってくる余地を作ることになる。神の恵みは、神の叡智に身を委ねることによって受け取られ、至福として体験される。それは、万物の一体性や、何が起こっても私たちは完全に安全だということを経験することである。それは、私たちがするすべての経験が、楽しい経験も、病気や死のような辛い経験も含めて、神の元に帰る道すがら、私たちが自分たちのために作り出した教訓にすぎないと知っている状態である。それは共時性（シンクロニシティ）の中で暮らすということだ。エマニュエルはこう言う。

恩寵の状態を完全なものにするためには
恩寵を授かる人間を必要とする。

あなたは神の手に抱かれ
完全に愛されている。
そして、その愛が受け入れられるとき
人生の回路が完成する。

癒されるのは誰か？

ヒーラーは、自分たちが行っているのが、魂のヒーリングであることを心に刻みつけておかなければならない。ヒーラーにとって大切なのは、魂のヒーリングという観点から死を理解し、患者の現世の肉体だけではなく、全人を扱うことである。ヒーラーは、肉体的に死にかけているからといって、その人の治療を諦めてはならない。

私たちがヒーラーとして何をするのかを理解しようとするとき、二つの事項を心にとどめておくことが重要である。一つは、それぞれの人の病気には深い意味があるということ、もう一つは、死は失敗を意味するものではなく、おそらくは癒しを意味するものであるということだ。このことを忘れないために、ヒーラーは霊的な世界と肉体的な世界の二つの世界に生きなければならない。自分自身の内部や宇宙の中心に存在することによってのみ、人類に蔓延する深い痛みを絶えず目撃するという経験を乗り越えられるのだ。私はこのことについて友人のガイドであるエマニュエルに次のような質問をした。「もし私たちが自分の病気を生み出しているのなら、ヒーラーのところに行くのは、自分自身に働きかけたり、病気の原因に働きかけたりすることから私たちの気をそらすための方法になるのではないの？」

エマニュエルはこう言った。「すべては、なぜヒーラーのところに行くのか、どんなヒーラーのところに行くのかにかかっている。素晴らしい質問だね。もう一つ、あえて言わせてもらうが、我々のヒーラーも、何度となく自分自身に問いかけているのだ。ヒーラーの責任とは何か？　何を与えるべきで、何を受け取るべきなのか？　何らかのビジョンを見た場合、それを言うべきなのか？　疑問は尽きることがないが、それでも、慰めてくれるに違いない根本的な現実がある。他の治療法があると気づく瞬間、すでにドアが開かれているということだ。すでに意識は利用可能な医療を超えた地点に達しているのだ。いや、医師を貶《おとし》めるつもりなど毛頭ない。医師は素晴らしい仕事をする。中には、目に見えない力に導かれて仕事をしている医師もいる。そのような医師は、閉ざされたドアの背後で、あなたにそのことを認める。他方で、医療従事者であるか、他の仕事で生計を立てているのであれ、まったく自覚がなく、今の時点では気づくことができない人たちもいる。彼らが劣っているとか、無慈悲だとか、悪質だと言いたいのではない。それを知る知識の領域にまだ達していないということにすぎない。彼らを喜んで祝福し、自分の道を行ってもらいたい。そして、あなたの意識と共鳴していると感じる人を見つけてもらいたい。あなたはその方法を知っているはずだ。あなたがスピリチュアル・ヒーリング（私はサイキック・ヒーリングとは言わず、スピリチュアル・ヒーリングと言う）を受けるようにという呼びかけを聞いたとき、そこにはスピリットの意識があり、あなたはヒーラーや、そのヒーラーと一緒に仕事をしているスピリットたちに歓迎される。しばしば、期待されるヒーリングが起こらないこともある。また、不快な症状が確認され、軽減されても、奇跡がないことも多い。それは何を意味するのだろう？　それは、あなたの意識がその時点で行くことができる限界を意味している。他にもまだ学ぶべきことや、知るべきことがあるということである。すべての肉体は癒しの学校の教室であり、すべての病気は授業なのだ。罰するという意味で言っているのではない。あなたのテキストを書いたのはあなたなのだから。あなたは弱点をもっている自分の肉体を選んだのだ。その弱点は遺伝的なものだと言われているかもしれない。なぜなら、あなたの祖父母も同じような弱点をもっていたからだ。だが、その弱点も含めて、あなたが自分の肉体を選んだことを忘れないでほしい。

だから、病気のときだけでなく、いや、特に病気のとき、自分の身体を信頼する必要がある。身体はあなたに何を語りかけているだろう？　それを聞くための多くの方法がある。身体の声を聞くのを助けてもらいたければ、資格をもったスピリチュアル・ヒーラーがもっとも頼りになる。確かに、それをもっともよく理解できるのはあなたである。というのも、あなたの身体が形作られてきたのはあなたの言葉の中であり、身体の声が直接語りかけているのもあなただからだ。しかし、スピリチュアル・ヒーラーは、その意識を再びワンネス（万物の一体性）に変え、あなたを真実に同調させることができる。あなたがその真実を維持することができるかどうか、あるいは、その瞬間、病気の身体を癒すことができるかどうかは、あまりに多くの要因にかかっているので、今は並べ立てることができない。しかし、あなたなら、他でもないあなたなら、それが完璧にできるのだ。もし、最終的に、医療の観点に立てば失敗とも言えることが起こったら——そんなことがあってはならないのだが、もし誰かが天に召されるようなことがあっても——すべてを祝福された出来事として受けとめなければならない。その人の魂は人生の使命をまっとうしたのだ。始原のリアリティの中で、寛大に喜んで迎え入れられるだろう。あなたの肉体はどう転んでも無限のものではない。あなたは肉体という衣をまとって永遠にここに座っているわけにはいかないのだ。そのことを喜んでもらいたい。だから、スピリチュアル・ヒーリングに失敗はない。ただ段階（ステージ）があるだけ。愛と思いやりをもって他人に手を当てることを恐れてはならない。誰かのために祈ることをためらってはならない。結果を求めてもならない。個々の魂が何を必要としているかを確実に知る方法はないからだ。以上を実行するのが信じられないほどの信頼を必要とするのはわかっている。確かに、そうなのだ」

身体と心が本書で述べられているような変容のプロセスを通して、浄化されていくにつれ、ヒーラーから流れ出るパワーの量が増加し、バイブレーションの周波数帯域も広がっていく。パワーが高まれば高まるほど、ヒーリングはより効果的になり、ヒーラーはより鋭敏になる。

私は自ら引き起こした試練の後に、その都度、新しい洞察とパワーを与えられた。

そのような試練を乗り越えるためには、細心の注意を払って自分に正直にならなければならない。私たちは自分自身の低次の自己の意図や行動から目を逸《そ》らす傾向があり、そうした些細な自己欺瞞が、自分の誠実さを裏切り、内側から湧き出るパワーを減少させることにつながるのだ。それぞれの試練は、私たちが現在の生活で対処している問題に関わっている。私たちは上手に自分の試練を設計する。それゆえ、学び終えたときには、文句なく卒業できるのだ。

自分がヒーラーに向いているかどうかを知るためのエクササイズ

私はどれだけ自分に正直だろうか？　自分の意志をどれだけうまく宇宙の意志に同調させているだろうか？　パワーをどのように使っているだろうか？　どれだけ上手に愛せるだろうか？　無条件の愛を与えることができるだろうか？　学ばせてもらうために師として選んだ人を尊重しているだろうか？　自分自身の自由な裁量権を売り渡すことなくそれができるだろうか？　自分の全体性をどのように裏切っているのだろうか？　私が憧れるのは何だろう？　私は人生で何を生み出したいのだろうか？　女性として、男性として、人間として、ヒーラーとしての私の限界はどこにあるのだろうか？　私は、患者の全体性、パーソナル・パワー、意志、選択を尊重しているだろうか？　私は、患者が最終的に自分で自分を癒せるように、患者の中からパワーを喚起するチャンネルとなれるだろうか？　他人を回復させることで、私にどんな得があるのだろうか？　私は死を失敗とみているだろうか？

ヒーリングの本質を考えるエクササイズ

ヒーラーとは何か？
ヒーリングとは何か？
ヒーリングの主な目的は？
ヒーリングを与えるとはどういうことか？
誰が癒すのか？
誰が癒されるのか？

最近、ヘヨアンは言った。「さて、親愛なる読者諸君、上記の質問への答えから自分自身を裁いてはならない。私たちはみな、浄化の道を歩んでいるのであり、愛にまさる癒しのクスリはない。このようなことすべてはとてもできないと言って、自分を拒んではならない。やればできるのだ。大切なのは、現時点でのあなたが、不完全な中にあっても完全だということを受け入れることである。

スピリットの世界にいる私たちは、偉大な名誉と尊敬の念をあなたのために掲げたい。あなたは、自分自身だけではなく、物質的な宇宙への大きな贈り物として、肉体をもった存在になることを選んだのだ。あなたが健康と全人的な人間になることを目標にして変貌を遂げていけば、周囲の人たちはむろんのこと、地球上の生きとし生けるものによい影響を与えるだろう。そして、母なる地球にも。あなたたちは地球の子どもたちである。あなたたちは地球の一部であり、地球はあなたたちの一部である。それを決して忘れないでもらいたい。近い将来、私たちがますます惑星意識へと移行していく中で、あなたたちはこの光へ向かう大冒険のリーダーになっていくだろう。私たちがあなたたちを敬うように、自分自身を愛し、尊ぼう。私たちがあなたたちと一緒にいるとき、私たちは神の御前《みまえ》にいる。あなたは神の腕の中に抱かれ、愛されているのだ。それを知っていれば、いつでも神のふところに戻れるだろう」

人生が脈動のようなものだとわかったとき、あなたは広がり、喜びを感じ、平和の静寂の中に移動し、その後、収縮していく。多くの人はその収縮を否定的なものとして経験する。あなたたちの多くは、ワークショップやヒーリングの最中、天使たちの一団の中にいるような、不思議な喜びを経験する。患者もそうである。だが、覚えていてほしい。拡大された高いエネルギー状態の自然な性質によって、あなたは後に収縮し、あなたの中にある分離した意識をより強く感じるようになる。霊的エネルギーの本物の力と強さが、暗く淀んだ魂を解放し、目覚めさせ始める。それが再び生命を取り戻すと、その痛み、怒り、苦悩のすべてを、あなたは現実のものとして体験する。あなたは自分自身に向かって言うかもしれない。「なぜ始める前より悪くなったのか?」それが真実ではないことを請け合おう。あなたは敏感になっているだけなのだ。それぞれの個人的問題で、浮き沈みや拡大と収縮を何度も経験した後、それらが消滅していることに気づくだろう。数ヶ月後には「やったぞ！　もうあんなことはしない」と言うだろう。そして、最初の数回、光の中に戻ってきて光を体験したときと同じように、あなたは喜びにむせび泣くだろう。忍耐が信頼の言葉であることを忘れないように。

第27章の復習

1. ヒーラーが清らかな状態を保つために養わなければならない主な個人的資質は何か?
2. 人生の試練とはどのようなものか?

考えるヒント

3. あなたを今いるところまで連れてきた個人的な浄化のプロセスは、どのようなものだったか?
4. あなたはヒーラーになる準備ができているだろうか?　準備ができているというなら、どのようなレベルで、だろうか?
5. あなたがもっているパワーを悪用する可能性が高いのは、あなたという存在のどのあたりだろうか?　そこにある、あなたの低い自己や影の自己の意図は何だろう?　その意図はどんな間違った信念に基づいているのだろう?　どうすればあなたのその部分を癒し、あなたを内なる神の意志に同調させることができるのだろう?

6.「恐れを見つけるエクササイズ」という見出しの項の質問に答えよ。

7.「自分の否定的な思い込みを見つけるエクササイズ」という見出しの項の質問に答えよ。

8.「愛」という見出しの項にある自分を愛するエクササイズをしよう。

9.「自分がヒーラーに向いているかどうかを知るためのエクササイズ」という見出しの項の質問に答えよ。

謝辞

この場を借りて、お世話になった先生方に感謝の気持ちを捧げたい。まず、バイオエナジェティクスのボディワークの指導をしてくださったジム・コックス博士とアン・ボーマン女史に感謝したい。

精神科医のジョン・ピエラコス博士には、深々と頭を下げて「ありがとう」と言いたい。私は、彼の下で、永年、共に研究し、トレーニングを積んできた。私のヒーリング・メソッドの基礎を築いてくれたのは、ピエラコス博士のコア・エナジェティクスの研究である。私が目撃したオーラの現象を精神力学的なボディワークに結びつけ、まとまりのある技法に仕上げられたのも彼のおかげだ。彼から受けた恩恵は計り知れない。

私が実践している「パスワーク」と呼ばれる特別なスピリチュアル・ガイダンスを創始したエヴァ・ピエラコス女史にも、尽きることのない感謝を捧げたい。私のヒーリングの恩師であるC・B師とロザリン・ブリエール師にも感謝している。また、私のもとに学びに来てくれたすべての生徒たちにも感謝しなければならない。彼らは私にとってかけがえのない教師でもあった。

本書の制作にあたって、原稿の整理に協力していただいたすべての方々、特に編集の手伝いをしてくれたマージョリー・ベア女史、コンピュータX線体軸断層撮影の使用を快諾してくれたジャック・コナウェイ博士、原稿をタイプしてくれたマリア・アディシャン、最終的な言葉のチェックをしてくれたブルース・オースティンに感謝したい。マリリー・タイマン女史には、文章の編集のみならず、本書の制作プロセス全体を通して多大なご尽力をいただき、感謝の言葉もない。

また、一貫して惜しみないサポートをしてくれたイーライ・ウィルナー、娘のセリア・コナウェイ、親友のモイラ・ショー女史は、私がもっとも必要としているときに、自信を回復する手助けをしてくれた。心の底から「ありがとう」と言いたい。

そして何よりも、私を着実にここまで導き、私を通して、本書で述べられている真理を伝授してくれた親愛なるスピリチュアルなガイドたちに感謝の気持ちを捧げたい。

バーバラ・アン・ブレナン

訳者あとがき

本書はバーバラ・アン・ブレナン博士の代表作『光の手（*Hands of Light*）』）の新訳版である。コロナ禍が世界中を席巻している現在、ヒーリングのバイブルとも言うべきブレナン博士の名著を、新訳という形で出版する運びになったことは、訳者として望外の喜びである。

一九九五年、『光の手』が初めて日本で翻訳出版された当時、私はプラハ出身の精神分析医、スタニスラフ・グロフが開発したホロトロピック・セラピーのファシリテーターをしていた。それは早くて深い呼吸をしつづけることによって、変性意識の状態に入り、普段、気づかない身体の不調や過去のトラウマを意識化させる手法である。そのときに思い出される出来事が、生まれてこの方経験したことだけではなく、生まれるときの、つまり分娩時の経験や過去生の経験も含まれるというのが、ホリスティックな癒しを目指すこのセラピーの特徴だった。

ホロトロピック・セラピーの実践を通して、変性意識のヒーリングの威力を目の当たりにしていた私は、「超感覚的知覚」による人体のエネルギーフィールドの観察を通して、心身の不調を見出し、エネルギーのバランスを調整することによってヒーリングを行うブレナン式の癒しのメソッドに興味を引かれ、『光の手』を熱中して読んだのを覚えている。自分の言葉で原書を訳してみたいという思いを抱くようになったのは、その頃からである。

『光の手』は現在、世界中のヒーラーたちの必読書となっている。というのも、ヒーラーになるための心得や知識に加え、バイオエナジェティクスやコアエナジェティクスによって開発された性格分析の方法、そして具体的な症例やチャクラの形状や色による病気の診断法、ヒーリングのテクニックの事細かな説明と注意点などが網羅されているからだ。それらの情報は、プロのヒーラーだけではなく、癒し全般に興味を抱いている人たちにとっても、貴重なものだろう。

『光の手』はまた、自己発見や自己変革の革新的なテキストとしても読むことができる。宇宙につらなるまったく新しい視点から、自分自身を見直すことを可能にしてくれるからだ。

『光の手』はオーラやチャクラなど、普段、私たちが見ることのできないスピリチュアルな領域の現象を扱っているが、その説明はきちんと体系化されており、科学的、医学的知見に基づいて展開されている。これは、読者もすでにご存じのように、著者のバーバラが大学で大気物理学の修士号を取得した後、NASAのゴダード宇宙飛行センターに勤務し、長年、人体を包む生体エネルギー（オーラ）やチャクラを科学的、医学的な観点から研究した経緯があるからだ。つまりバーバラはれっきとした理系科学者なのである。従来、スピリチュアリティと科学は相容れないものと考えられがちだったが、バーバラは本書によって、スピリチュアリティと科学を橋渡ししたと言ってもいいだろう。

『光の手』は簡単に読めるヒーリングのハウツー本ではない。どちらかと言えば、じっくりと腰を据えて読む必要がある中身の濃い本である。とは言え、わかりやすいという印象を与えるとすれば、それは、言葉だけの説明に頼らず、随所で視覚化を試み、図を用いて説明しているからだろう。たとえば、オーラの七つの層、チャクラ、オーラの中のブロックや病巣などが具体的に図によって示されているのだ。

オーラによる病の診断にも図が使われている。オーラのいずれかの層で障害（ブロック）が生じると、それが最終的に肉体レベルにまで降りてきて、何らかの身体症状として発症する。つまり、感情的に傷ついたり、感情を抑圧したりすると、エネルギーのスムースな流れが滞り、振動数が低い肉体の層にまで影響が及ぶということである。その過程が図解によって丁寧に説明され、視覚的に理解できるよう工夫がこらされているのだ。

バーバラのヒーリングは、超感覚的知覚を通してオーラやチャクラの状態を見定めることによって行われる。超感覚的知覚とは一種の霊的感受性だが、バーバラの子どもの頃の体験談を読んでみると、元々、バーバラはそうした感受性が強かったように思われる。オーラやチャクラを見てヒーリングを行っているヒーラーや治療者の中には、生まれながらにそうした能力に長《た》けている人が多いようだ。けれども、バーバラは、訓練さえすれば誰でもそうした能力を養うことができるとし、一九八〇年代の初頭、プロのヒーラーを育てるためのバーバラ・ブレナン・スクール・オブ・ヒーリング（ＢＢＳＨ）を設立した。

スクールでは、超感覚的知覚の開発のほか、プロのヒーラーとして活動していくのに必要な種々のヒーリング・テクニック、オーラやチャクラによるエネルギー診断、精神力学や性格構造と防衛システムとの関係性などを四年かけて学ぶことになっている。実は日本でも、二〇〇七年に分校が開校されたのだが、三年ほどで中断を余儀なくされたそうである。けれども、今年（二〇二一年）再び日本校が開校され、オンラインで日本語の授業を受けられるようになったと伺っている。ちょうどそれに合わせるかのようにバーバラの最新作と代表作の新訳版を刊行する運びになったことに、不思議な縁を感じないではいられない。現在、スクールの卒業生たちは世界中に散らばっていて、医師や看護師、カウンセラーなどとチームを組んで、患者のサポートに当たっている。

バーバラのヒーリングサイエンスは科学的なエビデンスに基づいたエネルギー医学であり、オプティマル・ヘルス（最高の健康状態）と呼ばれる心と身体と霊性のトータルなバランスを目指すホリスティック医学の一つとみなすことができる。『光の手』と共に癒しブームの火付け役となった著作『癒す心、治る力』（アンドルー・ワイル著、角川文庫ソフィア）を著したアンドルー・ワイル博士は、「二十一世紀はエネルギー医学の時代である」と予言した。ワイル博士の予言した通り、エネルギー医学（医療）は、ホリスティック医学の中核をなす療法として発展を遂げ、欧米などでは、従来の西洋医学を補完する医療として着実に社会に根付いている。

日本においても、医師のリチャード・ガーバーが書いた『バイブレーショナル・メディスン』（日本教文社、現在絶版）が二〇〇〇年に日本で出版されたのを機に、ホリスティック医学への関心が高まり、「ホリスティック・ネットワーク」という動きが生じたと言われている。現在、日本ホリスティック医学協会をはじめ、ホリスティック心理学研究会やホリスティックボディーワーク研究会など七つの団体が、ホリスティックな考え方を普及させる活動を行っている。

ホリスティック医学やエネルギー医療は、今後、日本の医療において重要な役割を担っていくだろう。というのも、超高齢化社会に突入し、高齢者が加速度的に増えるに従って、西洋医学だけでは解決できない心身の不調を訴える人が急増しているからだ。高齢者だけではない。加速度を増す今の社会で生きていること自体、ストレスを強いられ、多くの人がさまざまな不調に悩まされている。国民の二人に一人がかかると言われている癌の原因にも、心理的ストレスが関わっているという見方がある。

そうした状況を考えると、エネルギー医学の古典であり、しっかりした科学的エビデンスに基づいてセルフヒーリングを含めたヒーリングの理論と技術を網羅している『光の手』は、今後も医療やヒーリングに携わる人たちの必読書として長く読み継がれていくものと確信する。

翻訳に際しては、時代の流れを考慮した。一九九五年に『光の手』が刊行された当時に比べると、スピリチュアルなものに対する人々の抵抗感もだいぶ薄れてきていると言っていいだろう。そうした時代の変化の中で、ブレナンヒーリングサイエンスも、一人の稀有な才能によって生み出された特別なヒーリングメソッドとしてではなく、万人に開かれたメソッドとして、より多くの人に受け入れられていってもらいたい。そうしたニュートラルな思いで、できるだけ平易な文章にすることを試みたつもりである。だが、固有名詞が頻出する本なので、どうしてもカタカナ表記が、それもかなり長いカタカナ表記が多くなるのは避けられなかった。そのため、普段ならつける中黒を大幅にカットした。もう一つ、テクニックの解説書なので、あいまいさは許されないと思い、原書を読み込むことに多くの時間を費やした。訳語の選択に関しては、既刊の『光の手』や最新刊の『コアライト・ヒーリング　究極の光の手』を一部参考にさせてもらったことをお断りしておきたい。

最後に、この大著の翻訳を完成させるという気の遠くなるような作業に付き合ってくれた株式会社みにさん・田中優子事務所の田中優子さんに、深々と感謝の意を捧げます。その他、本書の制作に携わっていただいた河出書房新社編集部のみなさんにもこの場を借りて感謝いたします。

二〇二一年八月

菅　靖彦

参考文献

Allen R., "Studies into Human Energy Fields Promises Better Drug Diagnosis," Electronic Design News, April 1974, Vol. 17, pp.

Anderson, Lynn, The Medicine Woman. New York, Harper & Row, 1982.

Anonymous, Etheric Vision and What It Reveals. Oceanside, Calif., The Rosicrucian Fellowship, 1965.

Anonymous, Some Unrecognized Factors in Medicine. London, Theosophical Publishing House, 1939.

Bagnall, O., The Origins and Properties of the Human Aura. New York, University Books, Inc., 1970.

Bailey, A. A., Esoteric Healing. London,LucisPress, Ltd., 1972.（『秘教治療（上・下）』AAB ライブラリー訳，発行）

Becker, R. 0., Bachman, C., and Friedman, H.,'The Direct Current Control System," New York State Journal of Medicine, April 15, 1962, pp.

Beesely, R. P., The Robe of Many Colours. Kent, The College of Psycho-therapeutics, 1969.

Bendit, P.D.,and Bendit, L. J., Man Incarnate. London, Theosophical Publishing House, 1957.

Bentov, I., Stalking the Wild Pendulum. New York, Bantam Books, 1977.（『ベントフ氏の超意識の物理学入門』プラブッダ訳，日本教文社）

Besant, A., and Leadbeater, C. W., Thought-Forms.Weaton, Ⅲ., Theosophical Publishing House, 1971.

Blavatsky, H. P., The Secret Doctrine. Wheaton, Ⅲ.,Theosophical Publishing House, 1888.（『シークレット・ドクトリン：宇宙発生論（上）』田中美恵子他訳，宇宙パブリッシング）

Bohm, David, The Implicate Order. London, Routledge & Kegan Paul, 1981.

Brennan,B.,Function of the Human Energy Field in the Dynamic Process of Health, Health and Disease. New York, Institute for the New Age, 1980.

Bruyere, Rosalyn, Personal Communication. Glendale, Calif. Healing Light Center, 1983.

Bruyere, Rosalyn, Wheels of Light. Glendale, Calif., Healing Light Center, 1987.（『光の輪—オーラの神秘と聖なる癒し』鈴木真佐子訳，太陽出版）

Burks, A. J., The Aura. Lakemont, Georgia, CSA Printers & Publishers, 1962.

Burr, H. S., Musselman, L. K., Barton,D.S., and Kelly, N. B., "Bioelectric Correlates of Human Ovulation". Yale Journal of Biology and Medicine, 1937, Vol. 10, pp.155-160.

Burr, H. S., and Lane, C. T., "Electrical Characteristics of Living Systems." Yale Journal of Biology and Medicine, 1935, Vol. 8, pp. 31-35.

Burr, H. S., "Electrometrics of Atypical Growth," Yale Journal of Biology and Medicine,1952,Vol. 25, pp. 67-75.

Burr, H. S., and Northrop, F. S. G., "The Electro-Dynamic Theory of Life." Quarterly Review of Biology, 1935, Vol. 10, pp. 322-333.

Burr. H. S., and Northrop, F. S. G., "Evidence for the Existence of an Electrodynamic Field in the Living Organisms." Proceedings of the National Academy of Sciences of the United States of America, 1939,Vol.24, pp. 284-288.

Burr, H. S., The Fields of Life: Our Links with the Universe. New York, Ballantine Books, 1972.

Burr, H. S., "The Meaning of Bio-Electric Potentials." Yale Journal of Biology and Medicine, 1944, Vol.16, pp. 353-360.
Butler, W. E., How to Read the Aura, New York, Samuel Weiser, Inc., 1971.
Capra, Fritjof, The Tao of Physics. Berkeley, Shambhala, 1975.（『タオ自然学―現代物理学の先端から「東洋の世紀」がはじまる』吉福伸逸他訳，工作舎）
Cayce, Edgar, Auras. Virginia Beach, Virginia, ARE Press, 1945. Cohen, Dr. David, Interview with The New York Times, April 20, 1980.
De La Warr, G., Matter in the Making. London, Vincent Stuart Ltd., 1966.
Dobrin, R., Conaway (Brennan), B., and Pierrakos, J.,"Instrumental Measurements of the Human Energy Field." New York, Institute for the New Age, 1978. Presented at "Electro'78, IEEE Annual Conference, Boston, May 23-25, 1978.
Dobrin, R., and Conaway (Brennan) B., "New Electronic Methods for Medical Diagnosis and Treatment Using the Human Energy Field." Presented at Electro'78, IEEE Conference, Boston, May 23-25, 1978.
Dumitrescu, I., "Electronography." Electronography Lab, Romania. Presented at Electro'78, IEEE Annual Conference, Boston, May 23-25, 1978.
Eddington, Arthur., ThePhilosophy of Physical Science. Ann Arbor, University of Michigan Press, 1958.
Emmanuel, Quote from a guide coming through my friend, Pat Rodegast, during a workshop we were running at the Phoenicia Pathwork Center, Phoenicia, New York, July 1983.
"Experimental Measurements of the Human Energy Field" Energy Research Group, New York, 1973.
"High Frequency Model for Kirlian Photography." Energy Research Group, NewYork, 1973.
Gerber, J., Communication with the Spirit World of God. Teaneck, New Jersey, Johannes Gerber Memorial Foundation, 1979.
Hodson, G., Music Forms. London, The Theosophical Publishing House, 1976.
Hunt, Dr.Valorie, Massey, W.,Weinberg,R., Bruyere, R., and Hahn, P., "Project Report, A Study of Structural Integration from Neuromuscular, Energy Field, and Emotional Approaches."U.C.L.A., 1977.
Inyushin, V. M., and Chekorov, P. R., "Biostimulation Through Laser Radiation of Bioplasma." Kazakh State University, USSR. Translated by Hill and Ghosak, University of Copenhagen, 1975.
Inyushin, V. M., "On the Problem of Recording the Human Biofield." Parapsychology in the USSR, PartII, San Francisco, Calif.,Washington Research Center, 1981.
Inyushin,V.M., Seminar paper, Alma-Ata, USSR, 1969.
Jaffe, Dr. Lionel, Interview with The New York Times, April 20, 1980.
Karagulla, Schafica, Breakthrough to Creativity. Los Angeles, De Vorss, 1967.
Kilner, Walter J., M.D., The Human Aura. (retitled and new edition of The Human Atmosphere) New Hyde Park, New York, University Books, 1965.
Krieger, D., The Therapeutic Touch. Englewood Cliffs, N.J., Prentice-Hall,1979.（『セラピューティック・タッチ―あなたにもできるハンド・ヒーリング』上野圭一他訳，春秋社）
Krippner, S., and Rubin, D., (eds.), The Energies of Consciousness. New York,Gordon and Breach, 1975.
Kunz, Dora, and Peper, Erik, "Fields and Their Clinical Implications," The American

Theosophist, December 1982,pp.
Leadbeater, C. W., The Chakras. London,Theosophical Publishing House, 1974.（『チャクラ』本山博他訳，平河出版社）
Leadbeater, C.W., The Science of the Sacraments. London, Theosophical Publishing House, 1975.
Leibnitz, Gottfreid, Monadology and Other Philosophical Essays. trans. by Paul Schrecker and Ann Schrecker. Indianapolis, Bobbs-Merrill, 1965.
Le Shan, L., The Medium, the Mystic, and the Physicist. New York, Ballantine Books, 1966.
Lowen, A., Physical Dynamics of Character Structure. New York, Grune & Stratton, 1958.（『からだと性格　生体エネルギー法入門』村本詔司他訳，創元社）
Mann, W. E., Orgone, Reich and Eros. New York, Simon& Schuster, 1973.
Meek, G., Healers and the Healing Process. London,Theosophical Publishing House, 1977.
Mesmer, F. A., Mesmerism. trans. by V. R. Myers. London, Macdonald, 1948.
Moss, T., Probability of the Impossible: Scientific Discoveries and Explorations in the Psychic World. Los Angeles, J. P. Tarcher, 1974.
Motoyama,Dr. Hiroshi, The Functional Relationship Between Yoga Asanas and Acupuncture Meridians. Tokyo, Japan, I.A.R.P., 1979.
Murphy, Pat and Jim, "Murphy's Theories, The Practical and the Psychic." Healing Llght Center, Glendale, Calif., 1980.
Mylonas, Elizabeth, A Basic Working Manual and Workbook for Helpers and Workers. Phoenicia Pathwork Center, Phoenicia, New York, 1981.
Niel, A., Magic and Mystery in Tibet. Dover, New York, 1971.
Ostrander, S., and Schroeder, L., Psychic Discoveries Behind the Iron Curtain. Englewood Cliffs, N.J., Prentice-Hall,1970.
Pachter, Henry M., Paracelsus：Magic Into Science. New York, Henry Schuman, 1951.
Pierrakos, Eva, Guide Lectures, 1-258. New York, Center for the Llving Force, 1956-1979.
Pierrakos,John C., The Case of the Broken Heart. New York, Institute for the New Age, 1975. (Monograph).
Pierrakos, John C., The Core Energetic Process. NewYork, Institute for the New Age, 1977. (Monograph).
Pierrakos, John C., The Core Energetic Process in Group Therapy. New York, Institute for the New Age, 1975. (Monograph).
Pierrakos, John C., The Energy Field in Man and Nature. New York, Institute for the New Age,1975. (Monograph).
Pierrakos, John C., Human Energy Systems Theory. New York, Institute for the New Age,1975. (Monograph).
Pierrakos, John C., Life Functions of the Energy Centers of Man. New York, Institute for the New Age,1975. (Monograph).
Pierrakos, John C., and Brennan, B., Personal Communication, 1980.
Powell, A. E., The Astral Body. London, Theosophical Publishing House, 1972.
Powell, A. E., The Causal Body. London, Theosophical Publishing House,1972.
Powell,A.E., The Etheric Double. London, Theosophical Publishing House, 1973.
Ravitz, L. J., "Application of the Electrodynamic Field Theory in Biology, Psychiatry,

Medicine and Hypnosis, I. General Survey." Am. Journal of Clin. Hypnosis, 1959, Vol.1, pp. 135-150.
Ravitz, L. J., "Bioelectric Correlates of Emotional States," Conn. State Medical Journal, 1952, Vol.16, pp. 499-505.
Ravitz, L. J., "DailyVariations of Standing Potential Differences in Human Subjects," Yale Journal of Biology and Medicine, 1951,Vol.24, pp. 22-25.
Ravitz, L. J., The Use of DC Measurements in Psychiatric Neuropsychiatry, Fall 1951, Vol. 1, pp. 3-12.
Reich,Wilhelm, Character Analysis. London, Vision Press, 1950.（『性格分析―その技法と理論』小此木啓吾訳、岩崎学術出版社）
Reich, Wilhelm, The Cancer Biopathy. New York, Farrar, Straus, and Giroux, 1973.
Reich, Wilhelm, The Discovery of the Orgone, Vol. I, The Function of the Orgasm. trans. by Theodore P. Wolfe, New York, Orgone Institute Press, 1942. 2nd ed., New York, Farrar, Straus, and Giroux, 1961.（『Wライヒ著作集１　オルガスムの機能　上』渡辺武達訳、太平出版社）
Reich, Wilhelm, The Discovery of the Orgone, Vol. II, The Cancer Biopathy. trans. by Theodore P. Wolfe, New York, Orgone Institute Press, 1948.（『Wライヒ著作集２　オルガスムの機能　下』渡辺武達訳、太平出版社）
Roberts, J., The Nature of Personal Reality. New York, Bantam, 1974.
Rodegast, Pat, and Stanton, Judith, "Emmanuel's Book," Some Friends of Emmanuel, New York, 1985.
Rongliang, Dr. Zheng, "Scientific Research of Qigong." Lanzhou University, People's Republic of China, 1982.
Sarfatti, J., "Reply to Bohm-Hiley." Psychoenergetic Systems. London, Gordon & Breach, Vol. 2, 1976, pp. 1-8.
Schwarz, Jack, Human Energy Systems. New York, Dutton, 1980.
Schwarz, Jack, Voluntary Controls. New York, Dutton, 1978.
Steiner, Rudolf, The Philosophy of Spiritual Activity. Blauvelt, New York, Steiner Books, 1980.
Surgue, T., There is a River. The Story of Edgar Cayce. Virginia Beach, Virginia, ARE Press, 1957.
Tansely, D. V., Radionics and the Subtle Anatomy of Man. Devon, England, Health Science Press, 1972.
Tansely, D. V., Radionics Interface with the Ether-Fields. Devon, England, Health Science Press, 1975.
Targ, Russell, and Harary, Keith,The Mind Race. New York, Ballantine, 1984.
Vithoulkas, G., Homeopathy, Medicine of the New Man. New York, Avon Books, 1971.
Vladimirov, Y. A., Ultraweak Luminescence Accompanying Biochemical Reactions. USSR Academy of Biological Sciences, Izdatelstvo "Nauka." Moscow.
Von Reichenbach, C., Physico-physiological Researches on the Dynamics of Magnetism, Electricity, Heat, Light, Crystallization, and Chemism, In Their Relation to Vital Force. New York, Clinton-Hall, 1851.
Westlake, A., The Pattern of Health. Berkeley, Shambhala, 1973.
White, John, and Krippner, S., Future Science. New York, Anchor Books, 1977.
White, John, Kundalini, Evolution and Enlightenment. New York, Anchor Books, 1979.（『クンダリニーとは何か』川村悦郎訳、めるくまーる）

Wilhelm, Richard., The Secret of the Golden Flower. New York, Harcourt, Brace & World, Inc., 1962.
Williamson, Dr. Samuel, Personal Communication. New York, 1982.
Zukav, Gary, The Dancing Wu Li Masters. New York, William Morrow & Co., 1979.（『踊る物理学者たち』佐野正博、大島保彦訳、青土社）

www.barbarabrennan.com

光の手（下）

2021年10月20日　初版印刷
2021年10月30日　初版発行

著者　バーバラ・アン・ブレナン
訳者　菅 靖彦
装丁　永松大剛
発行者　小野寺優
発行所　株式会社河出書房新社
〒151-0051 東京都渋谷区千駄ヶ谷2-32-2
電話　03-3404-1201（営業）03-3404-8611（編集）
https://www.kawade.co.jp/
印刷　中央精版印刷株式会社
製本　大口製本印刷株式会社

Printed in Japan
ISBN978-4-309-30014-6